ELECTRONIC COMMERCE

Herausgegeben von Prof. Dr. Dr. h. c. Norbert Szyperski, Köln, Prof. Dr. Beat Schmid, St. Gallen, Prof. Dr. Dr. h. c. mult. August-Wilhelm Scheer, Saarbrücken, Prof. Dr. Günther Pernul, Regensburg, Prof. Dr. Stefan Klein, Münster, Prof. Dr. Detlef Schoder, Köln, und Prof. Dr. Tobias Kollmann, Essen

Band 34
Claas Müller-Lankenau
Multikanalstrategien im stationären Einzelhandel – Eine empirische Untersuchung in der Konsumelektronikbranche
Lohmar – Köln 2007 • 368 S. • € 54,- (D) • ISBN 978-3-89936-575-7

Band 35
Horst B. Kutsch
Repräsentativität in der Online-Marktforschung – Lösungsansätze zur Reduktion von Verzerrungen bei Befragungen im Internet
Lohmar – Köln 2007 • 310 S. • € 52,- (D) • ISBN 978-3-89936-624-2

Band 36
Christian Schläger
Attribute-based Infrastructures for Authentication and Authorisation
Lohmar – Köln 2008 • 302 S. • € 49,- (D) • ISBN 978-3-89936-670-9

Band 37
Daniel Risch
Nutzung von Kundenprofilen im E-Commerce – Dargestellt am Beispiel des B2C E-Commerce in der Schweiz
Lohmar – Köln 2008 • 430 S. • € 58,- (D) • ISBN 978-3-89936-684-6

Band 38
Fridjof Lücke
Kooperationsmanagement im Online-Vertrieb
Lohmar – Köln 2003 • 312 S. • € 62,- (D) • ISBN 978-3-89936-748-5

JOSEF EUL VERLAG

**Ressourcenbasierte Planung, Organisation und Realisation
von Kooperationen
im Business to Consumer Online-Vertrieb**

Inauguraldissertation
zur
Erlangung des Doktorgrades
der
Wirtschafts- und Sozialwissenschaftlichen Fakultät
der
Universität zu Köln

2008

vorgelegt
von

Diplomkaufmann
Fridjof Lücke

aus

Marburg

Referent: Prof. Dr. Dr. h. c. N. Szyperski

Korreferent: Prof. Dr. R. G. Anderegg

Tag der Promotion: 19. Dezember 2008

Reihe: Electronic Commerce · Band 38

Herausgegeben von Prof. Dr. Dr. h. c. Norbert Szyperski, Köln, Prof. Dr. Beat Schmid, St. Gallen, Prof. Dr. Dr. h. c. mult. August-Wilhelm Scheer, Saarbrücken, Prof. Dr. Günther Pernul, Regensburg, Prof. Dr. Stefan Klein, Münster, Prof. Dr. Detlef Schoder, Köln, und Prof. Dr. Tobias Kollmann, Essen

Dr. Fridjof Lücke

Kooperationsmanagement im Online-Vertrieb

Mit einem Geleitwort von Prof. Dr. Dr. h. c. Norbert Szyperski, Universität zu Köln

Bibliographische Information der Deutschen Bibliothek

Die Deutsche Bibliothek verzeichnet diese Publikation in der Deutschen Nationalbibliothek; detaillierte bibliographische Daten sind im Internet über <http://dnb.ddb.de> abrufbar.

Dissertation, Universität zu Köln, 2008, unter dem Titel: Ressourcenbasierte Planung, Organisation und Realisation von Kooperationen im Business to Consumer Online-Vertrieb

ISBN 978-3-89936-748-5
1. Auflage Dezember 2008

© JOSEF EUL VERLAG GmbH, Lohmar – Köln, 2008
Alle Rechte vorbehalten

JOSEF EUL VERLAG GmbH
Brandsberg 6
53797 Lohmar
Tel.: 0 22 05 / 90 10 6-6
Fax: 0 22 05 / 90 10 6-88
http://www.eul-verlag.de
info@eul-verlag.de

Bei der Herstellung unserer Bücher möchten wir die Umwelt schonen. Dieses Buch ist daher auf säurefreiem, 100% chlorfrei gebleichtem, alterungsbeständigem Papier nach DIN 6738 gedruckt.

Geleitwort

Trotz aller anfänglichen Schwankungen und Belastungen durch die so genannte Internet-Blase ist E-Commerce längst den Kinderschuhen entwachsen und zu einem stabilen Faktor des wirtschaftlichen Geschehens geworden. Mit der Verbreitung des Web 2.0 erlebt das Internet nunmehr einen erneuten Aufschwung, von dem viele Anbieter profitieren. Die informations- und kommunikations-technische globale Infrastruktur macht dies möglich. Entsprechend wachsen die Anforderungen an das Management der vielfältigen Marktteilnehmer. Um Kunden möglichst flächendeckend und vor allem auch wirtschaftlich für das eigene Angebot gewinnen zu können, werden zunehmend Kooperationen vereinbart, die jedoch häufig ein planmäßiges, methodisches Vorgehen vermissen lassen. Die Professionalität des Kooperationsmanagement ist in der Tat noch verbesserungswürdig.

Hier setzt die vorliegende Arbeit an. Fridjof Lücke widmet sich der komplexen und sehr aktuellen Thematik kooperierender Unternehmungen im Online-Geschäft. Dabei bedient er sich theoretischer Erkenntnisse der Ressourcen basierten Forschung auf der einen Seite und der Werkzeuge des Kooperations-Engineerings andererseits. In seinem auf Fallstudien basierenden Untersuchungskontext entwickelt der Autor ein in der Praxis umsetzbares Gestaltungsmodell. Das Resultat ist ein Entscheidungsprogramm, das auf dem Zusammenspiel von Prinzipien, Methoden und Verfahren beruht und auf diese Weise ein erfolgreiches Kooperationsmanagement im Online-Vertrieb zu unterstützen vermag.

Der sehr gelungenen konstruktiven Arbeit kann ich nur eine breite Beachtung in den Bemühungen um ein wissenschaftlich basiertes erfolgreiches Kooperationsmanagement im Online-Vertrieb wünschen. Es wäre sehr hilfreich, wenn praktische Erfahrungen in der Anwendung des von dem Autor entwickelten Instrumentariums auch wieder in die wissenschaftliche Weiterentwicklung rückgekoppelt werden könnten.

Westerland/Sylt, im November 2008 Norbert Szyperski

Vorwort

Wenn man bedenkt, was für mich zu Beginn der Dissertation im Internet noch alles Vision war. Heute ist vieles davon real und völlig normal geworden. Sicherlich liegt das daran, dass das Internet so schnelllebig ist und nicht etwa daran, dass es schon so lange her ist, dass ich begonnen habe. Aber seit dem ist auch eine Menge passiert. Jetzt bin ich dankbar, dass ich es geschafft habe.

Mein besonderer Dank gilt meinem Doktorvater Prof. Dr. Dr. h. c. Norbert Szyperski für seine Unterstützung und die für die Arbeit sehr wertvollen Hinweise, nicht zuletzt auch für die legendären Doktorandenkolloquien auf Sylt und in Köln. Ich erinnere mich sehr gern an jedes Zusammentreffen. Herrn Prof. Dr. Ralph Anderegg danke ich herzlich für die freundliche Übernahme des Korreferats.

Auf Seiten der Praxis möchte ich mich bei meinen zahlreichen Gesprächspartnern bedanken, ohne die die Arbeit nicht zustande gekommen wäre. Ebenso herzlich danke ich zahlreichen Freunden, die mich stets gern an mein Projekt erinnert und meinen Ehrgeiz gekitzelt haben. Sonja Kesseler danke ich für das Korrekturlesen.

So ein Vorwort ist ein wunderbarer Anlass, die vielen kleinen Dankeschöns an meine Eltern Karin und Hartwig zu einem großen DANKE zusammen zu fassen. Euch habe ich sehr viel zu verdanken.

Selbst bin ich während meiner Doktorandenzeit eine wunderbare Kooperation mit meiner klasse Frau Nicole eingegangen. Der Kooperationsertrag, meine tollen Söhne Jono und Jacob, ist nicht messbar, sondern nur fühlbar. Euch dreien danke ich von ganzem Herzen vor allem dafür, dass Ihr da seid. Und euch widme ich diese Arbeit.

Kevelaer, 19. Dezember 2008   Fridjof Lücke

Inhaltsverzeichnis

Inhaltsverzeichnis IX

Abbildungsverzeichnis XIII

Abkürzungsverzeichnis XVII

1. Problemstellung und Stand der Forschung 1
   1.1 Problemstellung, Relevanz und Zielsetzung der Arbeit 1
   1.2 Stand der Forschung und Themenabgrenzung 9

2. Forschungskonzept und Aufbau der Arbeit 14

3. Ressourcenbasierte Betrachtung von Kooperationen im Online-Vertrieb 22
   3.1 Begriff der Kooperation 23
      3.1.1 Begriff der Online-Kooperation 25
      3.1.2 Kooperationen im Online-Vertrieb 25
      3.1.3 Theorien und Ansätze zum Management von Kooperationen 27
   3.2 Ressourcen und Kompetenzen 28
      3.2.1 Der Ressourcenorientierte Ansatz 29
      3.2.2 Der Kernkompetenzenansatz 30
      3.2.3 Resource-Dependence-Ansatz 31
   3.3 Ressourcen, Kompetenzen und Kooperation im Online-Vertrieb 34

4. Kooperationsziele im Online-Vertrieb 37
   4.1 Anforderungen an die Zielsetzung
       von Kooperationen im Online-Vertrieb 39
      4.1.1 Ziele den Unternehmungszielen unterordnen 39
      4.1.2 Ziele der Partner kennen 42
      4.1.3 Ziele formulieren und Zielerreichung kontrollieren 43
   4.2 Gewinnung von neuen Kunden 44
   4.3 Senkung der Kundengewinnungskosten 45
   4.4 Weitere Ziele von Kooperationen im Online-Vertrieb 47

5. Ressourcenbasierte Planung von Kooperationen im Online-Vertrieb 49
   5.1 Prinzipien einer ressourcenbasierten Planung von Kooperationen im
       Online-Vertrieb 50
       5.1.1 Ressourcenbezogene Prinzipien 51
             5.1.1.1 Auf- und Ausbau von Ressourcen
                     mit positivem Nutzenpotenzial 53
             5.1.1.2 Dauerhafter Erhalt der Nutzenstiftung 55
       5.1.2 Organisationsbezogene Prinzipien 58
             5.1.2.1 Nutzung von Spezialisierungsvorteilen 60
             5.1.2.2 Aufbau/Erhalt eines marktlichen Effizienzdrucks 63
             5.1.2.3 Reduzierung von Transaktionskosten 64
             5.1.2.4 Nutzung von Größenvorteilen 67
   5.2 Methoden einer ressourcenbasierten Planung von Kooperationen im
       Online-Vertrieb 69
       5.2.1 Identifikation des Ressourcenbedarfs im Online-Vertrieb 70
             5.2.1.1 Identifikation potenzieller Kunden 76
             5.2.1.2 Identifikation von Ressourcen zur Erlangung der
                     Aufmerksamkeit potenzieller Käufer 79
             5.2.1.3 Identifikation von Ressourcen zur Weckung des Interesses
                     potenzieller Käufer 81
             5.2.1.4 Identifikation von Ressourcen
                     zur Steigerung des Kaufwunsches 84
             5.2.1.5 Identifikation von Ressourcen
                     zum Auslösen einer Kaufhandlung 87
       5.2.2 Ressourcenbeschaffung durch Kooperationen im Online-Vertrieb 89
             5.2.2.1 Kooperationen mit E-Commerce-Anbietern
                     und Betreibern von Konsumenten-Marktplätzen 93
             5.2.2.2 Kooperationen mit Betreibern von Content-Websites 96
             5.2.2.3 Kooperationen mit Betreibern von Shopping-Malls und
                     Suchmaschinen 101
             5.2.2.4 Kooperationen mit Internet Service Providern
                     und Anbietern von E-Mail-Services 104
       5.2.3 Ressourcenentwicklung durch Kooperationen
             im Online-Vertrieb 106
             5.2.3.1 Co-Branding 110
             5.2.3.2 Gemeinsamer Content-Aufbau 112
             5.2.3.3 Kooperative Leistungserstellung und -nutzung 113
             5.2.3.4 Zusammenarbeit im Customer Relationship Management 116
   5.3 Fallbeispiel: Ressourcenorientierte Planung
       von Kooperationen im Online-Vertrieb 121

Inhaltsverzeichnis

6. Ressourcenbasierte Organisation von Kooperationen im Online-Vertrieb 124
   6.1 Einflussfaktoren für die organisatorische Implementierung von
       Kooperationen im Online-Vertrieb 125
       6.1.1 An der Zusammenarbeit beteiligte Funktionsbereiche 125
       6.1.2 Horizontale, vertikale und laterale Kooperation 126
       6.1.3 Anzahl der Kooperationspartner 128
       6.1.4 Bindungsintensität der Kooperationspartner 128
       6.1.5 Geografische Abgrenzungskriterien 129
   6.2 Typische Konfigurationen von Kooperationen als Vorbild für
       Kooperationen im Online-Vertrieb 130
       6.2.1 Die Wertschöpfungspartnerschaft 133
       6.2.2 Strategische Allianzen 134
       6.2.3 Joint Ventures 135
       6.2.4 Strategische Netzwerke 136
       6.2.5 Sonstige Kooperationsformen 138
           6.2.5.1 Franchise-Partnerschaften 138
           6.2.5.2 Konsortien 139
           6.2.5.3 Lizenzpartnerschaften 139
           6.2.5.4 Virtuelle Unternehmungen 139
   6.3 Organisatorische Implementierung der Kooperation 140
       6.3.1 Organisatorische Implementierung
             von Commerce-Kooperationen 147
       6.3.2 Organisatorische Implementierung
             von Content-Kooperationen 149
       6.3.3 Organisatorische Implementierung
             von Context-Kooperationen 151
       6.3.4 Organisatorische Implementierung
             von Connection-Kooperationen 152
       6.3.5 Beispiele für die organisatorische Implementierung von
             Kooperationen 153

7. Ressourcenbasierte Realisation und Kontrolle von Kooperationen
   im Online-Vertrieb 157
   7.1 Kooperationslebenszyklus 158
   7.2 Verfahren zur Identifikation geeigneter Kooperationspartner 160
       7.2.1 Bildung von Partnersegmenten und -profilen 162
           7.2.1.1 Kriteriensammlung 163
           7.2.1.2 Kriterienanalyse 165
           7.2.1.3 Partnerprofilbildung 168
       7.2.2 Partnersuche 170
       7.2.3 Fallbeispiel: Sondierung potenzieller Kooperationspartner 172
   7.3 Verfahren zur Anbahnung von Kooperationen 177
       7.3.1 Extraktion der Longlist 177

    7.3.2 Kontaktaufnahme 179
    7.3.3 Selbstrekrutierung von Kooperationspartnern 181
  7.4 Verfahren zur Vereinbarung von Kooperationen 183
    7.4.1 Letter of Intent und Kooperationsvertrag 184
    7.4.2 Ressourcenbeiträge und Ergebnisregelung 186
    7.4.3 Pflichtenheft zur technischen Realisierung 188
  7.5 Verfahren der operativen Phase von Kooperationen 190
    7.5.1 Aufbau von gegenseitigem Vertrauen 191
    7.5.2 Kontrolle und Steuerung 194
    7.5.3 Konflikthandhabung 204
  7.6 Verfahren zur Auflösung von Kooperationen 206

8. Zusammenfassung, Schlussbetrachtung und weiterer Forschungsbedarf 211
  8.1 Zusammenfassung der Ergebnisse 211
  8.2 Schlussbetrachtung und weiterer Forschungsbedarf 221

Anhang A: Interviewpartner 224

Anhang B: Ablauf der Interviews und Interviewleitfaden 234

Anhang C: Übersicht des Entscheidungsprogramms 242

Literaturverzeichnis 254

Abbildungsverzeichnis

Abbildung 1:	Wettbewerbsvorteile durch Kompetenzen und Ressourcen	3
Abbildung 2:	Steigerung des Wettbewerbsvorteils durch Kompetenzen und Ressourcen eines Kooperationspartners	4
Abbildung 3:	Angewandte Wissenschaft im Theorie- und Praxisbezug	15
Abbildung 4:	Zusammenspiel von Prinzipien, Methoden und Verfahren im Kooperations-Engineering	19
Abbildung 5:	Aufbau der Arbeit	21
Abbildung 6:	Wesentliche Merkmale einer Kooperation.	24
Abbildung 7:	Zielsetzungen der Partner in Kooperationen im Online-Vertrieb	38
Abbildung 8:	Zielhierarchie für Kooperationen im Online-Vertrieb	40
Abbildung 9:	Prinzipien einer ressourcenorientierten Planung von Kooperationen im Online-Vertrieb	52
Abbildung 10:	Positive Kooperationsmerkmale zwischen Markt und Hierarchie	60
Abbildung 11:	Ressourcen zur dauerhaften Gewinnung neuer Kunden	71
Abbildung 12:	(Werbe-)Wirkungsmodell.	72
Abbildung 13:	Übersicht: Entscheidungsbaum zur Identifikation von Ressourcen im Online-Vertrieb	74
Abbildung 14:	Ressourcen bezogen auf die jeweilige Phase im Wirkungsmodell	75
Abbildung 15:	Beispiele für die Verknüpfung der „C-Geschäftsmodelle" durch Kooperationen	77
Abbildung 16:	Entscheidung zur Identifikation potenzieller Nutzer	79
Abbildung 17:	Entscheidung zur Identifikation von Ressourcen zur Erlangung der Aufmerksamkeit potenzieller Käufer	81
Abbildung 18:	Entscheidung zur Identifikation von Ressourcen zur Weckung des Interesses von Konsumenten	85

Abbildung 19:	Entscheidung zur Identifikation von Ressourcen zur Steigerung des Kaufwunsches	86
Abbildung 20:	Ressourcen zur Steigerung des Kaufwunsches	88
Abbildung 21:	Beispielhafter Nutzen unterschiedlicher Kooperationspartner in den jeweiligen Phasen der Kaufentscheidung	91
Abbildung 22:	Übersicht: Entscheidungsbäume zur Ressourcenbeschaffung durch Kooperation im Online-Vertrieb	92
Abbildung 23:	Effizienzpotenziale der kooperativen Beschaffung und Nutzung von Ressourcen im Online-Vertrieb	94
Abbildung 24:	Entscheidungsbaum zur Commerce-Commerce-Partnerschaft	96
Abbildung 25:	Entscheidungsbaum zur Commerce-Content-Partnerschaft	100
Abbildung 26:	Elektronische Shopping-Mall „Shopping 24"	101
Abbildung 27:	Entscheidungsbaum zur Commerce-Context-Partnerschaft	103
Abbildung 28:	Entscheidungsbaum zur Commerce-Connection-Partnerschaft	105
Abbildung 29:	Ressourcenbedarf der Kaufentscheidungsphasen und Möglichkeiten zur Entwicklung gemeinsamer Ressourcen	107
Abbildung 30:	Übersicht: Entscheidungsbäume zur gemeinsamen Ressourcenentwicklung durch Kooperation im Online-Vertrieb	108
Abbildung 31:	Kooperative Entwicklung und Nutzung von Ressourcen im Online-Vertrieb	109
Abbildung 32:	Entscheidungsbaum zum Co-Branding	112
Abbildung 33:	Entscheidungsbaum zum gemeinsamen Content-Aufbau	114
Abbildung 34:	Entscheidungsbaum zur kooperativen Leistungserstellung und -nutzung	117
Abbildung 35:	Entscheidungsbaum zur Zusammenarbeit im Customer Relationship Management	119
Abbildung 36:	Alpha 3 integriert in Weddix, Tiscali und Neckermann	123
Abbildung 37:	Organisationsformen zwischen Markt und Hierarchie	131
Abbildung 38:	Bilaterale und Multilaterale Bindungen	137
Abbildung 39:	Kooperationen mit unterschiedlicher Bindungsintensität	141
Abbildung 40:	Beispielhafte Einteilung der Kooperationspartner in Gruppen	146

Abbildungsverzeichnis XV

Abbildung 41:	Entscheidung zur Einteilung von Commerce-Kooperationen Erweiterung von Abbildung 24 148
Abbildung 42:	Entscheidung zur Einteilung von Content-Kooperationen Erweiterung von Abbildung 25 150
Abbildung 43:	Entscheidung zur Einteilung von Context-Kooperationen Erweiterung von Abbildung 27 152
Abbildung 44:	Entscheidung zur Einteilung von Connection-Kooperationen Erweiterung von Abbildung 28 153
Abbildung 45:	Stufen von Online-Kooperationen 154
Abbildung 46:	Unterscheidung der Formen von Partnerschaften 156
Abbildung 47:	Phasen der Entwicklung von Kooperationsvorhaben 159
Abbildung 48:	Identifikation von Kooperationspartnern 161
Abbildung 49:	Kriterien bei der Partnerwahl 164
Abbildung 50:	Initiation and Implementation of Partnering 169
Abbildung 51:	Profil eines potenziellen Partners 175
Abbildung 52:	Scoringverfahren bei der Partnerauswahl für einen Sportartikelhersteller 179
Abbildung 53:	Backend des Partnernetzwerkes von Amazon 182
Abbildung 54:	Inhalte des Kooperationsvertrages 184
Abbildung 55:	Ausschnitte aus einem Pflichtenheft von Alpha 2 189
Abbildung 56:	Erfolgskenngrößen von Online-Kooperationen 197
Abbildung 57:	Reporting eines Partnerprogramms Quelle: Sevenval AG 199
Abbildung 58:	Portfolio-Analyse für Kooperationen im (Online-)Vertrieb 202
Abbildung 59:	Indikatoren, die einen Abbruch der Beziehung durch den Partner signalisieren 208
Abbildung 60:	Blog: Frühwarnsystem für Konflikte und mögliche Kooperationsabbrüche 209
Abbildung 61:	Trichotomie des Kooperations-Engineerings und der Zusammenhang von Prinzipien, Methoden und Verfahren 213
Abbildung 62:	Prinzipien einer ressourcenorientierten Planung von Kooperationen im Online-Vertrieb 214

Abbildung 63:	Entscheidungsbaum zur Identifikation von Ressourcen im Online-Vertrieb	215
Abbildung 64:	Entscheidungsbaum zur Commerce-Commerce-Partnerschaft	217
Abbildung 65:	Entscheidungsbaum zum Co-Branding	218
Abbildung 66:	Entscheidung zur Klassifizierung von Commerce-Kooperationen	219

Abkürzungsverzeichnis

Abb.	Abbildung
AG	Aktiengesellschaft
AGOF	Arbeitsgemeinschaft Online-Forschung e.V
AO	Abgabenordnung
Aufl.	Auflage
Bd.	Band
bzw.	beziehungsweise
d. h.	das heißt
DLRG	Deutsche Lebens-Rettungs-Gesellschaft e. V.
EDV	Elektronische Datenverarbeitung
et al.	et alii (lateinisch: und andere)
e. V.	eingetragener Verein
f.	folgende
ff.	fortfolgende
ggf.	gegebenenfalls
GmbH	Gesellschaft mit beschränkter Haftung
HGB	Handelsgesetzbuch
Hrsg.	Herausgeber
i. d. R.	in der Regel
IKT	Informations- und Kommunikationstechnologie
IVW	Informationsgemeinschaft zur Feststellung der Verbreitung von Werbeträgern e.V.
Jg.	Jahrgang
lt.	laut
m. E.	meines Erachtens
Mio.	Millionen
Mrd.	Milliarden
Nr.	Nummer
o. V.	ohne Verfasser
S.	Seite
s. o.	siehe oben
sog.	so genannt
s. u.	siehe unten
TKP	Tausender Kontaktpreis
u. a.	unter anderem/anderen
usw.	und so weiter
vgl.	vergleiche
z. B.	zum Beispiel

1. Problemstellung und Stand der Forschung

1.1 Problemstellung, Relevanz und Zielsetzung der Arbeit

Der E-Commerce boomt!

Laut dem Branchenverband des deutschen Einzelhandels HDE stieg der E-Commerce-Umsatz in Deutschland im Jahr 2007 um 12,3 Prozent und wird im Jahr 2008 um weitere 9,3 Prozent auf etwa 20 Mrd. Euro zunehmen.[1] Im Jahr 2007 haben 41 Prozent der Deutschen im Internet Waren oder Dienstleistungen bestellt.[2] Bis zum Jahr 2010 werden rund 70 bis 75 Prozent der bundesdeutschen Erwachsenen ab 14 Jahre online sein und ein großer Teil von ihnen wird auch über das Internet einkaufen.[3] Jedoch profitieren nicht alle Anbieter von den Zuwächsen. Der mit Abstand größte Teil der E-Commerce-Umsätze konzentriert sich auf wenige Anbieter, darunter *Amazon*, *Tchibo* und die großen Versandhändler.[4] Besonders im B2C-E-Commerce herrscht eine hohe Wettbewerbsintensität durch die Homogenität der Güter, niedrige Such- und Informationskosten, hohe Markttransparenz und geringe Markteintrittsbarrieren.[5] Anbieter verfügen zwar mittlerweile über geeignete Waren und Dienstleistungen im Internet und ausgereifte logistische Sys-

---

[1] Siehe hierzu http://www.einzelhandel.de/servlet/PB/-s/efqdf016uitkm1rxvk6d18kftd2eg2epa/menu/ 1021961 /index.html, entnommen am 08.02.2008. Laut dem Branchenverband der deutschen Informationswirtschaft BITKOM stieg der E-Commerce-Umsatz in Deutschland im Jahr 2005 gar um 43 Prozent auf 32 Mrd. Euro. Es wird prognostiziert, dass der Online-Handel mit Privatkunden (Business-to-Consumer) bis zum Jahr 2009 in Deutschland nach Schätzungen der Marktforscher gar auf 114 Mrd. Euro steigen wird, vgl. http://www.bitkom.de/de/markt_statistik /38511_38540.aspx, entnommen am 16. 05.2007.

[2] Das waren 3% mehr als im Jahr 2006 und 9% mehr als im Jahr 2005; vgl. http://www.ecc-handel.de/deutschland_ist_beim_online-shopping_im.php, entnommen am 07.02.2008..

[3] Vgl. http://www.ecc-handel.de/empirische_daten_und_prognosen.php entnommen am 08.07.2007.

[4] Vgl. http://www.ecc-handel.de/empirische_daten_und_prognosen.php entnommen am 08.07.2007. Zu den Reichweiten siehe Schrader (2005), S. 19.

[5] Laut einer Umfrage des Hauptverbandes des Deutschen Einzelhandels gehören zu den meistgekauften Produkten und Dienstleistungen im Internet Bücher, Eintrittskarten, Fotoentwicklung, Bekleidung, CDs, Computersoftware und -spiele, vgl. http://www.einzelhandel.de/servlet/PB/menu/1021961/index.html, entnommen am 08.05.2007. Vgl. auch Latzer/Schmitz (2002), S. 127.

teme. Sie suchen jedoch stets nach kosteneffizienten Kundengewinnungsmaßnahmen.[6] Denn erwiesenermaßen sind diejenigen E-Commerce-Anbieter erfolgreicher, die besser als der Wettbewerb darin sind, kostengünstig Besucher auf ihre Webseite zu führen.[7] Als Instrument zur kostengünstigen Kundengewinnung sehen Werbeträger und E-Commerce-Betreiber verstärkt *Kooperationen im Online-Vertrieb*.[8]

Der E-Commerce ist durch eine hohe Dynamik gekennzeichnet!

Unsicherheiten und Unstetigkeiten auf Nachfrageseite, der zunehmende Wettbewerbs- und Zeitdruck zwingen Unternehmungen, flexibel zu reagieren und gleichzeitig immer anspruchsvollere Kunden mit ganzheitlichen Lösungen zu versorgen.[9] Da eine Unternehmung diese Anforderungen kaum noch allein erfüllen kann, muss sie Partnerschaften mit anderen Unternehmungen eingehen.[10] Darüber hinaus zwingen die Veränderungen des Wettbewerbsumfeldes die Anbieter dazu, die Abstimmung der Kernressourcen und Kernkompetenzen der Unternehmung noch konsequenter an den Zielen auszurichten, um eine Vergeudung, die einem Wettbewerbsnachteil gleichkäme, zu vermeiden.[11]

Der E-Commerce konzentriert sich!

Da zu viele Aktivitäten unnötig Managementkapazitäten und Kapital binden, wird in den letzten Jahren auch im E-Commerce vermehrt eine Konzentration auf die wesentlichen Ressourcen und Kompetenzen der Unternehmungen gefordert.[12] Ausgangspunkt einer

---

[6] Siehe Jochims (2006), S. 16.

[7] Vgl. Schrader (2005), S. 26.

[8] Siehe Jochims (2006), S. 15, Sevenval AG (2002) sowie Büttgen (2003), S. 200. Gemäß einer Studie des Online-Vermarkterkreises OVK im BVDW aus dem Jahr 2007 wird Affiliate-Marketing allein im Jahr 2007 um 35% auf 210 Mio. EUR zunehmen, vgl. hierzu OVK Online-Report 2007/02 zu finden unter http://www.bvdw.org/fileadmin/downloads/fachgruppen/Online-Vermarkterkreis/OVK_Report_2007_02.pdf entnommen am 8.2.2008. Leider konnten keine aktuellen Studien/Statistiken zu Online-Kooperationen allgemein gefunden werden. Die Entwicklungen der anderen Werbeformen und Vergleiche mit älteren Studien lassen aber den Schluss zu, dass sich Online-Kooperationen im Allgemeinen ebenfalls gut entwickeln werden, was durch die befragten Experten bestätigt wird.Dieser Trend wird, so prognostiziert es eine Studie der OMD, Düsseldorf, ebenso aus dem Jahr 2007, bis zum Jahr 2015 anhalten, siehe hierzu OMD Media Map 2010 – 2015 bzw. http://www.wuv.de/studiendatenbank/studien_detail.php?nr=1194010303 entnommen am 08.02.2008.

[9] Vgl. Schoder/Müller (1999), S. 601 ff. Siehe auch Dunning (2002), S. 570, von Kortzfleisch (2005), S. 5 f., Semlinger (1999), S. 32ff sowie Männel (1996), S. 37.

[10] Vgl. Sydow/Windeler (2001), S. 131 f.

[11] Vgl. Picot/Reichwald/Wigand (2001), S. 291.

[12] Diese Forderung bezieht sich nicht nur auf den E-Commerce. Vgl. Prahalad/Hamel (1990), S. 8, Wirtz/Vogt

Problemstellung und Stand der Forschung 3

solchen ressourcenorientierten Sicht der Unternehmungsführung besteht in der Existenz eines hohen Renditepotenzials bestimmter Ressourcen, welche Unternehmungen durch ihre Spezifität besitzen.[13] Gemäß dem *ressourcenorientierten Ansatz* werden die in der Unternehmung vorhandenen Kernressourcen und Kernkompetenzen, wie in Abbildung 1 dargestellt, für den Wettbewerbserfolg verantwortlich gemacht.[14]

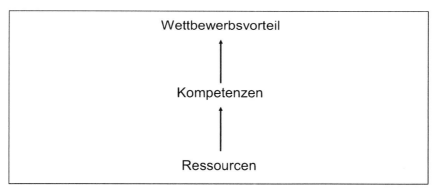

Abbildung 1: Wettbewerbsvorteile durch Kompetenzen und Ressourcen, Quelle: in Anlehnung an Grant (1991), S. 115.

Beispielsweise können zahlungskräftige Besucher einer Website als Ressource einer Unternehmung betrachtet werden. Die Kompetenz der Unternehmung könnte in der Fähigkeit bestehen, eine bestimmte Zielgruppe dauerhaft für den Besuch der Webseite zu gewinnen und schließlich zu Käufern zu konvertieren. Gelänge es der Unternehmungsführung, eine kaufkräftige, loyale Kundschaft aufzubauen, verfügt sie über einen (dauerhaften) Wettbewerbsvorteil, der ursprünglich aus der Ressource „Kundenkontakt" hervorgeht.[15]

(2003), S. 268, Backhaus/Meyer (1993), S. 330 und zu Knyphausen-Aufseß (1997), S. 452ff., der von einem ressourcenorientiertem Paradigma spricht.

[13] Vgl. Habann (1999), S. 3. Der ressourcenorientierte Ansatz verfolgt somit eine von innen nach außen gerichtete Betrachtung und ergänzt insofern den markt- bzw. wettbewerbsorientierten Ansatz, siehe hierzu Kirsch (1997), S. 172.

[14] Vgl. Kollmann/Herr (2003), S. 109.

[15] Belz/Reinhold bezeichnen Markt und Kundenkontakte gar als den wichtigsten Erfolgsbeitrag von Koopera-

Durch zusätzliche Ressourcen und Kompetenzen, die eine Unternehmung über Kooperationspartner bezieht, kann sie ihren Wettbewerbsvorteil vergrößern, beispielsweise durch weitere Kunden, die sie mit Hilfe von Kooperationspartnern akquiriert. Diesen Sachverhalt stellt Abbildung 2 dar.

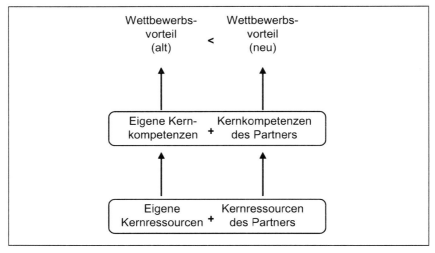

Abbildung 2: Steigerung des Wettbewerbsvorteils durch Kompetenzen und Ressourcen eines Kooperationspartners,
Quelle: in Anlehnung an Grant (1991), S. 115.

Solche Ressourcenpotenziale liegen z.B. in einer gezielteren und somit treffsicheren Ansprache von Kunden, wodurch zusätzliche Umsätze erzielt und Kundenakquisitionskosten auf mehrere Unternehmungen verteilt werden.[16] Davon könnten beispielsweise junge

---

tionen, siehe Belz/Reinhold (2003), S. 755.

[16] Wie in Kapitel 5.1 ausführlich dargestellt wird, profitieren schon heute einige Unternehmungen von diesem Instrument im Online-Vertrieb. Beispielsweise betrachtet die Scout24-Gruppe Online-Kooperationen als eine wesentliche Ursache ihrer heutigen Marktstellung; siehe hierzu Mangstl/Dörje (2003), S. 75 ff. Versicherungen sehen in solchen Vertriebskooperationen eine günstige und effektive Alternative zu Werbebannern; vgl. Webering (2003), S. 56. Besonders junge Anbieter sind auf diese Art der Kundengewinnung angewiesen, um die geringen vorhandenen Ressourcen zu schonen; vgl. Kollmann/Herr (2003), S. 103.

Unternehmungen profitieren, die i.d.R. weder eine bestehende Organisation, noch die finanziellen Mittel aufbringen können, um schnelle ein eigenes Vertriebssystem zu etablieren.[17] Sie müssen sich in irgendeiner Form mit bestehenden Vertriebswegen und den diese beherrschenden Organisationen auf eine Zusammenarbeit einigen.[18] Dafür gelten sie allgemein als aufgeschlossener, teamorientierter und flexibler.[19] Durch Kooperationen bekommen sie die Chance, ihre Schnelligkeit und Flexibilität mit der Schlagkraft großer Unternehmungen zu verbinden.[20]

Allerdings zeigen empirische Untersuchungen, dass die Notwendigkeit von Kooperationen zwar gesehen wird, aber lange nicht jede Partnerschaft auch erfolgreich ist.[21] Trotz wirtschaftlicher Notwendigkeit und großer Bedeutung von Kooperationen für den Gesamterfolg der Unternehmungen unterliegt das Kooperationsmanagement in der Praxis meist keiner disziplinierten Einhaltung von Regeln. Die Vorgehensweisen sind alles andere als eine Folge systematischer, zielgerichteter Arbeitsschritte, die auf die speziellen Bedingungen von Kooperationen im Online-Vertrieb eingehen.[22] „Im Gegenteil gibt es [...] bemerkenswerte, tendenziell widersprüchliche Verhaltensweisen, die in ihren Inkonsistenzen eher einem unstrukturierten, künstlerischen Umgang mit Kooperationen denn einem gezielten, planvollen Vorgehen in diesem Bereich gleichen."[23]

Wenig erfolgreiche und bisweilen scheiternde Kooperationen im Online-Vertrieb können auf strukturelle Missstände in der Unternehmung und auf daraus resultierende Fehler bei der Umsetzung zurückgeführt werden.[24] Zusätzlich führt die schnelle Marktentwicklung

---

[17] Vgl. Szyperski/Nathusius (1999), S. 69.
[18] Vgl. Albers/Panten/Schäfers (2002b), S. 48 sowie von Kortzfleisch/Szyperski (2003), S. 163.
[19] Vgl. Kollmann/Herr (2003), S. 101 f.
[20] Vgl. von Kortzfleisch/Szyperski (2003), S. 163.
[21] Siehe Ethiraj/Kale/Singh (2002), S. 619.
[22] Siehe dazu Wirtz (2001), S. 152ff. sowie Picot/Reichwald/Wigand (2001), S. 2ff.
[23] Thomé/von Kortzfleisch/Szyperski (2003), S. 45.
[24] Die Tätigkeit des Verfassers als Vorstand der Sevenval AG und als Leiter der Arbeitsgruppe Online Kooperationen im BVDW - Bundesverband Digitale Wirtschaft (zu der Zeit noch: Deutschen Multimedia Verband (dmmv); im weiteren BVDW) ermöglichte es ihm, viele verschiedene Arten von Kooperationen im Online-Vertrieb kennen zu lernen. Die Sevenval AG ist Anbieter von Technologien für den E-Commerce, Kernleistung ist eine Softwarelösung für Online-Kooperationen. Der BVDW ist die größte Interessenvertretung der deutschen Internetwirtschaft. Um die relevanten Fragestellungen zu konkretisieren, wurden Presseberichte analysiert und Gespräche mit Vertretern der Praxis geführt. Die hier aufgeführten Ursachen wurden durch die im Rahmen der Arbeit durchgeführten Interviews mit Experten bestätigt.

dazu, dass Entscheidungsträger nicht immer über den neuesten Stand der Entwicklungen informiert sind und Entscheidungen zögerlich treffen, da sie nicht über geeignete Strukturen zur Entscheidungsfindung verfügen. Beispielsweise werden Erfolgsfaktoren für erfolgreiche Vertriebskooperationen bislang kaum methodisch identifiziert.[25] Vielmehr werden aus Zeitgründen bisherige Erfahrungen unsystematisch für neue Vertriebskooperationen herangezogen.[26] Eine daraus resultierende mangelhafte Technologieauswahl verursacht Fehlinvestitionen oder ist für unnötige technische Begrenzungen der Kooperationstätigkeiten verantwortlich.[27] Diese strukturellen Missstände wirken sich auch auf die operative Umsetzung aus. So wurde häufig beobachtet, dass keine strukturierte Partnerauswahl erfolgt.[28] Schlecht ausgehandelte Partnerverträge mindern darüber hinaus die Gewinne. Den beobachteten Unternehmungen fehlen Methoden, Kooperationspartner systematisch zu differenzieren.[29] Oft fehlt das Know-how, gezielt Einfluss auf die Partner auszuüben, um die eigenen und gemeinsamen Kooperationserträge zu steigern. Es wurde kaum ein Fall beobachtet, bei dem es eindeutige Prinzipien gab, wann und wie eine Partnerschaft zu beenden sei. Auch diese Tatsache führte zu einer Verschwendung von Ressourcen. Die Probleme sind eine beispielhafte Selektion, die verdeutlichen soll, dass es bis zum heutigen Tag keine umfassenden Prinzipien, Methoden und Verfahren

---

[25] Siehe Jochims (2006), S. 3.

[26] Das ist auch eine Folge von Entlassungen, die vornehmlich in den Abteilungen stattgefunden haben, die mit E-Commerce zu tun haben. Sie führten zu einem erheblichen Verlust an Humankapital (technisches Know-how, Marktwissen, Kontakte zu Kooperationspartnern usw.). Das verbleibende Personal ist häufig unzureichend ausgebildet, unmotiviert oder persönlich nicht geeignet. Z.B. führen Sachbearbeiter, deren ursprüngliche Aufgabe es ist, über Agenturen standardisierte Media-Leistungen einzukaufen, Verhandlungen mit Vertriebspartnern. Personelle Engpässe führen dazu, dass weniger Zeit vorhanden ist, sich mit strategischen Fragen zu beschäftigen.

[27] Beispielsweise führen vermeintlich kostengünstige Technologien zu erheblichen Folgekosten oder wesentliche Merkmale wie Kontrollfunktionen fehlen. Ein fehlerhafter Einsatz der Technologie und mangelhafte Schulung der Mitarbeiter im Umgang mit der Technik wirken sich ebenfalls negativ auf den Erfolg von Online-Kooperationen im Vertrieb aus; Vgl. Warnecke (1999), S. 12 ff.

[28] Vielmehr werden vertriebsorientierte Kooperationen nach dem Trial-and-Error-Prinzip geschlossen und wieder beendet, wenn die Zusammenarbeit den Erwartungen, die zum Teil erst während der Partnerschaft gesetzt werden, nicht entspricht. Im Vorfeld haben lange Verhandlungen und technische Entwicklungen zu diesem Zeitpunkt bereits erhebliche Kosten verursacht. Bei Neugründungen liegt es zum Teil daran, dass schon mit der Gründung häufig ein Trial-and-Error-Prozess eingegangen wird, der in den Kooperationsbemühungen fortgeführt wird; Vgl. Szyperski (1990), S. 7.

[29] Beispielsweise verfügt jeder Online-Partner über eine differenzierte Zielgruppe, die i.d.R. unterschiedlich angesprochen werden muss. Damit also Besucher zum Kauf von Waren und Dienstleistungen überzeugt werden, muss die Zusammenarbeit sich wesentlich stärker an ihren Bedürfnissen orientieren, als es bislang der Fall ist. Darüber hinaus müssen wichtige und weniger wichtige Partner ungleich behandelt werden, um eine optimale Ressourcenverteilung zu erreichen.

für ein professionelles Kooperationsmanagement gibt, die auf die besonderen Anforderungen im Online-Vertrieb zugeschnitten sind.[30]

Eine kooperationsfähige Unternehmung schöpft jedoch Kooperationspotenziale schneller aus als die Wettbewerber und erzielt dabei einen größeren Nutzen für seine Bezugsgruppen.[31] Da die Koordination in Kooperationen definitionsgemäß über Hierarchiegrenzen hinweg stattfindet, steigt der Koordinationsbedarf durch die damit verbundene rechtliche, räumliche und zum Teil auch zeitliche Differenz der Partner stark an.[32] Kooperationen erfordern somit ein beachtliches Know-how in den Bereichen der Planung, Organisation, Realisation und Kontrolle. Ein systematisches, auf einer schlüssigen Kooperationsstrategie beruhendes und an entsprechenden Erfolgsfaktoren ausgerichtetes Vorgehen – so bestätigt es auch eine Studie der Unternehmensberatung Bain & Company über die strategischen Erfolgsfaktoren der besten deutschen Internet-Start-ups[33] - erhöht deutlich die Erfolgswahrscheinlichkeit von Kooperationen.[34]

Die Relevanz der Untersuchung von Kooperationen im Online-Vertrieb wird durch die im Rahmen dieser Arbeit interviewten Personen ebenso bestätigt wie durch die maßgeblichen Branchenverband, dem Bundesverband Digitale Wirtschaft (BVDW) e.V. und dem BITKOM (Bundesverband Informationswirtschaft, Telekommunikation und neue Medien e.V.) bestätigt.[35]

Diese Lücke von Anforderungen aus der Praxis und bestehender Literatur soll die vorliegende Arbeit schließen.

---

[30] E-Commerce-Anbieter stehen mit diesem Dilemma allerdings nicht allein da. Auch etablierte Unternehmungen klagen über Probleme mit ihren Kooperationen. Bei Siemens weist etwa die Hälfte der strategischen Allianzen Probleme auf, rund ein Fünftel bezeichnet Vorstandschef von Pierer sogar als ein „Desaster"; vgl. von Pierer (1993), S. 7.

[31] Vgl. Bronder (1993), S. 49.

[32] Der Begriff „Kooperation" wird in Kapitel 3.1 definiert.

[33] Siehe hierzu Janzen (2001), S. 58-60. Genauso wird es in auch in den USA gesehen; vgl. Plant (2000), S. 30 ff.

[34] Vgl. Staudt et al. (1996), S. 5 sowie Osterloh/Weibel (2000), S. 103.

[35] Vgl. hierzu Vorwort des Präsidenten des BVDW Arndt Groth in Büttgen/Lücke (Hrsg.). Weiterhin bestätigt im Gespräch mit Robert Berengeno, Geschäftsführer des Enef, ein Verband der deutschen Internet-Startups, der im BITKOM aufgegangen ist.

Ziel dieser Dissertation ist somit die Entwicklung eines in der Praxis umsetzbaren Gestaltungsmodells in Form eines Entscheidungsprogramms für ein erfolgreiches Kooperationsmanagement im Online-Vertrieb unter Berücksichtigung der aktuellen und zukünftig absehbaren Entwicklungen im Internet.

Der praxisorientierte Leser erhält Methoden für eine an den Zielen ausgerichtete ressourcenorientierte Planung und Organisation sowie Verfahrensbeispiele für die kontrollierte Realisation von Kooperationen im Online-Vertrieb. Damit soll er eine Grundlage und somit Entscheidungshilfe bekommen, um Wettbewerbsvorteile durch Kooperationen auf- bzw. ausbauen zu können. Kernstück einer solchen Planung muss ein Entscheidungsprogramm sein, das Anweisungen darüber enthält, welche Aktionen oder Handlungsfolgen der Planungsempfänger zur Erreichung der Ziele ggf. abhängig von bestimmten Bedingungen realisieren soll.[36] Das Entscheidungsprogramm muss einen willensbildenden, informationsverarbeitenden und prinzipiell systematischen Entscheidungsprozess ermöglichen, der das Ziel verfolgt, zukünftige Entscheidungs- und Handlungsspielräume problem- bzw. aufgabenorientiert einzugrenzen und zu strukturieren.[37] Als Informationsbasis für die Entwicklung eines solchen Programms dienen neben der aktuellen Literatur der Erfahrungsschatz und das Wissen von 25 Experten, die in ihrer täglichen Arbeit mit Kooperationen im Online-Vertrieb betraut sind.

Der wissenschaftsorientierte Leser erhält fundierte Informationen, um eine ähnliche Problemstellung auf andere Bereiche, wie beispielsweise Einkaufskooperationen oder Vertriebskooperationen in anderen Ländern zu erhalten.

Damit unterscheidet sich diese Dissertation von anderen Arbeiten, denn sie schafft eine ganzheitliche Entscheidungsgrundlage auf der Basis von Expertenwissen, die mit einer reinen Literaturauswertung nicht zu leisten ist, da nicht die spezifische Situation der Handelnden berücksichtigt würde.

---

[36] Siehe hierzu Szyperski (1996), S. 577.
[37] Siehe hierzu Szyperski/Winand (1980), S. 32.

Zunächst wird im Folgenden der Stand der Forschung bezüglich Kooperationen im Online-Vertrieb vorgestellt und das Thema abgegrenzt bevor das Forschungskonzept und der Aufbau der Arbeit dargelegt werden.

1.2 Stand der Forschung und Themenabgrenzung

Zur Entwicklung des Gestaltungsmodells kann auf eine ausgeprägte Managementtheorie bzw. Kooperationsmanagementtheorie zurückgegriffen werden.[38] Die Sinnhaftigkeit und Ausgestaltung von Kooperationen zwischen Unternehmungen wird einerseits durch empirische Untersuchungen erforscht, lässt sich andererseits aber auch aus theoretischer Sicht anhand verschiedener Ansätze begründen.[39] Am weitesten entwickelt ist die kontingenztheoretische Kooperationsforschung, bei der die Bedingungen, die das Zustandekommen zwischenbetrieblicher Kooperationen fördern und deren Ausprägungen beeinflussen, untersucht werden.[40] Auch die effizienztheoretische Kooperationsforschung, die nach den Resultaten der Kooperation, also nach dem Zusammenhang zwischen Kooperation und unterschiedlichen Erfolgsmaßen fragt, hat sich in den letzten Jahren etabliert.[41] Spezielle Forschungsfelder behandeln dabei Vertrauen und Vertrauensmissbrauch, organisationales Lernen in Kooperationen, Gründe des Scheiterns und Strategien zum Vermeiden des Scheiterns einer Zusammenarbeit.[42] Diese Untersuchungen beziehen sich allgemein auf Unternehmungskooperationen, wobei sich einige Forschungsprojekte mit der Unterstützung des Internet bei Unternehmungskooperationen beschäftigen, wie beispielsweise einer Vernetzung der IT-Strukturen oder einer verbesserten Kommunikation

---

[38] Zur ausführlichen Darstellung über den Stand der (auch empirischen) Kooperationsforschung siehe Baumgarten (1998), S. 16 ff. Siehe auch Schrader (1993), S. 225 ff.

[39] Zu den meistgenannten Theorien in der Literatur gehören u.a. die Transaktionskostentheorie, die Spieltheorie, die Koordinationstheorie, die Principal-Agent-Theorie und ressourcentheoretische Ansätze; vgl. Sydow (1992), Baumgarten (1998) und Hess (2002). Wie der Titel der Arbeit vorwegnimmt, werden ressourcenorientierte Ansätze herangezogen, um die Forschungsfragen zu beantworten.

[40] Siehe u.a. Williamson (1975), Tröndle (1987), Picot/Reichwald/Wigand (2001), Sydow (1992), Bleeke/Ernst (1991), Ohmae (1989), S. 143 ff., Garette/Dussauge (2000), S. 63 ff., Glaister/Buckley (1996), S. 301 ff., Bergmann (2002).

[41] Siehe beispielsweise Staudt et al. (1996), Geringer/Herbert (1989), S. 235 ff., Staudt/Kriegesmann/Thielemann (1994), Bleicher (1992), Blodgett (1992), S. 475 ff., Bleicher (1990b), S. 77 ff., Sydow (1992), Semlinger (1999), S. 29ff.

[42] Siehe u.a. Bronder (1992), Bronder (1993), Braun (1990), Barney/Hansen (1994), Backhaus/Piltz (1990), Bouncken (2003) sowie Bergmann (2002).

der Kooperationspartner.[43] Die Effizienzsteigerung einer Kooperation durch bessere Kommunikationsmöglichkeiten, die durch das Internet hervorgerufen wird, spielt bei dem vorliegenden Forschungsprojekt eine wichtige Rolle.[44] Im Mittelpunkt der Betrachtung steht jedoch das World Wide Web als Vertriebsweg, zumindest als Kommunikationskanal zum Kunden. Somit liegt das Hauptaugenmerk auf dem Management von Online-Kooperationen zur Erreichung der (Online-)Vertriebsziele einer Unternehmung. Dazu gehören beispielsweise die Ausdehnung der Marktpräsenz, die Erschließung neuer Kundengruppen oder die Senkung der Kundengewinnungs- und -betreuungskosten.[45]

Weiterhin kann auf die Ergebnisse von Studien zurückgegriffen werden, die sich mit Brandingeffekten von Banner-Werbung[46], Vertriebserfolgen einzelner Produktkategorien sowie den E-Commerce-Aktivitäten von Portalen beschäftigen und dabei auch die Thematik der Online-Kooperationen im Vertrieb betreffen.[47] Ebenso gibt es vereinzelte Studien von Unternehmensberatungen, Praxisberichte und Fallstudienanalysen zu Online-Kooperationen im Vertrieb.[48]

Wissenschaftliche Arbeiten betrachten Kooperationen im Online-Vertrieb allenfalls am Rande. Beispielsweise fand BÖING heraus, dass die Kooperationsbereitschaft von Unternehmungen einen wichtigen Erfolgsfaktor für E-Commerce-Anbieter darstellt.[49] ALBERS/PANTEN/SCHÄFERS ermittelten, dass erfolgreiche E-Commerce-Anbieter zumeist Kooperationen mit reichweitenstarken Partnern eingehen, um Nutzer auf die eigene Seite zu holen.[50] Im Rahmen einer Dissertation untersuchte JOCHIMS die „Erfolgsfaktoren von

---

[43] Siehe beispielsweise Pfleging (2003), Brettel/Heinemann (2003).

[44] Siehe dazu Klein (1996), S. 38 f.

[45] Dabei wird nicht untersucht, ob Kooperationen ein sinnvolles Instrument im Online-Vertrieb sind, sondern diese Annahme wird grundsätzlich vorausgesetzt.

[46] Als Werbebanner wird eine i.d.R. interaktive Werbefläche auf einer fremden Website verstanden; vgl. Fritz (2000), S. 123.

[47] Frei zugängliche Informationen findet man beispielsweise auf www.emar.de, www.ecin.de, www.bvdw.de, Übersichten über i.d.R. kostenpflichtige Studien werden z.B. auf www.mediaundmarketing.de, www.wuv.de, www.studienmonitor.de und www.markt-studie.de geführt. Beispielsweise stellte die Unternehmensberatung Roland Berger fest, dass erfolgreiche Unternehmungen im E-Commerce signifikant mehr Partnerschaften eingehen als andere Anbieter, vgl. Roland Berger & Partner (1999), S. 38.

[48] Siehe z.B. Webering (2003), Kaestner (2002a), Kaestner (2002b), Arends (2001), Krohn/Lücke (2001), Mangstl/Dörje (2003), Riemer/Giesen (2003), Tamblé (2002), Hillmann (2002), Holtrop (2003), Heinemann (2002).

[49] Vgl. Böing (2001), S. 165 f.

[50] Siehe Albers/Panten/Schäfers (2002c), S. 214 ff.

Online-Marketing-Kooperationen".[51] „Die Ergebnisse der Erhebung machen die Bedeutung von Online-Marketing-Kooperationen als Kundengewinnungsmaßnahme deutlich. Während die Zurückhaltung der Werbetreibenden bei der Banner-Werbung bleibt, nimmt die Bedeutung von Online-Kooperationen als kosteneffizientes und risikoarmes Marketing-Instrument zu. Die positive Einschätzung des Erfolgs und die hohen Umsatzanteile, die durch die Kooperationen generiert werden, lassen erwarten, dass die Verbreitung von Online-Marketing-Kooperationen als Kundengewinnungsmaßnahme in der Zukunft noch zunehmen wird."[52]

Eine fundierte Analyse der *Geschäftsmodelle* für Kooperationen im Online-Vertrieb gemäß der oben festgelegten Zielsetzung gibt es bis dato jedoch nicht. Diese Lücke soll die vorliegende Arbeit schließen.

Um dabei zu anwendbaren Ergebnissen zu gelangen wird die Untersuchung wie folgt eingegrenzt:

> Gegenstand der Arbeit sind Vertriebskooperationen zwischen zwei Unternehmungen, die sich in ihrer Zusammenarbeit an private Endkunden im Internet richten.

Institutionelle Kunden finden nur insoweit Berücksichtigung, so lange sich das Gestaltungsmodell nicht maßgeblich unterscheidet. Es werden keine (Online-)Kooperationen auf anderen Stufen der Wertschöpfungskette betrachtet.[53] Auch weitere Kooperationsformen mit Stakeholdern wie beispielsweise mit Behörden oder Gewerkschaften zwecks Erreichung spezifischer Ziele, werden ebenso wenig betrachtet wie die Zusammenarbeit mit Unternehmungen in geografischer Nähe zur Durchsetzung sekundärer Unternehmungsziele wie die Verbesserung der Infrastruktur.

Im Zentrum der Untersuchungen stehen zwei Parteien, die E-Commerce-Betreiber und deren Partner.

---

[51] Siehe Jochims (2006).
[52] Albers/Jochims (2003), S. 36.
[53] Zur Kooperation auf anderen Stufen der Wertkette siehe beispielsweise Wirtz/Vogt (2003) und Fleck/Pfleging (2003). Zu Kooperationen mit institutionellen Endkunden siehe u.a. Aust et al. (2000), S. 30 ff.

- Zu den hier untersuchten *E-Commerce-Anbietern* gehören Unternehmungen, die ihre Leistungen im Internet vorwiegend an private Endkunden anbieten.[54] In der Einteilung der Geschäftsmodelltypologien von WIRTZ handelt es sich um das Geschäftsmodell „*Commerce*", das auf der Anbahnung, Aushandlung und Abwicklung von Geschäftstransaktionen beruht.[55] Das sind neben den reinen Online-Shops, wie beispielsweise *Amazon* und *Electronica24* auch Unternehmungen, die das Internet als zusätzlichen Absatz- und Kommunikationskanal benutzen, wie z.B. *Otto* und *T-Mobile*. Auch Dienstleistungsunternehmungen werden betrachtet, die ihre Dienstleistungen direkt im Internet absetzen oder dort die Kaufanbahnung und –abwicklung tätigen. Dazu gehören beispielsweise Banken, Versicherungen und Reiseanbieter. Diese Gruppe der E-Commerce-Anbieter wird künftig auch als *Akteure* bezeichnet.[56]
- Dagegen werden als *Partner* diejenigen Unternehmungen bezeichnet, mit denen eine Zusammenarbeit zur Erreichung der (Online-)Vertriebsziele sinnvoll ist.[57] Sie beruhen auf allen Geschäftsmodelltypologien nach WIRTZ, also neben Commerce auch Content, Context und Connection.[58] Dazu zählen beispielsweise die großen Portale wie *AOL* und *T-Online*, Informationsseiten wie Spiegel.de, Online-Dienste wie *GMX* und Web.de, Communities usw.[59]

---

[54] B2C-E-Commerce gilt auf Grund der niedrigen Umsätze als schwieriges Unterfangen, dabei wird jedoch oft übersehen, dass gerade in diesem Geschäft wegen der hohen Zahl von Käufern und Verkäufern die größten Wachstumseffekte erzielt werden können, vgl. hierzu Albers/Panten/Schäfers (2002), S. 15.

[55] Unter dem Begriff „Geschäftsmodell" (Business Model) wird die Abbildung des betrieblichen Produktions- und Leistungssystems einer Unternehmung bezeichnet. „Das Geschäftsmodell bildet ab, welche externen Ressourcen in die Unternehmung fließen und wie diese durch den innerbetrieblichen Leistungserstellungsprozess in vermarktungsfähige Informationen, Produkte und/oder Dienstleistungen transformiert werden. Das Geschäftsmodell enthält Aussagen darüber, durch welche Kombination von Produktionsfaktoren die Geschäftsstrategie eines Unternehmens umgesetzt werden soll und welche Funktionen den involvierten Akteuren dabei zukommt.", Wirtz/Kleineicken (2000), S. 629.

[56] Z.T. wird auch zukünftig der Begriff „Shop" verwendet, um nicht immer auf dieselben Begriffe zurückgreifen zu müssen.

[57] Um in Zukunft weitere Begriffsoptionen zu bewahren, werden weiterhin auch die nicht exakt zutreffenden Begriffe Portal und Werbeträger verwendet. Partner ist insofern zutreffender, als die Zusammenarbeit auch mit anderen Commerce-Seiten wie Auktionen oder Brokerage-Seiten zustande kommen kann. Außerdem lässt dieser Begriff weitere, neuartige Geschäftsmodelle für Kooperationen zu, die in dieser Arbeit entwickelt werden sollen.

[58] Zur kurzen Darstellung der Geschäftsmodelle siehe 5.2.1.1 auf S. 76. Zur ausführlichen Darstellung siehe Wirtz/Kleineicken (2000), S. 629 f.

[59] Die jeweiligen Geschäftsmodelle existieren zwar noch heute, eine trennscharfe Einteilung der Unternehmungen ist danach jedoch nicht mehr möglich, da i.d.R. mehrere Geschäftsmodelle verfolgt werden. Zur ausführlichen und sehr differenzierten Darstellung von Multimedia-Geschäftsmodellen siehe auch Keuper/Hans (2003), S. 236 ff.

Aus diesen Parteien rekrutiert sich auch der Großteil der Gesprächspartner für die Leitfadeninterviews. Das zugrunde liegende Forschungskonzept und der daraus resultierenden Aufbau der Arbeit werden im folgenden Kapitel erörtert.

2. Forschungskonzept und Aufbau der Arbeit

Das vorliegende Forschungsvorhaben orientiert sich an den angewandten Wissenschaften. Bereits der Problemfindungsprozess weicht von dem der Grundlagenwissenschaften deutlich ab. Den Ausgangspunkt dieser Arbeit bildet die Identifikation von Problemen in der Praxis von Kooperationen im Online-Vertrieb, für deren Lösung den Handlungspersonen gemäß den obigen Ausführungen kein ausreichendes oder befriedigendes Wissen zur Verfügung steht.[60] Die konkrete Zielsetzung angewandter Wissenschaften besteht somit nicht darin, Theorien und Hypothesen aufzustellen, sondern ein praxisrelevantes Gestaltungsmodell für die dargestellten Untersuchungseinheiten zu entwerfen.[61]

Der für diese Arbeit gewählte Forschungsablauf richtet sich nach dem Forschungsmodell angewandter Forschung nach ULRICH. Dabei handelt sich um eine ständige Interaktion zwischen theoretischen Grundlagen der Betriebswirtschaftslehre und Erkenntnissen aus der aktuellen Realität. Durch die Sammlung von Informationen und Daten erfolgt die darauf bezogene kritische Reflexion des Realitätsbildes mit dem Endziel der Ableitung praxisnaher Handlungsanleitungen in Form eines Entscheidungsprogramms.[62] In Abbildung 3 sind die Schritte der Vorgehensweise bei der Erstellung dieser Arbeit grafisch dargestellt.

1. Schritt: Erfassung und Typisierung praxisrelevanter Probleme

Der eigentliche Forschungsprozess beginnt mit der Erfassung praxisrelevanter Problemstellungen im Rahmen der Planung, Organisation, Realisation und Kontrolle von Kooperationen im B2C-Online-Vertrieb. Diese Probleme wurden bereits ausführlich in der Problemstellung erörtert.

---

[60] Vgl. Ulrich 1984, S. 168ff.
[61] Vgl. Mayring 1996, S. 14.
[62] Vgl. Ulrich 1984, S. 193.

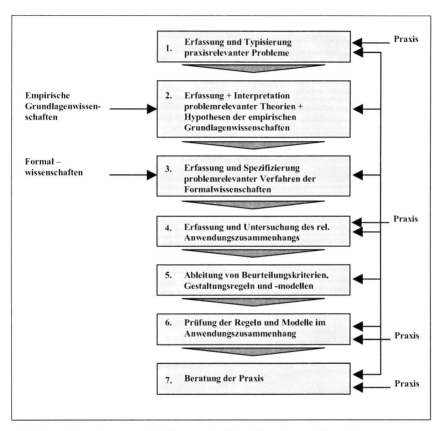

Abbildung 3: Angewandte Wissenschaft im Theorie- und Praxisbezug
Quelle: Darstellung in Anlehnung an Ulrich (1984), S. 193.

2. Schritt: Erfassung und Interpretation problemrelevanter Theorien und Hypothesen der empirischen Grundlagenwissenschaften

Wie in Kapitel 3.2 der Dissertation dargelegt wird, baut der wissenschaftliche Bezugsrahmen des vorliegenden Forschungsprojektes auf dem ressourcenbasierten Ansatz auf.[63] Die Theorien liefern Erklärungsansätze zum Gestaltungsmodell für das Kooperationsmanagement im Online-Vertrieb und sind damit das theoretische Fundament der Arbeit.

3. Schritt: Erfassung und Spezifizierung problemrelevanter Verfahren der Formalwissenschaften

Als empirische Unterstützung zur Untersuchung von Kooperationen im Online-Vertrieb dienen Leitfadeninterviews mit 25 betroffenen Experten, wobei zehn Personen den Akteuren zuzurechen sind, weitere zehn Personen den Partnern und weitere fünf Personen Experten mit übergreifenden Wissen und Erfahrungen sind. Es handelt sich dabei einerseites um die Personen die selbst Beratungsbedarf und die Relevanz eines solchen Entscheidungsprogramms sehen, aber andererseits diejenigen Personen sind, auf deren Expertenwissen der Forscher angewiesen ist, um ein solches Entscheidungsprogramm zu entwickeln. Die Interviewpartner bzw. die Unternehmungen denen sie entstammen werden in Anhang A vorgestellt, der Ablauf der Interviews und die Leitfragen sind Anhang B zu entnehmen. Es musste auf Auswertungsverfahren der Kausalanalyse wie beispielsweise den Strukturgleichungsmodellen verzeichtet werden, da sie für Stichprobenumfänge unter n=200 nicht geeignet sind.[64] Auf eine Responsequote von über 200 zu stoßen ist in einem solchen Markt selbst bei einer optimistisch geschätzten Rücklaufquote von 20 Prozent nicht realisierbar. Darüber hinaus haben Leitfadeninterviews gegenüber dem standardisierten Fragebogen den Vorteil, dass sie auch bei einer hier vorliegenden kleinen Grundgesamtheit und bei einem sehr neuen und komplexen Forschungsthema gute Ergebnisse ermöglichen, weil durch die Interaktion mit dem Befragten Probleme umfassender und besser identifiziert, verdeutlicht und Missverständnisse leichter beseitigt werden.[65] MAYRING spricht in diesem Zusammenhang von „Problemzentrierten Interviews", die darüber hinaus auch offenere und ehrlichere Antworten der Befragten zur

---

[63] Siehe hierzu Kapitel 1.5 der Dissertation.
[64] Vgl. u.a. Diller (2006), S. 615.
[65] Mit mehreren Gesprächspartnern wurden auch vor und nach dem Gespräch vor Ort Telefonate geführt.

Folge haben.[66] BÖHLER fügt dem hinzu, dass die freie Gesprächsführung die Auskunftsbereitschaft und die Spontaneität des Befragten erhöhe.[67] Nach DILLER steht auch die Einstufung quantitativer Methoden als „wissenschaftlicher" oder intellektuell höherwertig in einem bezeichnenden Widerspruch zur Entwicklung in der Praxis.[68]

4. Schritt: Erfassung und Untersuchung des relevanten Anwendungszusammenhangs

Die Auswahl der teilnehmenden Unternehmungen an den Fallstudien repräsentiert den Anwendungszusammenhang. Da Akteure und Partner möglicherweise unterschiedliche Zielsetzungen bei der Kooperation verfolgen, fließen Erkenntnisse aus Interviews mit Vertretern beider Seiten, sowohl der Akteure als auch der Partner, in die Untersuchung mit ein. Innerhalb der Gruppen sind Unternehmungen mit unterschiedlichen Geschäftsmodellen vertreten, um zu verhindern, dass sich die Erfolgsfaktoren nur auf das Geschäftsmodell allein und nicht auf das Kooperationsmanagement beziehen.[69] Zur Festigung der Erkenntnisse wurden darüber hinaus Interviews mit Experten unabhängiger Unternehmungen, wie Unternehmensberatungen, Experten der Verbände usw. geführt.[70]

5. Schritt: Ableitung von Beurteilungskriterien, Gestaltungsregeln und –modellen

In diesem Schritt findet die Zusammenführung der zuvor aufgestellten Forschungsaspekte und somit eine Einordnung in den allgemeinen Forschungsrahmen statt. Eine Integration der Interviews, Telefongespräche und Sekundärinformationen, dem theoretischen Bezugsrahmen und der wissenschaftlichen Diskussion dient dazu, ein Gestaltungsmodell in Form eines Entscheidungsprogramms für die unternehmungsübergreifende Zusammenarbeit im Online-Vertrieb zu entwerfen.

---

[66] Vgl. Mayring 1996, S. 49.
[67] Siehe Böhler 1992, S. 79.
[68] Vgl. Diller (2006), S. 617.
[69] Die Auswahl der Interviewpartner erfolgte subjektiv. Von den Unternehmungen, bei denen Kooperationen im Online-Vertrieb seit längerer Zeit eine Rolle spielen, wurden die ausgewählt, zu denen ein guter Kontakt besteht. Denn Vorgespräche, Interview und Nachgespräche erforderten einen substantiellen Zeiteinsatz. Auch bei diesen Unternehmungen musste für die persönlichen Gespräche vor Ort eine Auswahl getroffen werden, um den Aufwand in einem angemessenen Verhältnis zu bewahren.
[70] Insgesamt wurden jeweils zehn Akteure und Partner untersucht, wobei mindestens ein Tiefeninterview, zumeist aber darüber hinaus Gespräche mit weiteren Mitarbeitern und Gespräche zu unterschiedlichen Zeitpunkten geführt wurden. Weiterhin wurden Gespräche mit Vertretern der wichtigsten Verbände BVDW, BITCOM und eco geführt.

6. Schritt: Prüfung der Regeln und Modelle im Anwendungszusammenhang

Das Entscheidungsprogramm wird durch Rückspiegelung in den Anwendungszusammenhang in der Praxis ergänzt und überprüft. Vor allem Expertenwissen trägt dazu bei, die Anwendbarkeit des Gestaltungsmodells für die gewählten Bereiche zu beurteilen und gegebenenfalls Lücken und Defizite aufzudecken.[71] Außerdem wird die Frage geklärt, wie Gestaltungsmöglichkeiten durch bestehende Technologien determiniert werden.

7. Schritt: Beratung der Praxis

Schließlich dient das Gestaltungsmodell zur Beratung der Praxis. Ergebnis der Arbeit ist ein Gestaltungsmodell, das aus Methoden zur Planung, Organisation und Verfahren der Realisation und Kontrolle von Kooperationen im Online-Vertrieb besteht. Ausschnitte solcher Beratungsleistungen werden an mehreren Stellen als Fallstudie in die Arbeit integriert, um Sachzusammenhänge anschaulicher zu machen und somit zu verdeutlichen.

Als Grundlage für ein solches Entscheidungsprogramm dient das von SZYPERSKI/VON KORTZFLEISCH eingeführte Konzept des Kooperations-Engineerings, durch dessen Einsatz einem systematischen, auf wissenschaftlichen Methoden beruhenden Vorgehen in allen Phasen einer Kooperation der Weg bereitet werden soll.[72] Kooperations-Engineering bezeichnet ein Konzept, welches grundsätzlich die Vorteile eines planmäßigen, methodischen Vorgehens in den verschiedenen Phasen einer Kooperation umzusetzen sucht.[73] Darüber hinaus soll durch entsprechende Anpassungsprozesse die Dynamik in Kooperationen unterstützt und bewältigt werden. Kooperations-Engineering besteht aus Prinzipien, Methoden und Verfahren des Kooperationsmanagements. Abbildung 4 stellt das Konzept des Kooperations-Engineerings in der Übersicht dar.

---

[71] Ebenso konnten Erkenntnisse von mehreren Projekten, an denen der Verfasser maßgeblich beteiligt war, direkt einfließen und an der Praxis überprüft werden.

[72] Vgl. Szyperski/von Kortzfleisch (2001) S. 4, Szyperski/von Kortzfleisch (2002), S. 387 ff. von Kortzfleisch/Szyperski (2003), S. 159 ff. und Thomé/von Kortzfleisch/Szyperski (2003), S. 46. Der Begriff ist eine Analogie zu den bereits bestehenden Begriffen des Business Engineering und des Software Engineering und bezeichnet ein ingenieurmäßiges, d. h. geordnetes und planmäßiges Vorgehen, um Kooperationen mit größtmöglicher Effektivität planen und durchführen zu können. Merkmale des Vorgehens sind eine eindeutige Zielvorgabe, eine funktionelle Zerlegung des Problems, die Einteilung in Phasen und die Verwendung von Werkzeugen, vgl. Hofstetter (1983), S. 40.

[73] Vgl. Szyperski/ von Kortzfleisch (2001), S. 4.

Prinzipien bilden die Basis, die – einmal von den Entscheidern festgelegt - dauerhaften Bestand hat.[74] Dabei handelt es sich um Richtlinien, die das grundsätzliche Handeln in Kooperationen festlegen und allgemeingültiger Natur sind.[75] Damit sind sie Bedingungen des Entscheidungsprogramms, die sich die Unternehmung zur Eingrenzung der Handlungsalternativen selbst auferlegt.[76]

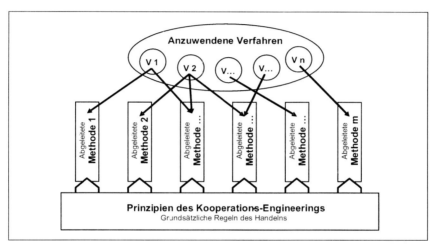

Abbildung 4:   Zusammenspiel von Prinzipien, Methoden und Verfahren im Kooperations-Engineering, Quelle: In Anlehnung an Thomé/von Kortzfleisch/Szyperski (2003), S. 48.

Auf die Prinzipien bauen Methoden auf, die Prinzipien operationalisieren und auf die gedankliche Lösung von Problemsituationen – hier die Gewinnung neuer Kunden bzw. die Senkung der Kundengewinnungskosten durch Kooperationen im Online-Vertrieb –

---

[74] Prinzipien können als anwendungsunspezifischer Ausgangspunkt bzw. Grundsatz des Denkens und Handelns angesehen werden, vgl. von Kortzfleisch (2004), S. 371.

[75] Vgl. Thomé/von Kortzfleisch/Szyperski (2003), S. 47.

[76] Wobei die Eingrenzung der Handlungsfreiheit nicht negativ zu sehen ist, sondern positiv im Sinne einer Rationalisierung des Entscheidungsprozesses, denn Prinzipien sollen die Handlungsalternativen eliminieren, die die Situation der Unternehmung nicht verbessern.

gerichtet sind.[77] „Methoden sind endliche, geordnete Regelsysteme, die Klassen von Operationen bzw. Operationsfolgen beschreiben."[78] Methodisches Vorgehen hat den Vorteil, dass es durch die Standardisierung und konkrete Beschreibung der Arbeitsweisen überprüfbar, lehrbar und prinzipiell wiederholbar ist.[79] Ein solches Vorgehen führt langfristig zu einer Rationalisierung der Prozesse in der Unternehmung, denn auf Dauer setzen sich nur die erfolgsweisenden Methoden durch. Methoden können dokumentiert und an Mitarbeiter weitergegeben werden, wodurch eine Skalierung und eine dauerhafte Verankerung in der Unternehmung erreicht wird.[80] „Verfahren sind (wie Methoden) instrumentaltechnologische Aussagen. Im Gegensatz zu diesen sind sie auf reale Systeme gerichtet. Methoden sind ohne geeignete Verfahren >>kraftlos<<."[81] Dagegen sind Verfahren ohne methodische Steuerung kopflos.[82] Verfahren sind also standardisierte technische und organisatorische Hilfsmittel, um Methoden in eine Aktion umzusetzen.[83]

Der *Aufbau der Arbeit* richtet sich nach diesem Entscheidungsprogramm. Zunächst werden in Kapitel 3 als Grundlage für das Forschungsvorhaben der Kooperationsbegriff und der Ressourcenbegriff erläutert. Da kein betriebswirtschaftliches Handeln ohne Ziele erfolgen sollte, werden in Kapitel 4 die empirisch am häufigsten vorkommende Kooperationsziele im Online-Vertrieb dargelegt. Kapitel 5 widmet sich der Planung von Kooperationen im Online-Vertrieb, deren Methoden gemäß dem Kooperations-Engineering auf Prinzipien beruhen. Es folgt Kapitel 6 mit den Methoden zur Organisation von Kooperationen im Online-Vertrieb, ehe im 7. Kapitel die Verfahren zur Realisation und Kontrolle von solchen Kooperationen dargestellt werden. Das Kapitel erörtert Verfahren zur Umsetzung der Zusammenarbeit im Online-Vertrieb entlang des Lebenszyklus von Kooperationen mit den Phasen Partnersuche, Konstituierung, Durchführung, Kontrolle und Auflösung. Abschließend werden die wichtigsten Ergebnisse dieser Arbeit zusammengefasst und bewertet und bestehende Forschungslücken in diesem Bereich aufgezeigt.

---

[77] Vgl. Szyperski/Winand (1980), S. 131 sowie von Kortzfleisch (2004), S. 371. Die Ziele werden ausführlich in Kapitel 4 erläutert und begründet.
[78] Szyperski/Winand (1980), S. 131. Siehe auch Szyperski/Winand (1974), S. 85.
[79] Siehe hierzu ebenfalls Szyperski/Winand (1980), S. 131.
[80] Dadurch entsteht allerdings auch die Gefahr, dass Mitarbeiter die Unternehmung verlassen und Wettbewerber in den Besitz der Methoden gelangen.
[81] Szyperski/Winand (1980), S. 132.
[82] Vgl. Szyperski (1996), S. 576.
[83] Vgl. Thomé/von Kortzfleisch/Szyperski (2003), S. 47.

Den Aufbau der Arbeit stellt Abbildung 5 im Überblick dar.

Abbildung 5: Aufbau der Arbeit.

3. Ressourcenbasierte Betrachtung von Kooperationen im Online-Vertrieb

Viele Jahre lang suchten Manager Wachstums- und Effizienzsteigerungspotenziale nach der Devise "grow or die" fast ausschließlich in der eigenen Unternehmung.[84] Die zunehmende Globalisierung, der rasante technische Fortschritt und eine stark variierende Nachfrage erhöhten den Wettbewerbsdruck und die Anforderungen an die Flexibilität der Unternehmungen.[85] Schließlich gelangten sie an die Grenzen des Wachstums aus eigener Kraft. In der anschließenden „Make-or-buy-Phase" wurden Teile der Wertschöpfung ausgelagert, sobald eine fremde Unternehmung diese günstiger erstellen konnte oder die Unternehmung sie nicht zu ihren Kernkompetenzen zählte.[86] Durch Outsourcing gaben die Unternehmen jedoch wertvolles Know-how und Macht aus der Hand.[87] Die Folge: Konkurrenten und Lieferanten wurden gestärkt und schließlich sanken die Erträge.[88] Um sich die eigene Flexibilität zu bewahren, aber dennoch eine gewisse Kontrolle über Ressourcen zu behalten bzw. wiederzuerlangen, werden Kooperationen mit anderen Unternehmungen eingegangen und unternehmungsübergreifende Organisationsformen gebildet.[89] Nach BLEICHER zeigt die Erfahrung, dass Organisationen weniger von Arbeitsteiligkeit als von Ganzheitlichkeit getragen werden müssen.[90] Ausgehend von der Erkenntnis des hohen Stellenwerts der Geschäftspartner für den eigenen Unternehmungserfolg schlossen sich Unternehmungen verstärkt zu strategischen Allianzen, Joint Ventures und Netzwerken nach der Devise „If you can't beat them, join them" zusam-

---

[84] Vgl. Gerhard (2003), S. 61.

[85] Zur ausführlichen Darstellung siehe Backhaus/Plinke (1990), S. 23 ff.

[86] Siehe hierzu Gerhard (2003), S. 61.

[87] Vgl. Prahalad/Hamel (1990), S. 84 und Brettel/Heinemann (2003), S. 410.

[88] Bronder/Pritzl (1991), S. 26; vgl. auch Gerhard (2003), S. 62.

[89] Nach Meinung von 22 Vorstandsmitgliedern und Geschäftsführern deutscher Spitzenunternehmen aus verschiedenen Branchen sind strategische Allianzen in besonderem Maße geeignet, Lösungsbeiträge für die neuen Marktherausforderungen zu liefern; siehe hierzu Backhaus/Plinke (1990), S. 30 f. Siehe auch Bleicher (1994), S. 409 f.

[90] Vgl. Bleicher (1990a), S. 16.

men.[91] Denn entschiedener denn je müssen sich die Unternehmungen auf ihre Kernkompetenzen konzentrieren.[92] „Und sie müssen bereitwilliger mit anderen zusammengehen - unter Verzicht auf die überholte Idee, sich als abgeschlossene Ganzheiten zu begreifen, mit klassischen Strukturen und in deutlich definierten Unternehmungsgrenzen."[93] Es wächst die Notwendigkeit, „die eigene Kompetenz und das eigene Tun mit komplementärem Wissen und Handeln anderer zu verknüpfen, das aufgrund der fortschreitenden Spezialisierung immer fremder wird."[94]

In diesem Kapitel werden die Grundsteine für die vorliegende Arbeit gelegt. Der erste Abschnitt befasst sich mit dem Begriff der Kooperation und den für die Untersuchung bedeutsamen Ausgestaltungen der Online-Kooperation und der Kooperation im Online-Vertrieb. Geläufige Theorien und Ansätze zum Management von Kooperationen werden kurz vorgestellt. Der sich anschließende Abschnitt befasst sich mit dem Begriff der Ressource und gibt einen Einblick in den *Ressourcenorientierten Ansatz*, den *Kernkompetenzenansatz* und den *Resource-Dependence-Ansatz*. Im abschließenden Abschnitt werden die Zusammenhänge der Begriffe *Ressourcen, Kompetenzen* und *Kooperation* bezogen auf den Online-Vertrieb dargestellt.

3.1 Begriff der Kooperation

Der ursprünglich lateinische Begriff *cooperatio* bedeutet Mitwirkung, Zusammenarbeit oder auch gemeinschaftliche Erfüllung von Aufgaben.[95] Der Begriff bezieht sich sowohl auf die Zusammenarbeit zwischen Personen als auch auf die zwischen Organisationen. Der Begriff der Kooperation im Sinne der Zusammenarbeit von Organisationen hat bis heute keine einheitliche Definition und Interpretation erfahren.[96] In dieser Arbeit wird

---

[91] Zur ausführlichen Darstellung siehe Ebers (1997), S. 3 ff. Zu empirischen Untersuchungen in Deutschland mit dem Ergebnis einer steigenden Bedeutung von Kooperationen siehe Bullinger/Ohlhausen/Hoffmann (1997), S. 42 f.
[92] Vgl. Backhaus (1999), S. 270.
[93] Bronder/Pritzl (1991), S. 26.
[94] Semlinger (2000), S. 128.
[95] Siehe hierzu Georges (1988), S. 1675 und Tröndle (1987), S. 15.
[96] Vgl. Morschett (2003), S. 389 sowie Friese (1998), S. 58 ff., der einen umfassenden Überblick der deutschsprachigen und angloamerikanischen Literatur gibt.

der Begriff Kooperation als die vertraglich geregelte, freiwillige Zusammenarbeit von zwei oder mehreren Unternehmungen definiert, die u. a. dadurch gekennzeichnet ist, dass die Partner sowohl rechtlich als auch wirtschaftlich selbstständig bleiben.[97] Kooperationsvereinbarungen beziehen sich auf Teilbereiche der Unternehmungen und können zeitlich befristet sein.[98] RÜHLE VON LILIENSTERN definiert zwischenbetriebliche Kooperation auch als „die gemeinsame Ausübung betrieblicher Funktionen mit dem Ziel größerer Wirtschaftlichkeit und Rentabilität der einzelnen Unternehmen".[99] BRONDER/PRITZL sprechen von (strategischen) Kooperationen, wenn „Wertschöpfungsaktivitäten zwischen mindestens zwei Unternehmen zu einer Art Ressourcen- und Kompetenzgeflecht verknüpft werden, das zur Erhaltung und/oder Erzielung strategischer Stärken dient".[100] Wesentliche Merkmale von Kooperationen sind in Abbildung 6 zusammengefasst.

Wesentliche Merkmale einer Kooperation
- Es handelt sich um eine zwischenbetriebliche, koordinierte Zusammenarbeit auf freiwilliger Basis.
- Rechtliche und (teilweise) wirtschaftliche Selbstständigkeit bleiben weitgehend erhalten.
- Kooperationsvereinbarungen beziehen sich auf Teilbereiche der Unternehmung und können zeitlich befristet sein.
- Ziel einer Kooperation ist es, durch gegenseitige Nutzung spezifischer Ressourcen mehr zu erreichen als im Alleingang.

Abbildung 6: Wesentliche Merkmale einer Kooperation,
Quelle: In Anlehnung an Staudt et al. (1996), S.3 sowie Friese (1998), S. 62.

---

[97] Vgl. hierzu Rotering (1993), S. 6 ff., Lutz (1993), S. 20, Woratschek/Roth (2003), S. 143 f., Freiling (1998), S. 23, Stampfl/Schneeberger (2002), S. 13 f., Backhaus/Meyer (1993), S. 330 sowie Hess/Anding (2003), S. 135. Synonym werden die Begriffe Zusammenarbeit und Partnerschaft verwendet, wobei sich die Begriffe auf die Beziehung zwischen zwei oder mehreren Unternehmungen beziehen.
[98] Vgl. Staudt et al. (1996), S. 3, Freiling (1998), S. 23 und Bogaschefsky (1995), S. 161.
[99] Rühle von Lilienstern (1979), S. 928.
[100] Bronder (1993), S. 6.

3.1.1 Begriff der Online-Kooperation

Mit dem Einzug des Internet erreicht die unternehmungsübergreifende Zusammenarbeit eine neue Qualität.[101] Die flächendeckende, offene und kostengünstige Infrastruktur ermöglicht einen einfachen, schnellen Datenaustausch und somit eine Synchronisation komplexer Geschäftsprozesse auch über weite Entfernungen hinweg.[102] So entstehen so genannte Online-Kooperationen, bei denen die Zusammenarbeit überwiegend im oder über das Internet stattfindet.[103] Online-Kooperationen werden über alle Wertschöpfungsstufen realisiert und immer mehr Unternehmungen planen, das Internet für die Zusammenarbeit mit anderen Unternehmungen zu nutzen.[104]

3.1.2 Kooperationen im Online-Vertrieb

Diese Arbeit konzentriert sich auf Kooperationen im Online-Vertrieb, wobei Online-Vertrieb (auch Online-Absatz) den Absatz von Gütern (Waren und Dienstleistungen) unter Einsatz von Online-Medien (i.d.R. das Internet) bezeichnet.[105] Am Anfang waren Online-Kooperationen im B2C-E-Commerce vor allem ein Marketinginstrument der reinen Internet-Anbieter. Die im Jahre 1999 gegründete *Scout24-Gruppe* verdankt diesem Marketinginstrument sogar ihre führende Position in einigen ihrer Geschäftsfelder.[106] Mittlerweile verzichtet fast kein Online-Händler mehr auf Vertriebskooperationen im Internet. Vollsortimenter wie *Otto*, *Quelle*, *Karstadt* und Nischenanbieter nutzen das Instrument, um ihre Zielgruppen zu erreichen. So erzielt *Abebooks*, der Marktführer für antiquarische Bücher im Internet, nach eigenen Angaben etwa ein Viertel seines Umsat-

---

[101] Siehe hierzu Szyperski/von Kortzfleisch (2003), S. 385 f.
[102] Zur ausführlicheren Darstellung siehe Wirtz/Vogt (2003), S. 268. Siehe auch Szyperski (1997a), S. 67 f.
[103] Siehe Hess/Anding (2003), S. 135.
[104] Vgl. DG Bank (2000), S. 14.
[105] Vgl. Gerth (1999), S. 109. Im B2C-Bereich nimmt der Online-Vertrieb eine zunehmende Rolle ein, vgl. Liebmann/Zentes (2001), S. 397. Der Umsatz im E-Commerce ist im Jahr 2003 um 34 Prozent gestiegen und hat sich gegenüber dem Jahr 2000 sogar verdreifacht. Es wurde ein Umsatzvolumen von 3,6 Milliarden € erreicht (ohne digitale Dienste und Reisebuchungen). Ohne den Online-Vertrieb hätten die traditionellen Versandhändler in 2003 Verluste verzeichnen müssen, denn ihr Umsatzplus von einem Prozent verdanken sie ausschließlich ihren Online-Aktivitäten, vgl. o. V. (2004a).
[106] Siehe hierzu einen Beitrag führender Mitarbeiter der Scout24-Gruppe, siehe Mangstl/Dörje (2003), S. 75.

zes mit Unterstützung seiner weltweit 20.000 Partner, darunter *Yahoo*, *Barnes&Noble*, *Ebay* und *Amazon*.[107]

Zu herkömmlichen Vertriebskooperationen gibt es einige Parallelen aber auch entscheidende Unterschiede.[108] So spielen Informationssysteme eine zentrale Rolle für die Schaffung von strategischen Potenzialen in Kooperationen.[109] Transaktionen aus Kooperationen im Online-Vertrieb sind i.d.R. eine Dreiecksbeziehung zwischen dem Akteur, der die Leistung anbietet, dem Partner, der für den Kundenkontakt sorgt und dem Kunden, der die Leistung erwirbt.[110] Leistungen, die elektronisch angeboten werden, können einfacher gebündelt und an die individuellen Bedürfnisse des Kunden angepasst werden.[111] Preise können zeitlich differenziert und auf die (antizipierte) Kaufkraft des Kunden bezogen werden.[112] Durch die Interaktivität des Internets sind alle drei Parteien in der Lage, zu jeder Zeit, zeitlich versetzt, von jedem Ort aus zu interagieren.[113] Die Individualisierung von Massengütern (mass customization) erfolgt vor allem durch intensivere und schnelle Kundenkontakte.[114] Durch die mittlerweile große Auswahl an Angeboten im Internet können den Kunden Güter in der von ihnen präferierten Qualität und Quantität nahezu an jedem Ort, zu jeder Zeit personalisiert angeboten werden.[115] Dabei können die Besucher sogar als Kunden gewonnen werden, die mit anderer Absicht das Internet aufgesucht haben. So werden potenzielle Käufer auf sehr einfache Weise mit extensiven Informationen wie Testberichten, mit umfassenden Dokumentationen und selbst mit Sofortkrediten zum Kaufen überzeugt.[116] Auf diese Weise werden durch die

---

[107] Florian Heinemann, ehemals Geschäftsführer bei Abebooks, bei einem Treffen der Projektgruppe Online-Kooperationen am 01.10.2002 sowie Lücke/Webering (2003), S. 6 f.

[108] An dieser Stelle werden nur wenige Beispiele angeführt, um die Problematik zu verdeutlichen. Diese und weitere Beispiele werden an entsprechender Stelle im Text vertieft.

[109] Zu diesem Ergebnis kommt Kronen (1993), S. 225.

[110] Vgl. Büttgen/Lücke (2001), S. 34 f. Transaktionen können auch mit mehreren Akteuren (mehrere Unternehmungen bieten eine gemeinsame Leistung auf einer dritten Webseite an) und/oder mehreren Kunden (Käufergemeinschaften) erfolgen. Es bleibt dennoch eine Dreiecksbeziehung.

[111] Vgl. Schwartz (1999), S. 93 ff. und Shapiro/Varian (1999), S. 65 ff sowie 77 ff.

[112] Siehe hierzu Fritz (2000), S. 117 f., Schwartz (1999), S. 44 ff., Krohn/Tacke (2003), S. 191 f. sowie Skiera (2000), S. 103 ff.

[113] Siehe hierzu Weber/Rösger (2002), S. 85.

[114] Vgl. Siebert (1999), S. 204 sowie Strauß/Schoder (2000), S. 111.

[115] Siehe hierzu Fink (1998), S. 147 f, und Meyer/Specht (2002), S. 247.

[116] Siehe Krafft/Liftin (2002), S. 294.

Vernetzung von Angebot und Nachfrage zersplitterte Märkte zusammengeführt.[117] Auch im Umgang mit den Partnern ergeben sich wesentliche Veränderungen. Eine vergleichsweise einfache Umsetzung[118] von Kooperationen im Online-Vertrieb hat schon in der Vergangenheit dazu geführt, dass Partnerschaften in großer Zahl bis hin zur nahezu kostenlosen Selbstrekrutierung der Partner entstanden. Auf diese Weise entstehen neue Vertriebswege.[119] Die alte Ordnung Hersteller-Handel-Konsument existiert online so nicht mehr.[120] Neue, internetgestützte Geschäftssysteme treten in Konkurrenz zu bereits etablierten Handelsunternehmungen.[121] Die traditionellen Handelsfunktionen können im Internet umgangen werden und von anderen Anbietern oder den Herstellern selbst übernommen werden.[122] Neue Handelsfunktionen wie z.B. die Gewinnung und Analyse personenbezogener Daten gewinnen gegenüber bisherigen Aufgaben der Intermediäre an Bedeutung oder lösen sie wie beispielsweise bei der physischen Distribution digitalisierbarer Güter ganz ab.[123] Die neue Situation bietet sowohl Chancen als auch Risiken, die beim Management von Kooperationen berücksichtigt werden müssen.

3.1.3 Theorien und Ansätze zum Management von Kooperationen

Im Zusammenhang mit Kooperationen gibt es zahlreiche Theorien und Ansätze, die unterschiedliche Aspekte von Kooperationen beleuchten und erklären sollen. „Eine konsistente >>Kooperationstheorie<< zur Erklärung der Entstehung von Kooperationen gibt es jedoch nicht."[124] Zu den meistgenannten Theorien und Ansätzen gehören beispielsweise die Transaktionskostentheorie, die Principal-Agent-Theorie, die Spieltheorie, die

---

[117] Vgl. Albers/Panten/Schäfers (2002), S. 217.

[118] Beispielsweise ist es sehr einfach eine Filiale des Esprit-Online-Shops in www.karstadt.de zu eröffnen. Die Eröffnung eines Esprit-Shops in einem stationären Karstadt-Kaufhaus ist dagegen sehr aufwändig.

[119] Siehe hierzu Levine (2000), S. 95 ff., Fritz (2000), S. 42 ff. und 137 ff. sowie Searls/Weinberger (2000), S. 133 ff.

[120] Zur ausführlichen Darstellung siehe Fritz (2000), S. 135f sowie Gersch (2002), S. 412.

[121] Vgl. Porter (2001), S. 67 sowie Gersch (2002), S. 412.

[122] Siehe hierzu Fritz (2002), S. 145, Wirtz/Kleineicken (2000), S. 629, Siebert (1999), S. 204 sowie Schögel et al. (2002), S. 21. Zur ausführlichen Darstellung der Handelsfunktionen siehe Nieschlag/Dichtl/Hörschgen (1991), S. 252 f.

[123] Siehe hierzu Latzer/Schmitz (2002), S. 129 ff.

[124] Staudt et al. (1994), S. 4.

Anreizbeitragstheorie, die Austauschtheorie und die ressourcenbasierten Ansätze.[125] Der begrenzte Umfang einer Dissertation führt zwangsläufig zur Entscheidung, eine Vielzahl von Theorien nur in sehr geringem Maß zu berücksichtigen oder das Problem mit den treffendsten Theorien – dafür in ausführlicher Form – zu lösen. Dieses Vorgehen kann dazu führen, dass auf diese Weise nur ein Teilproblem oder Problemausschnitt gelöst wird. Dennoch wird in dieser Arbeit der zweite Weg eingeschlagen, da der Standpunkt vertreten wird, dass ein bloßes „Anschneiden" der Theorien zu einem unbefriedigenden Ergebnis führen würde.

Gesucht wird ein Ansatz, der Erkenntnisse und Hypothesen liefert, aus denen für das Management Methoden und Verfahren für erfolgreiche Kooperationen im Online-Vertrieb abgeleitet werden können. Der zu wählende Ansatz muss seine Stärke in der effizienztheoretischen Kooperationsforschung haben, die nach den Ergebnissen der Zusammenarbeit, d. h. nach dem Zusammenhang zwischen Kooperation und unterschiedlichen Erfolgsmaßen fragt. „Als mit vergleichsweise hohem Erklärungspotenzial ausgestatteter Ansatz soll [...] der Ressourcenorientierte Ansatz des strategischen Managements herangezogen werden, aus dessen Sicht Kooperationen als Vehikel zur Sicherstellung von Kernressourcen bzw. Kernkompetenzen infrage kommen."[126] Diese Entscheidung wird mit dem kommenden Abschnitt begründet, in dem auch die wesentlichen Begriffe in Bezug auf Ressourcen erläutert werden.[127]

3.2 Ressourcen und Kompetenzen

„Zu den Hauptgründen, die zur Bildung Strategischer Allianzen führen, ist die Bündelung von Ressourcen unterschiedlichster Art zu zählen."[128] In der Betriebswirtschaftslehre wird ursprünglich von *Ressourcen* gesprochen, wenn im Rahmen produktionswirt-

---

[125] Ausführliche Theorieüberblicke mit Erläuterungen der Theorien findet man z.B. bei Wolf (2005), Picot et al. (2001), S. 290ff. ; Sydow (1992), S. 127ff., Balling (1997), S. 51 ff., Rößl (1993), S. 71 ff., Männel (1996), S. 68 ff., Pfleging (2003), S. 38 ff., Fleisch (2001), S. 61 ff., Opdemom (1998), S. 46 ff., Baumgarten (1998), S. 49 ff. und Hammes (1994), S. 103 ff.

[126] Hess/Anding (2003), S. 136.

[127] Zur ausführlichen Darlegung der Überlegenheit des ressourcenorientierten Ansatzes als theoretische Basis für das Management von Kooperationen siehe Eisenhardt/Schoonhoven (1996).

[128] Freiling (1998), S. 24.

schaftlicher Überlegungen der (Material-)Einsatz für die Leistungserstellung betrachtet wird.[129] Diesem Begriffsverständnis ist inhärent, dass Ressourcen frei am Markt erwerbbar sind und daher keine Differenzierungsmöglichkeiten bieten.[130] Der *ressourcenorientierte Ansatz* verleiht dem Begriff eine neue, weiter gefasste Bedeutung und rückt die Sichtweise der Stärken und Schwächen einer Unternehmung in den Mittelpunkt.[131] Er erklärt die Individualität und damit das Erfolgspotenzial einer Unternehmung anhand bestimmter *strategischer Ressourcen*.[132]

3.2.1 Der Ressourcenorientierte Ansatz

Der *Ressourcenorientierte Ansatz* (Resource-based View of the Firm) geht ursprünglich auf PENROSE und WERNERFELT zurück und führt den langfristigen Unternehmungserfolg auf die Einzigartigkeit bestimmter Ressourcen (Potenziale) einer Unternehmung zurück.[133] Nur bestimmte unternehmungsinterne, *strategische Ressourcen* (*Kernressourcen*) versetzen Unternehmungen in die Lage, anhaltende Wettbewerbsvorteile zu erzielen.[134] WERNERFELT definiert eine Ressource als „anything which could be thought of as a strength and weakness of a given firm". Darunter versteht er „those (tangible and intangible) assets which are tied [...] to the firm".[135] Neben den sächlichen (tangiblen) In-

---

[129] Vgl. Freiling (2002), S. 5 f. und Steven (1998), S. 1. Ressourcen sind Mittel, die in die Produktion von Gütern und Dienstleistungen eingehen, vgl. o.V. (1993), S. 2831

[130] Bis in die achtziger Jahre dominierte noch eine (rein) nachfrage- und wettbewerbsorientierte Sichtweise, bei der eine erfolgreiche Unternehmensstrategie nur auf die Chancen und Risiken im Markt ausgerichtet wurde und nicht auf die Ressourcen in der eigenen Unternehmung.

[131] Zur ausführlichen Darstellung siehe Wernerfelt (1984), S. 171-180 und Penrose (1959). Obwohl nach vorherrschender Meinung bereits PENROSE in den 50ern den Grundstein legte, findet die ressourcenorientierte Betrachtung erst seit den achtziger Jahren als eigenständiger Ansatz verstärkt Beachtung.

[132] Vgl. Freiling (2002), S. 7.

[133] Siehe Penrose (1959) und Wernerfelt (1984), S. 171 ff. Für einen chronologischen Überblick über ressourcenorientierte Ansätze siehe Bogaert/Martens/van Cauwenbergh (1994), S. 58 oder Friedrich/Matzler/Stahl (2002), S. 35 ff. Im Gegensatz zu bis dahin vorherrschenden markt- und wettbewerbsorientierten Ansätzen war das zunächst ein Paradigmenwechsel. Aus heutiger Sicht besteht zwischen den beiden Ansätzen kein Widerspruch, denn, wie sich im Verlauf der Arbeit zeigt, ist eine wesentliche Eigenschaft von Ressourcen ihre Nutzenstiftung im Sinne eines Wettbewerbsvorteils; vgl. Homp (2000), S. 169. Ebenso sind Porters Wertaktivitäten mit Ressourcen vergleichbar, vgl. Porter 1996), S. 64 f. Zu einer ausführlicheren Darstellung eines Theorievergleichs siehe Rasche (2000), S. 71 ff.

[134] Vgl. Prahalad/Hamel (1990), S. 80f. sowie Rühli (1994), S. 42 f.

[135] Wernerfelt (1984), S. 172.

putfaktoren z.B. der Produktion können danach auch intangible Inputfaktoren wie Rechte und Lizenzen als Ressourcen - also insgesamt alles, über das die Unternehmung verfügen kann – betrachtet werden. Mit *assets* sind somit nicht nur aktivierte bzw. aktivierbare Vermögensgegenstände gemeint, denn zu den Beispielen für Ressourcen zählt WERNERFELT auch Markennamen, Handelskontakte und firmeninterne Fähigkeiten.[136] Der Unterschied zu dem produktionswirtschaftlichen Verständnis des Begriffs liegt darin, dass Ressourcen im Sinne des ressourcenorientierten Ansatzes nicht nur einen konkreten Nutzen für die Unternehmung bieten, sondern aufgrund ihrer Struktur nicht ohne weiteres von Wettbewerbern imitiert oder substituiert werden können, so dass ein langfristiger Wettbewerbsvorteil aufgebaut werden kann.[137] Solche Kernressourcen entstehen aus den in Märkten beschaffbaren Ressourcen durch *Kompetenzen*, die ausschließlich die Unternehmung beherrscht.[138] Kompetenzen sind „organizational processes […] controlled by a firm that enable the firm to conceive of and implement strategies that improve its efficiency and effectiveness".[139]

3.2.2 Der Kernkompetenzenansatz

RASCHE bezeichnet den Kernkompetenzenansatz als ein Derivat des Ressourcenbasierten Ansatzes.[140] Auf GRANT geht die Begriffsunterscheidung zwischen *Ressourcen* und *Fähigkeiten/Kompetenzen* zurück.[141] Nach diesem Begriffsverständnis fließen Ressourcen als Inputfaktoren unmittelbar in die Wertschöpfung ein und bezeichnen Kompetenzen die wiederholbare Möglichkeiten zum Handeln in einer Unternehmung, Ressourcen in auf Marktanforderungen ausgerichteten Prozessen so zu kombinieren, dass daraus

---

[136] Siehe hierzu Wernerfelt (1984), S. 172.

[137] Vgl. Bleicher (1994). S. 219 f. sowie Habann, F. (1999), S. 7.

[138] Vgl. Freiling (2002), S. 21. Duschek/Sydow bezeichnen Kernkompetenzen als eine spezifische Ausprägung strategischer Ressourcen, vgl. Duschek/Sydow (2002), S. 426.

[139] Barney (1991), S.101.

[140] Siehe dazu Rasche (1994), S. 91 f.. Er erlangte Bedeutung durch einen Aufsatz von Prahalad/Hamel (1990). Siehe auch Mahoney (1993), S. 19.

[141] Siehe hierzu Grant (1991), S. 115. Die unterschiedlichen Begriffe Fähigkeiten (capabilities; skills) und Kompetenzen (competences) werden in der Literatur für nahezu identische Sachverhalte benutzt, so dass im Folgenden der am häufigsten vorkommende Begriff der Kompetenz verwendet wird, vgl. Freiling (2002), S. 21.

Wettbewerbsvorteile erwachsen.[142] BOGAERT/MARTENS/VAN CAUWENBERGH bezeichnen vereinfachend Ressourcen als den Besitz der Unternehmung, also das, was die Unternehmung *hat*. Unter Kompetenzen subsumieren sie dagegen die Qualifikationen der Unternehmung, also das, was die Unternehmung *kann*.[143] Danach zählen beispielsweise bestehende Vertriebswege und Partnerschaften zu den Ressourcen, während das Kooperations- oder Vertriebs-Know-how zu den Kompetenzen gehört.

PRAHALAD/HAMEL wenden in diesem Zusammenhang den Begriff der *Kernkompetenz* (Core Competence) an.[144] Kernkompetenzen sind die *zentralen* technologischen, vertrieblichen und organisatorischen Fähigkeiten der Unternehmung.[145] Kernkompetenzen haben somit eine unternehmungsweit tragende Bedeutung, denn sie leisten einen erheblichen Beitrag zu den vom Kunden wahrgenommenen Leistungsvorteilen der Unternehmung. Sie sind Grundvoraussetzung für die Kooperationsfähigkeit von Unternehmungen.[146]

In dieser Arbeit wird der Begriffsunterscheidung zwischen Ressourcen und Kompetenzen einer Unternehmung gefolgt. Kernkompetenzen sind danach *strategische* Fähigkeiten. *Strategische* Ressourcen (oder auch Kernressourcen) haben für die Unternehmung langfristig eine essentielle Bedeutung.

3.2.3 Resource-Dependence-Ansatz

Der *Resource-Dependence-Ansatz* beruht auf der Grundannahme, dass sich Organisationen (Unternehmungen, Behörden und sonstige Institutionen) dadurch in Abhängigkeit begeben, dass sie knappen Ressourcen ausgesetzt sind und daher Ressourcen von anderen Organisationen akquirieren müssen.[147] Damit postuliert der Ansatz, dass die Organi-

---

[142] Vgl. Grant (1991), S. 116, sowie Freiling (2002), S. 19 ff. Rasche (1994) bezeichnet Kompetenzen als nicht-tangible, wissensbasierte Ressource. Siehe auch Bleicher (1994), S. 219.
[143] Vgl. Bogaert/Martens/van Cauwenbergh (1994), S. 57 ff. und Grant (1991), S. 115 f.
[144] Vgl. Prahalad/Hamel (1990), S. 82.
[145] Vgl. Verdin/Williamson (1994), S. 83. Siehe auch Hamel (1994), S. 11 f.
[146] Siehe Prahalad/Hamel (1990), S. 84.
[147] Vgl. Pfeffer/Salancik (1978), S. 146. Der *Resource-Dependence-Ansatz* (Resource Dependence Perspective) gehört neben der *Transaktionskostentheorie* im Zusammenhang mit der Analyse von unternehmensübergreifenden Kooperationen zum meistgenannten Ansatz; vgl. Sydow, J. (1992), S. 196; Baumgarten,

sationen in ständiger Auseinandersetzung um Autonomie und Entscheidungsmacht stehen. Die verlorene Autonomie können sie entweder durch weitere Beziehungen zu anderen Organisationen oder durch eine Strategie wiedererlangen, in der sie ihrerseits Abhängigkeiten bei den Organisationen errichten, deren Ressourcen sie benötigen.[148]

Die externe Kontrolle ist eine Folge daraus, dass Organisationen für ihren Fortbestand bestimmte Ressourcen benötigen, die sie teilweise nicht oder nur eingeschränkt selbst erstellen können und daher von anderen Organisationen beziehen. Um die Kontrolle über existenzielle Ressourcen zu erhalten, bieten sich den Organisationen grundsätzlich zwei Strategien an. Sie können die sie bedrohenden Unsicherheitsquellen durch vertikale Integration gänzlich absorbieren oder versuchen, die Unsicherheiten durch Kooperationen zu verringern.[149] In der vorliegenden Arbeit wird nur der kooperative Fall betrachtet.

Bei Kooperationen im Online-Vertrieb ist die benötigte Ressource des E-Commerce-Anbieters beispielsweise der Zugang zu Kunden für die sie dem Portal als Gegenleistung Provisionen anbieten. Um ihrerseits eine Abhängigkeit bei den Portalen zu erreichen, versorgen die E-Commerce-Anbieter sie z.B. mit Inhalten oder mit Leistungen, die komplementär zum Angebot der Partner sind und von potenziellen Kunden als wesentlich für die Kaufentscheidung erachtet werden.[150] Im Beispiel von Alpha 1 (Versicherungsanbieter) und einem Online-Shop für Elektroartikel (Beta 6) erhält der Online-Shop durch den so genannten „Huckepackvertrieb" der Versicherung (z.B. in Form einer Garantieverlängerung) die Chance, seinen Kunden einen Zusatznutzen anzubieten, der ihn vom Wettbewerb differenziert oder der eine Kaufentscheidung möglicherweise erst herbeiführt. Dadurch dass der Betreiber des Online-Shops nicht gewillt oder in der Lage ist,

---

C. (1998), S. 76.

[148] Der Ansatz wurde von Pfeffer/Salancik (Pfeffer/Salancik 1978) aus der sozialen Austauschtheorie weiterentwickelt (vgl. Sydow, J. (1992), S. 196; Baumgarten, C. (1998), S. 76f.); einerseits, um die Aufmerksamkeit zurück auf den sozialen Kontext von Organisationen zu lenken und so das Verhalten von Organisationen erklären zu können, anderseits, um eine Analyse zu entwickeln, die Organisationen als reale, existierende Gebilde sieht und nicht als Bestand von Umlauf- und Anlagevermögen oder als Ansammlung von Menschen, die zu einem bestimmten Zeitpunkt darin arbeiten; siehe hierzu Pfeffer (1987), S. 25f. Folglich ist das Handeln einer Organisation auch nicht das Produkt einer individuellen Absicht, sondern das Ergebnis einer Interaktion von Individuen und Gruppen mit unterschiedlichen Interessen und Präferenzen; vgl. Pfeffer et al. (1978), S. 26. Dieses Handeln, i.d.R. ein Kompromiss, wird, wenn es sich erst einmal etabliert hat, kontinuierlich fortgesetzt; vgl. Pfeffer (1987), S. 26. Diese empirischen Erkenntnisse müssen beim Kooperationsmanagement berücksichtigt werden.

[149] Vgl. Sydow (1992), S. 198.

[150] Siehe hierzu Krohn/Tacke (2003), 180.

diese Leistung allein zu erstellen, erhöht die Versicherung die Abhängigkeit des Partners und bringt sich auf diese Weise in eine komfortablere Lage. Zusammenfassend erklärt sich der Fortbestand von Unternehmen aus der Fähigkeit, Umweltkontingenzen zu kontrollieren.[151] „Vermeidung, Ausnutzung und Entwicklung solcher Abhängigkeiten, weniger der ‚domain consensus' sind in der Perspektive des Resource Dependence-Ansatzes die zentralen Triebkräfte einer Evolution interorganisationaler Beziehungen."[152]

Der *Resource-Dependence-Ansatz* leistet einen wichtigen Beitrag zur Erklärung des Zustandekommens von Kooperationen.[153] Darüber hinaus steuert der Ansatz wichtige Hinweise dazu bei, wie Interdependenzen durch Vernetzung von Organisationen zu managen sind, wenn eine Übernahme des Partners nicht infrage kommt.[154] Wie der Name schon sagt, rückt auch der *Resource-Dependence-Ansatz* die Ressourcen in den Mittelpunkt der Betrachtung. Allerdings wird im Gegensatz zum *ressourcenorientierten Ansatz* die Kooperation weniger als Chance gesehen, Wettbewerbsvorteile aufzubauen. Vielmehr wird aus Sicht des *Resource-Dependence-Ansatz* eine Kooperation eher als Risiko gesehen, sich in eine gefährliche Abhängigkeit einer anderen Unternehmung zu begeben.[155] Da jedoch Kooperationen unausweichlich sind, um in den Besitz von notwendigen Ressourcen zu gelangen, besteht die Aufgabe des Managements darin, Strategien zur Eindämmung dieser Gefahr zu entwickeln. Weil befragte E-Commerce-Betreiber diese Sichtweise teilen, wird auch der *Resource-Dependence-Ansatz* - wenn auch nur am Rande - zur Klärung des vorliegenden Problems herangezogen.

---

[151] Vgl. Pfeffer/Salancik (1978), S. 147.

[152] Sydow (1992), S. 197.

[153] Vgl. Baumgarten, C. (1998), S. 78.

[154] Vgl. Sydow, J. (1992), S. 228. Der *Resource-Dependence-Ansatz* arbeitet zwar in vielerlei Hinsicht mit Annahmen, die in der modernen Organisationstheorie mehrfach kritisiert werden; der ursprüngliche Ansatz von PFEFFER und SALANCIK wurde jedoch von vielen Wissenschaftlern, darunter PFEFFER und SALANCIK selbst, weiterentwickelt und gehört laut SYDOW nach wie vor zum State of the Art der Interorganisationstheorien; vgl. Sydow, J. (1992), S. 301.

[155] Siehe hierzu Schreyögg (1996), S. 360 f.

3.3 Ressourcen, Kompetenzen und Kooperation im Online-Vertrieb

Mit den Beiträgen von WERNERFELT, PRAHALAD/HAMEL, GRANT und BARNEY erlangte die ressourcenorientierte Sichtweise eine wesentliche Bedeutung in der Managementtheorie.[156] DUSCHEK/SYDOW sprechen gar von einer Dominanz ressourcenorientierter Ansätze in der heutigen Literatur zum strategischen Management.[157] Mit der ressourcenorientierten Sichtweise wuchs in der Managementtheorie auch die Bedeutung des Kooperationsmanagements.[158] Denn für die Beschaffung von Ressourcen bieten sich neben den hierarchischen und den marktförmigen auch kooperative Organisationsformen an.[159] Die richtige Wahl der Organisationsform richtet sich nach dem Ressourcenbedarf der Unternehmung, den in der Organisation bestehenden Kompetenzen und Ressourcen sowie den Möglichkeiten zur Beschaffung von Ressourcen, die nicht in der eigenen Unternehmung vorhanden sind.[160] Kooperative Beziehungen sind dann am sinnvollsten, wenn notwendige Kompetenzen und Ressourcen nicht am Markt beschafft und unternehmungsintern erstellt oder am günstigsten durch einen Kooperationspartner bereitgestellt werden können.[161]

Der Zugriff auf und die gemeinsame Nutzung von Ressourcen der Kooperationspartner sowie die damit verbundene Konzentration auf die eigenen Kernkompetenzen werden in empirischen Untersuchungen auch als die wesentlichen Ziele von Kooperationen ge-

---

[156] Siehe hierzu Wernerfelt (1984), S. 171 ff., Prahalad/Hamel (1990), S. 79ff.; Grant (1991), S. 114 ff.; Barney (1991), S. 99 ff und Barney/Hansen (1994), S. 175 ff. In Deutschland auch Rasche (1994).

[157] Vgl. Duschek/Sydow (2002), S. 426.

[158] Vgl. Badaracco (1991), S. 20. Noch Porter betrachtet Kooperationen überwiegend aus wettbewerblichen Gründen, so als Verteidigungsstrategie gegen übermächtige Konkurrenten, vgl. Porter (1996), S. 617, als Strategie internationale Märkte anzugreifen, vgl. Porter (1995), S. 368 und als Angriffsstrategie gegen den Marktführer, vgl. Porter (1996), S. 661. Erste Ansätze einer auch ressourcenorientierten Sichtweise können der kooperative Umgang mit Berührungspunkten der Wertkette als potenzielle Differenzierungsbasis gesehen werden, vgl. Porter (1996), S. 82. „By blending different types of ways that multiply the value of each, management transforms its resources while leveraging them." Hamel/Prahalad (1993), S. 81.

[159] Siehe hierzu Duschek/Sydow (2002), S. 427, Hamel (1994), S. 28 f.

[160] Vgl. zu Knyphausen-Aufseß, D. (1997), S. 479 sowie Grant/Baden-Fuller (2002), S. 425 ff.

[161] Vgl. Hess/Anding (2003), S. 142.

nannt.[162] Das gilt ebenso für Kooperationen im Online-Vertrieb.[163] Denn wie bereits geschildert, ist das herausragende Ziel von E-Commerce-Betreibern, mit Hilfe von Vertriebskooperationen den Zugang zu neuen Kundengruppen zu erhalten; nachgelagerte ressourcenbezogene Ziele sind u. a., Informationen über Kunden zu bekommen oder vom Image des Kooperationspartners zu profitieren.[164] Beispielsweise entstand die Sport1 GmbH & Co. KG als ein Joint Venture von *Sat.1*, *DSF* und *Sport Bild* durch Zusammenlegung der dort jeweils vorhandenen Ressourcen. Dabei wurden Technik und Redaktion in einer eigenständigen Unternehmung zusammengeführt. Es wurden nicht nur Synergien generiert, sondern auch eine schwer imitierbare Ressourcenposition aufgebaut. Durch die Verbindungen zu den Redaktionen von *Sat. 1*, *DSF* und *Sport Bild* wird ein Zugriff auf redaktionelle Ressourcen ermöglicht, der durch Wettbewerber schwer imitierbar ist.[165]

Der *ressourcenorientierte Ansatz* kristallisiert sich als ein Ansatz heraus, der für das Kooperationsmanagement im Online-Vertrieb einen hohen Erklärungsgehalt besitzt. Somit wird er als theoretischer Bezugsrahmen für die Beantwortung der Forschungsfrage gewählt. Im Zuge seiner Entwicklung hat sich der ressourcenorientierte Ansatz des strategischen Managements differenziert, so dass heute zwei Richtungen zu unterscheiden sind: Die eine betrachtet die Entwicklung und Bewahrung unternehmungsinterner Ressourcen und Zugriffsmöglichkeiten auf unternehmungsexterne Ressourcen. Die andere Perspektive untersucht Unternehmungsbeziehungen selbst in ihrem Ressourcencharakter.[166] Beide Sichtweisen sind zentral für diese Arbeit.

---

[162] Siehe hierzu Thomé/von Kortzfleisch/Szyperski (2003), S. 43 und Doz (1992), S. 61.

[163] Vgl. Albers/Jochims (2003), S. 18 ff., Büttgen (2003), S. 209 ff. und Zentes/Morschett (2003), S. 233 ff.

[164] Wernerfelt nennt "trade contacts" und „brand names" explizit als Beispiele für Ressourcen, vgl. Wernerfelt, B. (1984), S. 172. Barney ergänzt: „information" und „knowledge", siehe hierzu Barney, J.B. (1991), S.101. In der Praxis entstehen daher häufig Partnerschaften zwischen Inhalte- und E-Commerce-Anbietern. Die große Zahl der Besucher von Portalen oder Special Interest Sites wird an das Angebot z.B. eines Reiseanbieters, eines Finanzdienstleisters oder eines Online-Shops herangeführt. So bietet sich die Möglichkeit, die Nutzer während ihrer Surfsession, in der sie ursprünglich nur Informationen erlangen, Unterhaltung geboten bekommen oder Kommunikation erleben wollten, im Kontext des gewählten Inhalts mit einfach zu kaufenden Leistungen zu konfrontieren und so als Kunden anzusprechen: Flug und Unterkunft zum ausgewählten Reiseziel, Hausratversicherung bei der Online-Wohnungssuche oder wie beim bereits erwähnten Beispiel der Handyvertrag von T-Mobile für ADAC-Mitglieder oder in entsprechenden Communities, Vgl. hierzu Krohn/Lücke (2001), S. 48 und Kaestner (2002b), S. h 23.

[165] Beispiel entnommen aus Hess/Anding (2003), S. 136 ff.

[166] Duschek/Sydow (2002), S. 426, sowie von der Oelsnitz (2003) S 201 f.

Für das Management ergeben sich vier Fragen, die im Folgenden mit Hilfe des ressourcenorientierten Ansatzes beantwortet werden sollen:
- Wie können benötigte Ressourcen mittels Kooperationen im Online-Vertrieb von einer anderen Unternehmung akquiriert werden?
- Wie können Ressourcen einer anderen Unternehmung gegen eine möglichst große Gegenleistung zur Verfügung gestellt werden?
- Wie können neue Ressourcen durch Kooperationen aufgebaut werden?
- Wie kann verhindert werden, dass die Unternehmung durch Kooperationen in eine gefährliche Abhängigkeit von ihren Partnern gelangt?

Die vorstehenden Ausführungen haben verdeutlicht, dass es mit dem *ressourcenorientierten Ansatz* und dem *Resource-Dependence-Ansatz* zwei Ansätze zur Entwicklung eines in der Praxis umsetzbaren Entscheidungsmodells für ein erfolgreiches Kooperationsmanagement im Online-Vertrieb gibt, auf dessen Grundlage theoretische und empirische Fragestellungen in zielführender Weise beantwortet werden können. Dabei wurde deutlich, dass beide Ansätze von unterschiedlichen Positionen ausgehen. Dieser Fakt wird jedoch nicht als Nachteil oder gar K.-o.-Kriterium für die Kombination der Ansätze angesehen. Vielmehr schließt sich der Autor der Sichtweise von ZU KNYPHAUSEN-AUFSEß an, der bei dem Vergleich der beiden Ansätze Möglichkeiten sieht, Fragestellungen, die von einem der beiden Ansätze weniger beleuchtet werden, vor dem Hintergrund des anderen zu bearbeiten, „die ressourcenorientierte Sichtweise also beizubehalten und doch ihre Reichweite zu erhöhen."[167] Für das zu lösende Problem wird dem *Ressourcenorientierten Ansatz,* dem *Kernkompetenzenansatz* und dem *Resource-Dependence-Ansatz* also das größte Erklärungspotenzial beigemessen.

Die Steigerung der Wettbewerbsfähigkeit bei gleichzeitiger Kontrolle (Senkung) der Abhängigkeit von Kooperationspartnern, die der Unternehmung langfristig schaden könnte, wird im ressourcenbasierten Ansatz als das wesentliche Ziele von Kooperationen betrachtet. Das folgende Kapitel analysiert die Ziele bezogen auf Kooperationen *im Online-Vertrieb.*

---

[167] Zu Knyphausen-Aufseß (1997), S. 479 sowie Wolf (2005), S. 429 f.

4. Kooperationsziele im Online-Vertrieb

Generell wird unter dem Ziel eines Entscheidungsträgers ein angestrebter (oder zu vermeidender) Zustand oder Sachverhalt verstanden.[168] Genau definierte Ziele sind die Grundvoraussetzung erfolgreicher Strategien, denn bevor eine Entscheidung getroffen werden kann, muss sich der Entscheidungsträger darüber im Klaren sein, was er mit den zur Verfügung stehenden Handlungsalternativen erreichen möchte.[169] Fasst man die Vielzal der von den Interviewpartnern genannten Ziele zusammen, können für Kooperationen im Online-Vertrieb vier wesentliche Ziele herauskristallisiert werden, die in diesem Kapitel beleuchtet werden:

- Gewinnung neuer Kunden
- Senkung der Kundengewinnungskosten
- Steigerung der Bekanntheit und Imagetransfer
- Verdrängung der Wettbewerber

Die in den Interviews angegebenen Ziele werden weitgehend durch empirische Studien bestätigt. In einer Studie, die an der Christian-Albrechts-Universität zu Kiel durchgeführt wurde, gehörten aus Sicht der Akteure zu den am häufigsten genannten Zielen von Kooperationen im Online-Vertrieb die Kundengewinnung und die Umsatzsteigerung.[170] Weitere Ziele sind die Steigerung des Bekanntheitsgrades und der Transfer des Images

---

[168] Szyperski/Winand (1974), S. 46.

[169] Vgl. Staudt et al. (1996), S. 10. Siehe hierzu auch Szyperski/Winand (1974), S. 46. In der Literatur werden Kooperationsziele überwiegend in vier Zielkategorien Ertragssteigerungs- und -sicherungsziele, Kostensenkungsziele, Risikoreduzierungsziele und sonstige Ziele eingeteilt. Vgl. u.a. Staudt/Kriegesmann/Thielemann (1994), S. 4 f., Staehle/Gaulhofer/Sydow (1991), S. 14, Bronder/Pritzl (1991), S. 27, Kaufmann/Kokalj/May-Strobl (1990), S. 92ff., Meckl (1993), S. 23f., Contracor/Lorange (1988), S. 9 ff. , Schwamborn (1993), S. 93 ff., Eisele (1995), S. 20 ff., Backhaus/Meyer (1993), S. 331 und Bleicher (1990b), S. 78. Sonstige Ziele dienen zwar mittelbar zum Erreichen der ersten drei Ziele. Weil sie jedoch gleichzeitig mehrere unterstützen, können sie nicht direkt zugeordnet werden.

[170] Vgl. Jochims (2006), S. 15 sowie Albers/Jochims (2003), S. 18. Das bestätigten auch die Gespräche mit den Interviewpartnern. Eine andere Studie beruht auf der Befragung von 313 Unternehmungen der Dienstleistungs-, Konsumgüter- und Industriebranche und belegt, dass mit dem Internet die Hoffnung verbunden wird, über ein Medium zur kostengünstigen Kontaktanbahnung zu verfügen; vgl. Krafft/Liftin (2002), S. 294.

vom Partner auf den Akteur. Bei den Partnern dominieren die Ziele, zusätzliche Erlöse zu generieren und die Website durch weitere Angebote aufzuwerten. Auch die untersuchten Partner versprechen sich einen Imagetransfer von den Akteuren auf die eigene Unternehmung.[171] Abbildung 7 zeigt dieses Ergebnis, das auf eine Befragung von 54 E-Commerce-Anbietern zurückzuführen ist.

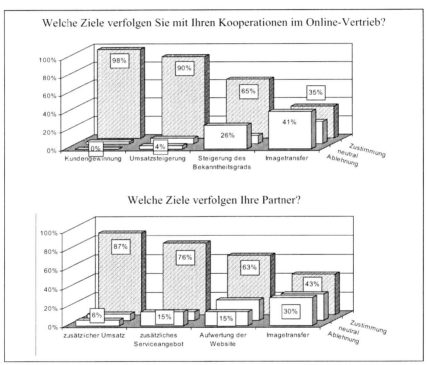

Abbildung 7: Zielsetzungen der Partner in Kooperationen im Online-Vertrieb; Quelle: Albers/Jochims (2003), S. 18 f.[172]

---

[171] Vgl. Sevenval (2002), S. 4 f. und Albers/Jochims (2003), S. 19.
[172] Bezogen auf eine schriftliche Befragung von 54 E-Commerce-Anbietern im Jahr 2002.

Der kommende Abschnitt analysiert zunächst, welche Anforderungen an die Zielformulierung zu stellen sind. Anschließend werden die vier Ziele, die bei den interviewten Unternehmungen im Online-Vertrieb vorherrschen, erörtert.

4.1 Anforderungen an die Zielsetzung von Kooperationen im Online-Vertrieb

Bei bedeutsamen und schwierigen Entscheidungen ist es immer sinnvoll, intensiv an der Definition von Zielen zu arbeiten.[173] Aus der Fülle der Anforderungen an Ziele, die in der betriebswirtschaftlichen Literatur zu finden sind, sollen hier drei herausgestellt werden, die für Kooperationsziele im Online-Vertrieb auf der Basis der zugrunde liegenden Theorien als bedeutend angesehen werden:[174]

- Ziele müssen den Unternehmungszielen untergeordnet werden
- Zur Zielformulierung muss man die Ziele potenzieller Partner kennen
- Ziele müssen eindeutig und verständlich formuliert und regelmäßig kontrolliert werden

Diese Anforderungen werden im Folgenden erläutert.

4.1.1 Ziele den Unternehmungszielen unterordnen

Kooperationen im Online-Vertrieb erfüllen keinen Selbstzweck, sondern unterstützen letztlich das Erreichen der Unternehmungsziele. Diese sehr globalen Ziele der Unternehmung sind jedoch zu allgemein, als dass sich daraus direkt die Ziele für Kooperationen im Online-Vertrieb ableiten ließen. Da eine komplette Aufstellung der Zielhierarchie für diese Arbeit zu weit führen würde, erfolgt die folgende Darstellung anhand der direkt übergeordneten Ziele.[175]

---

[173] Siehe hierzu Eisenführ/Weber (1994), S. 53.
[174] Zur ausführlichen Darstellung von Zielsystemen und Anforderungen an Zielsysteme siehe Bamberg/Coenenberg (2002) S. 28 ff.
[175] Vgl. Eisenführ/Weber (2003), S. 54 ff.

Kooperationen im Online-Vertrieb ordnen sich dabei in erster Linie den Marketing- und Vertriebszielen und, sofern diese davon abweichend sind, den Online-Zielen und Kooperationszielen der Unternehmung unter. Den Zusammenhang stellt Abbildung 8 dar.

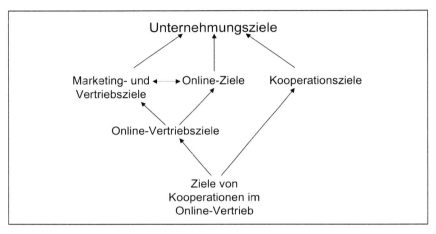

Abbildung 8: Zielhierarchie für Kooperationen im Online-Vertrieb.

Zu den wesentlichen *Marketing- und Vertriebszielen* gehören in erster Linie Absatzziele (Umsatz/Absatz/Deckungsbeiträge/Marktanteile steigern/stabilisieren), Bekanntheits- und Imageziele und versorgungsorientierte Ziele (Distributionsgrad erhöhen/Lieferzeiten kürzen).[176] Gemäß einer Studie von *McKinsey* (bezogen auf den US-amerikanischen Markt) sind die Online-Vertriebsziele mit diesen weitgehend deckungsgleich.[177] Online-Ziele können eine Akzentuierung bestimmter Marketing- und Vertriebsziele beinhalten,

---

[176] Marketing- und Vertriebsziele sind Absatzziele, Umsatzziele, Gewinnziele, Bekanntheits- und Prestigeziele, Auslastungsziele (z.B. gleichmäßige Auslastung der Produktionsanlagen, Neukundengewinnung, Adressenten-/Interessentengenerierung usw. Vgl. dazu auch Koppelmann (2000), S. 253 ff sowie Homburg/Krohmer (2003), S. 345 ff.

[177] Laut der Studie von McKinsey gelten bei US-Unternehmungen als die wesentlichen Ziele des Online-Marketings bzw. -Vertriebs der Aufbau von Produkt- oder Markenbekanntheit, die Belieferung des Kunden mit Produktinformationen, Absatz von Produkten oder Dienstleistungen sowie Kundenbindung im Sinne eines One-to-One-Marketing; siehe hierzu Cartellieri/Parsons/Rao et al. 1997, S. 48.

so zum Beispiel eine Ausdehnung in Märkte, die nur durch den Online-Vertrieb möglich ist, oder eine Kostensenkung durch effizientere Prozesse.[178]

Oberstes *Ziel von Kooperationen* sind Kooperationsgewinne, die sich durch Synergieeffekte abzüglich der Kosten der Kooperation ergeben.[179] Sie sind die Schlüsselvariable im Kooperationskonzept und daher der Grund, weshalb die kooperative Durchführung von Projekten insgesamt und für jede einzelne Organisationseinheit vorteilhafter sein muss.[180] Denn wenn die Kooperation keine zusätzlichen Erträge erwirtschaftet oder Kosten reduziert, entsteht ein Nullsummenspiel, bei dem ein Partner nur auf Kosten des anderen hinzugewinnt.[181] Solch eine Beziehung wird nicht von Dauer sein.[182] Synergieeffekte können entstehen, wenn:[183]

- doppelter Einsatz von Ressourcen vermieden werden kann,
- Ressourcen besser ausgenutzt werden können oder ihre Nutzung erst durch die Kooperation wirtschaftlich wird, beispielsweise indem die Marktmacht durch die Kooperation gesteigert wird oder ein Imagetransfer die Marktchancen erhöht,
- einander neutralisierender Ressourceneinsatz aufgrund der Kooperation unterlassen werden kann.

Um den Kooperationsgewinn tatsächlich zu erzielen, sind den Synergien die Kosten der Kooperation abzuziehen.

---

[178] Ein von Marketing- und Vertriebszielen weitgehend unabhängiges Online-Ziel einer Unternehmung könnte eine Vorreiterschafft im E-Business sein, die direkt die Online-Vertriebsziele betreffen.

[179] „people cooperate when the payoff for cooperation exceeds that of proceeding alone."; Eisenhardt/Schoonhoven (1996), S. 137.

[180] Letztlich ist die Richtgröße die Zielkonzeption der Unternehmung in Form von Erfolgszielen, Liquiditätszielen und Produktzielen, um den instrumentellen Erfolg bzw. die Zielwirksamkeit einer Kooperation zu beurteilen; vgl. Tröndle (1987), S. 39.

[181] Zur ausführlichen Darstellung siehe Tröndle (1987), S. 42 ff. Kurzfristig kann die Risikoreduzierung als Ziel hinzukommen. Risikoreduzierung dient jedoch langfristig den erstgenannten Zielen.

[182] Vgl. Backhaus/Meyer (1993), S. 333.

[183] Siehe hierzu Freiling (1998), S. 27, Eisele (1995); S. 23 ff. und Tröndle (1987), S. 42.

4.1.2 Ziele der Partner kennen

Um Synergieeffekte zu erzielen, muss die Unternehmung ebenso die Ziele der Kooperationspartner kennen. Denn da innerhalb der Partnerschaft immer auch auf die spezifischen Kompetenzen der beteiligten Unternehmungen zurückgegriffen werden muss, ist es nahe liegend, genaue Zielvorstellungen zu entwickeln, in welcher Weise der Partner von den eigenen Kompetenzen profitieren soll.[184] In den Interviews kristallisierte sich jedoch heraus, dass die überwiegende Mehrheit der Unternehmungen – wenn überhaupt - nur ihre eigenen Ziele formuliert hat und sich über die Ziele ihrer Partner wenige Gedanken macht. Dieser Mangel wird durch eine Untersuchung von RAFFÉE/EISELE für andere Bereiche bestätigt.[185] BLEICHER/HERMANN konstatieren, dass spätere Konflikte vorprogrammiert sind, wenn man die Ziele seiner Partner nicht kennt.[186] Das Wissen über die Ziele der Partner ist aus mehreren Gründen von Bedeutung:

1. Durch die Ziele wird maßgeblich die strategische Ausrichtung einer Partnerschaft bestimmt. Bewusstsein und Kommunikation der allseitigen Ziele verringert das Risiko, dass die Partnerschaft nach kurzer Zeit auseinander bricht, da die Vorstellungen der Partner über den Sinn der Kooperation zu sehr divergieren.[187] Wichtig ist es, die kompatiblen Ziele zu identifizieren, denn sie sind der Motor für die Zusammenarbeit.[188]
2. Ziele bezüglich der Kooperation steigern nicht nur die eigene Motivation, in die Kooperation zu investieren, sondern auch die des Partners. Verhalten sich Ziele der Partner neutral zu den eigenen, kann es dennoch sinnvoll sein, diese zu unterstützen, um die Leistungsbereitschaft des Partners zu fördern.[189]

---

[184] Vgl. Freiling (1998) S. 26 ff.

[185] Die Untersuchung von Raffée/Eisele basiert auf einer Befragung von 416 Unternehmen der verarbeitenden Industrie hinsichtlich ihres Joint Venture-Erfolgs; siehe hierzu Raffée/Eisele (1993), S. 21.

[186] Siehe hierzu Bleicher/Hermann (1991), S. 31.

[187] Vgl. Thomé/von Kortzfleisch/Szyperski (2003), S. 49 und Freiling (1998), S. 26.

[188] Siehe hierzu Raffée/Eisele (1993), S. 21. Zielkompabilität ist entscheidend, nicht Zielidentität.

[189] Beispielsweise kann ein unbekannter Anbieter mit der Partnerschaft auch Brandingziele verfolgen. Durch das Abbilden seines Logos im Bereich der Kooperation kann das positive Image des Partners Abstrahleffekte erreichen, die für den anderen neutral sind.

Kooperationsziele im Online-Vertrieb 43

3. Gibt es Ziele des Partners, die mit eigenen Zielen konkurrieren oder sich mit eigenen Zielen ausschließen, besteht die Gefahr von opportunistischem Verhalten. In diesem Fall ist es allerdings sehr schwierig, von solchen Zielen zu erfahren, die Kenntnis davon aber von großer Bedeutung.[190]

Die Ziele der Partner kann man entweder in den vorbereitenden Gesprächen zur Kooperation oder durch die Analyse von bestehenden Kooperationen der Partner in Erfahrung bringen. Sinnvoll kann auch die Befragung von weiteren Kooperationspartnern der für eine Kooperation infrage kommenden Unternehmung sein.

4.1.3 Ziele formulieren und Zielerreichung kontrollieren

An die Formulierung von Zielen ist vor allem die Forderung nach Operationalität zu stellen.[191] Der Operationalisierung von Zielen stehen vor allem Probleme mangelnder Eindeutigkeit und Messbarkeit der Zielkriterien entgegen.[192] Es muss überprüfbar sein und tatsächlich überprüft werden, ob und in welchem Maße die einzelnen Ziele erfüllt sind. Dazu müssen die Ziele fixiert werden, damit sie für beide Parteien verbindlich sind und eindeutig identisch verstanden werden.[193]

Im Folgenden werden die in den Interviews genannten Ziele mit Hilfe von Beispielen vertieft und dabei aufgezeigt, wie sich Ziele beider Partner miteinander verbinden lassen,

---

[190] Vgl. Staudt/Kriegesmann/Thielemann (1994), S. 10.

[191] In vielen Unternehmungen zählen nur monetäre Kennzahlen wie Gewinn (Jahresüberschuss) und Cash-Flow, vgl. Albers/Panten/Schäfers (2002), S. 14.

[192] Vgl. Szyperski (1974), S. 46. Neben den im Folgenden erläuterten Zielen wurden in den Interviews die Ziele „Unternehmenswertsteigerung" und „Diskontierte Überschüsse" genannt. Abgesehen von der Tatsache, dass diese Ziele nur von jeweils einem Interviewpartner genannt wurden, leiden Sie für Kooperationen im Online-Vertrieb unter mangelnder Operationalisierbarkeit. Das Vorgehen der Interviewpartner konnte jedenfalls nicht überzeugen.
Zur ausführlichen Darstellung der Unternehmenswertsteigerung durch Kooperationen beruhend auf Ergebnissen von Untersuchungen internationaler Kooperationen führender europäischer, amerikanischer und japanischer Unternehmungen siehe Bleeke/Bull-Larsen/Ernst (1992), S. 103 ff..
Zur ausführlichen Darstellung der diskontierten Überschüsse aus Kooperationen siehe Bronder/Pritzl (1992), S. 24 ff. Vgl. auch Braun (1990), S. 12.

[193] Tatsächlich wurde dieser Punkt nach Aussage der meisten Interviewpartner im Rahmen des Kooperationsvertrages berücksichtigt. In wenigen Ausnahmen waren die Ziele aber auch nur in den Köpfen einiger Mitarbeiter behaftet und damit unklar.

um so Synergieeffekte zu erzielen. Bei den Befragten standen i.d.R. mehrere der Motive bei der Allianzbildung im Vordergrund.

4.2 Gewinnung von neuen Kunden

Als wichtigstes Ziel von Kooperationen werden allgemein Ertragssteigerungen durch zusätzliche Kunden genannt.[194] Über Online-Kooperationen im Vertrieb erhalten die Akteure den Marktzutritt zu neuen bzw. größeren Zielgruppen. Der E-Commerce-Anbieter muss nicht mehr mühsam seinen eigenen Kundenstamm aufbauen, sondern greift auf den bestehenden Kundenstamm des Partners zurück. Gerade in der Einführungsphase bringt ein beschleunigter Marktzutritt erhebliche Synergieeffekte.[195] Können junge Unternehmungen bei ihrem Markteintritt bereits auf einen Kundenstamm eines etablierten Partners zurückgreifen, sparen sie dadurch nicht nur Kosten, sondern auch wertvollen Zeitvorsprung vor Me-Too-Anbietern. Diese Strategie war beispielsweise für Alpha 9 nach eigenen Angaben ein wesentlicher Baustein zur Marktführerschaft. Auch die untersuchten Finanzdienstleister setzen auf diese Strategie. Ihr Ziel ist ebenfalls, neue Zielgruppen anzusprechen und somit neue Kunden zu gewinnen.[196] Darüber hinaus wollen sie sich durch die Bündelung ihrer Angebote mit Leistungen anderer Unternehmungen von Wettbewerbern differenzieren und somit dem Trend zur wachsenden Wechselbereitschaft ihrer Klientel entgegenwirken.[197] ALBERS/PANTEN/SCHÄFERS identifizierten die direkte Ausrichtung auf die Neukundengewinnung als gemeinsames Kriterium der E-Commerce-Gewinner der vergangenen Jahre.[198]

Das Ziel der Neukundengewinnung ist mit den Zielen der Partner kompatibel. Denn auf Seiten der potenziellen Partner, wie z.B. *Web.de*, *MSN* und *Yahoo*, gehören Online-Kooperationen im E-Commerce zu den wachsenden Umsatzquellen. Laut der Sevenval-ECAP-Studie erzielte im Jahr 2001 mehr als jedes achte Portal über 30 Prozent des Um-

---

[194] Vgl. Bronder (1993), S. 19 ff.
[195] Vgl. Kollmann/Herr (2003), S. 103.
[196] Vgl. auch Webering (2003), S. 56 zur Strategie von Finanzdienstleistern im Internet.
[197] Vgl. Schobert/Bodendorf (2003), S. 155.
[198] Vgl. Albers/Panten/Schäfers (2002c), S. 223

Kooperationsziele im Online-Vertrieb 45

satzes mit Online-Kooperationen.[199] Durch Kooperationen mit der Scout24-Gruppe verdient ein Portal aber nicht nur durch Provisionen. Ist die Scout-Funktionalität in die Website des Portals integriert, können Werbeumsätze gesteigert werden, denn die Nutzer bekommen bei jedem Klick ein Werbebanner eingeblendet.

Das ebenfalls häufig genannte Ziel der Umsatzsteigerung ist im Fall der Kooperationen im Online-Vertrieb weitgehend deckungsgleich, denn Wiederholungskäufe werden in der überwiegenden Zahl der Fälle direkt auf der Webseite des Akteurs getätigt. Das Ziel Neukundengewinnung ist sehr einfach zu formulieren und kann mit den üblichen Softwaretechnologien im E-Commerce nachgehalten werden.[200]

Die Erträge der Kooperation müssen die Kosten der Kooperation übersteigen.[201] Daher ist bei der Auswahl der Partner darauf zu achten, welche Art von Kunden mit der Kooperation gewonnen wird. Denn Kunden unterscheiden sich z.B. bezüglich der Größe ihres beim Einkauf akkumulierten Warenkorbes, der Loyalität und des Beschwerdeverhaltens.[202] Kostensenkung kristallisierte sich in den Gesprächen auch als das zweite wesentliche Motiv der Kooperation heraus.

4.3 Senkung der Kundengewinnungskosten

Unternehmungen setzen zunehmend auf kostengünstigere Vermarktungswege.[203] Kostenvorteile entstehen in einer Allianz durch Skalen- und Erfahrungskurveneffekten.[204] Durch die Konzentration auf Kernkompetenzen wird das Risiko einer Fehlinvestition weiter gesenkt und Entwicklungsarbeit eingespart, wenn Ressourcen von Partnern in Anspruch genommen werden können.[205] In Kooperationen im Online-Vertrieb werden solche Einsparungen beispielsweise realisiert, wenn einer vorhandenen Kundengruppe

---

[199] Vgl. Sevenval AG (2002), S. 2.
[200] Vgl. Kapitel 7.5.2.
[201] Vgl. Bronder (1993), S. 40.
[202] Möglicherweise vermittelt ein Partner eine Vielzahl von Schnäppchenkäufern, die jedoch aufgrund eines kleinen Warenkorbes und geringer Loyalität keine oder nur geringe Deckungsbeiträge bringen, während ein anderer Partner nur wenige dafür in diesem Sinne lukrative Kunden überträgt.
[203] Vgl. Albers/Panten/Schäfers (2002b), S. 45.
[204] Siehe hierzu Bronder (1993), S. 31.
[205] Vgl. Verdin/Williamson (1992), S. 11.

von weiteren Anbietern Leistungen mit Verkaufserfolg angeboten werden. So bietet Alpha 1 eine Garantieverlängerung für bereits vorhandene Kunden von Elektronikwarenanbietern. Rationalisierungspotenzial besteht auch in der mehrfachen Verwendung von Inhalten. Das bekannteste Beispiel solch einer Content-Kooperationen ist das Joint Venture von Bild.de und *T-Online*.[206]

Die beschriebenen Synergie-Effekte können ebenso entstehen, wenn zwei E-Commerce-Anbieter kooperieren. Beispielsweise vertreibt *T-Mobile* Handys mit Verträgen direkt auf den Webseiten von *Karstadt*.[207] Damit senkt *T-Mobile* seine Kundengewinnungskosten, denn an *Karstadt* wird nur eine Provision für jedes tatsächlich verkaufte Handy gezahlt, egal wie viele Sichtkontakte das Werbemittel hat. *Karstadt* hingegen erspart sich die Investition in einen aufwändigen IT-Prozess, den der Verkauf von Handys inklusive Verträgen erfordert.[208]

Auch dieses Ziel ist komplementär zu denen der Partner. Werbeträger reduzieren durch Online-Kooperationen die Erstellungskosten von Inhalten, indem Sie E-Commerce-Anbieter die Inhalte erstellen lassen und im Gegenzug Verkaufsfläche anbieten.[209] Ein Beispiel solch einer Kooperation ist das Partnerprogramm von Alpha 4. Der Anbieter lieferte die Inhalte für den Versicherungsbereich z.B. von OnVista und Finanzen.net. Die Finanzportale können ihren Kunden beispielsweise einen Rentenrechner oder einen Krankenkassenvergleich anbieten, ohne diese Kompetenz selbst aufbauen zu müssen.[210] Alpha 4 hat dadurch Kunden gewonnen und sie gegen eine Provision an Versicherungen weitervermittelt.

Ein großes Potenzial an Synergieeffekten von Online-Kooperationen besteht somit auch in einer besseren Auslastung der Werbeplätze von Portalen. Falls bei den Portalen ein Umdenken hin zu einer größeren Akzeptanz erfolgsabhängiger Vergütung stattfinden würde, entsprächen sie dem Bedürfnis von Werbetreibenden nach einer Reduzierung des

---

[206] Vgl. Holtrop (2003), S. 171.
[207] Der Telekommunikationsanbieter T-Mobile ist im weiteren Sinne auch als E-Commerce-Anbieter zu bezeichnen, da die Unternehmung Mobilfunkgeräte und Zubehör auf seinen Webseiten vertreibt.
[208] Vgl. Kaestner (2002a), S. 21.
[209] Siehe hierzu Lücke/Büttgen (2002), S. 14.
[210] Vgl. Webering (2003), S. 56.

Risikos beim Kauf von Werbeleistung.[211] Online-Händler bevorzugen solch eine erfolgsabhängige Vergütung, weil Kosten nur bei einem messbaren Marketing- bzw. Vertriebserfolg entstehen.[212] Das Internet ermöglicht eine genaue Zuordnung und für beide Seiten transparente Darstellung von tatsächlich getätigten Umsätzen der Kunden. Damit können Kosten der Leads- und Neukundengewinnung exakt ermittelt und mit den erzielten Umsätzen ins Verhältnis gesetzt werden. Auf diese Weise kann die Effektivität von Kooperationen mit anderen Maßnahmen im Online-Marketing und –Vertrieb verglichen werden, um eine Entscheidung der Mittelzuweisung zu ermöglichen.[213] Je größer die Überschneidung der jeweiligen Nutzerschaft ist, desto besser lässt sich das gemeinsame Angebot absetzen. Je homogener allerdings das Angebot ist, desto größer wird die Wettbewerbsbeziehung, die für Konflikte zwischen den Partnern sorgen kann. Der Erfolg der Partnerschaft ist deshalb am aussichtsreichsten, wenn identische Zielgruppen mit unterschiedlichen, aber kontextuellen Leistungen angesprochen werden.[214]

4.4 Weitere Ziele von Kooperationen im Online-Vertrieb

Ein weiteres Ziel, das von den Interviewpartnern genannt wurde, ist die Steigerung der Bekanntheit der eigenen Marke(n) durch ein vermehrtes Erscheinen auf Webseiten, die bei der Zielgruppe relevant sind. Ebenso wird ein Prestige-Gewinn angestrebt, der dadurch entsteht, dass das Image auf den Partner übertragen wird. Bei Kooperationen im Online-Vertrieb bietet sich neben dem Imagetransfer von einem Partner zum anderen auch ein Co-Branding an, bei dem beide Marken gestärkt werden.[215] So profitiert Alpha

---

[211] Vgl. Lücke (2002), S. 104.

[212] Diese Vergütungsart wird jedoch von den Werbeträgern weitgehend abgelehnt, da sie keinen Einfluss darauf und keine Kontrolle darüber haben, ob der Kunde im Online-Shop auch tatsächlich kauft. Bei einer langfristigen Zusammenarbeit und einer für beide Seiten transparenten und glaubwürdigen Ergebnisermittlung spielt es jedoch keine Rolle, nach welchen Kriterien abgerechnet wird. Sowohl bei erfolgsabhängiger als auch bei einer Vergütung nach Sichtkontakten müssen die Provisionen so hoch sein, dass sie für den Werbeträger einen Anreiz darstellen, die Leistung des E-Commerce-Anbieters bei den eigenen Nutzern hervorzuheben. Gleichzeitig müssen sie aber auch so niedrig sein, dass die Kundenakquisitionskosten auf einer rentablen Höhe bleiben; vgl. Lücke (2002), S. 104.

[213] Die Kosten für Neukunden ergeben sich aus den Kosten der Kooperationen geteilt durch die Anzahl der Neukunden, wobei die Kosten einer Kooperation die Summe der Transaktionskosten und der Kosten für die Gegenleistung ist.

[214] Vgl. Büttgen/Lücke (2001), S. 38.

[215] Vgl. Büttgen (2003), S. 203 sowie Fantapié-Altobelli (2003), S. 343 ff, sowie S. 358.

1 nicht nur von den Kundenkontakten, die sie von den Partnern vermittelt bekommt. Die junge Marke erreicht über Kooperationen eine schnellere Bekanntheit und kann deren positives Image auf die eigene Marke transferieren. Problematisch ist allerdings die Bewertung der Markenentwicklung, die auf Kooperationen im Internet zurückzuführen ist, da Effekte wie die Steigerung der Bekanntheit oder Einflüsse auf das Image nicht direkt gemessen werden können, sondern mit sehr aufwändigen Verfahren wie beispielsweise Konsumentenbefragungen und Beobachtungen erhoben werden müssen.[216] Trotzdem ist es ein positiver Effekt, der zu berücksichtigen ist.

Ein letzter Punkt, der in den Interviews genannt wurde, ist die Verdrängung der Konkurrenz von Plätzen, weil man sie selbst besetzt hält. Ergibt sich die Möglichkeit, den Bereich einer Webseite exklusiv zu besetzen, ohne eine Exklusivgebühr dafür zu bezahlen, etwa weil es beim Endkunden sonst zu Verwirrung kommen könnte, ist dies mit den Vorteilen eines Gebietsmonopols vergleichbar. Beispielsweise war Alpha 4 alleiniger Anbieter im Versicherungsbereich von OnVista. Jeder Kunde, der auf Onvista die Rubrik „Versicherungen" aufsuchte, gelangte zum Angebot des Akteurs.[217] Dieses ebenfalls nachrangige Ziel kann jedoch zu zweifelhaftem Erfolg führen, wenn man es durch Exklusivrechte teuer erwerben muss.

Zu den Zielen lässt sich zusammenfassend sagen, dass nach Aussagen der Interviewpartner die ersten beiden Ziele maßgeblich sind und die beiden letztgenannten Ziele Randerscheinungen (Mitnahmeeffekt) sind. Diese Gewichtung wird bei der folgenden Untersuchung berücksichtigt. Ein erster Schritt, die vorgestellten Ziele zu erreichen, ist die ressourcenorientierte Planung von Kooperationen im Online-Vertrieb, die sich diesem Kapitel anschließt.

---

[216] Vgl. Bouncken (2003), S. 392.

[217] Bevor das Angebot integriert wurde, verfügte OnVista nicht über einen Versicherungsbereich. Er wurde fortan komplett von Alpha 4 redaktionell bestückt. Ein Wettbewerber hätte durch Überschneidungen beim Content zu Verwirrung bei den Verbrauchern führen können.

5. Ressourcenbasierte Planung von Kooperationen im Online-Vertrieb

Eine *ressourcenorientierte Planung von Kooperationen* im Online-Vertrieb hat zum Ziel, Entscheidungshilfe für die Entwicklung einer ressourcenorientierten Vorgehensweise bei der Zusammenarbeit zu sein, durch die Wettbewerbsvorteile auf- bzw. ausgebaut werden können.[218] Unter *Planung* wird ein kreativer Prozess der Problemfindung, -bearbeitung und anschließender Entscheidung verstanden.[219] Planung hat erstens die Aufgabe der Sicherung der Existenz und soll zweitens zur Steigerung des Erfolgs der Unternehmung beitragen.[220] Kernstück der Planung ist das Entscheidungsprogramm, welches Anweisungen darüber enthält, welche Aktionen oder Handlungsfolgen der Planungsempfänger zur Erreichung der Ziele ggf. abhängig von bestimmter Bedingungen realisieren soll.[221] Das Entscheidungsprogramm soll einen willensbildenden, informationsverarbeitenden und prinzipiell systematischen Entscheidungsprozess ermöglichen,

---

[218] Je neuer der Planungsgegenstand im Vergleich zu Routineplanungen ist, desto größer ist der Informationsbedarf, während das verfügbare Informationsangebot wegen nicht ausreichender oder fehlender eigener oder fremder Erfahrungswerte abnimmt. Dadurch muss stärker auf prognostische, spekulative Fähigkeiten der Experten, soweit überhaupt vorhanden, oder der Planungsträger, die es durch ihre Beschäftigung mit den neuen Gegebenheiten werden wollen, zurückgegriffen werden (Informationsdilemma der Planung). Um keiner Willkür ausgesetzt zu sein, bedarf es klarer Regeln, die sich in einem Entscheidungsprogramm niederschlagen sollen.

[219] Siehe Szyperski/Winand (1974), S. 6.

[220] Vgl. Szyperski/Mußhoff (1989), S. 1427.

[221] Siehe hierzu Szyperski (1996), S. 577. Grundsätzlich ist das Ergebnis des Planens ein Plan, der als eine formale Relation mit den Argumentstellen Entscheidungsprogramme (E), Objektbereich (O), Problemstufe (S), Zeitdimension (Z), Planungsträger (T), und Planungsformat (F); Plan : $\equiv R\{E,O,S,Z,T,F\}$ dargestellt werden kann. Die Argumentstellen Z, T und F werden im Folgenden nicht weiter untersucht, da sie für das Ergebnis der Arbeit ohne Belang sind. Der Objektbereich (O) ist mit „Kooperationen im Online-Vertrieb" festgelegt, die Problemstufe (S) mit der strategischen Planungsebene ebenfalls. Im Folgenden steht daher das Entscheidungsprogramm als Kernstück der Planung, das wiederum durch die Argumentstellung Ziel (Z), Bedingungen (B) und Aktionen (A) determiniert wird: Entscheidungsprogramm : $\equiv R\{Z,B,A\}$; zur ausführlichen Darstellung siehe Szyperski (1996), S. 577 ff. Da ebenfalls das Ziel mit „Neukundengewinnung" und „Senkung der Kundengewinnungskosten" feststeht, unterstützt das Entscheidungsprogramm bei der Entscheidungsfindung, welche Aktion unter welcher Bedingung auszuführen ist.

der das Ziel verfolgt, zukünftige Entscheidungs- und Handlungsspielräume problem- bzw. aufgabenorientiert einzugrenzen und zu strukturieren.[222]

Ziel dieses Kapitels ist es, ein Entscheidungsprogramm bestehend aus Prinzipien und Methoden zu entwerfen, das als Planungsgrundlage für Kooperationen im Online-Vertrieb herangezogen werden kann. Die Erarbeitung von Prinzipien und Methoden sind Teil der Planung und daher Grundlage dieses Kapitels. Konkrete Verfahren bei der Zusammenarbeit im Online-Vertrieb realisieren Methoden und werden in Kapitel 7 dargestellt.

5.1 Prinzipien einer ressourcenbasierten Planung von Kooperationen im Online-Vertrieb

Basis des eingeschlagenen ingenieurhaften Vorgehens sind, wie oben beschrieben, die Prinzipien. In diesem Abschnitt werden Richtlinien festgelegt, die das grundsätzliche Handeln in Kooperationen im Online-Vertrieb bedingen und allgemeingültiger Natur sind. Auch wenn jede Unternehmung aufgrund ihrer spezifischen Situation und Ressourcen einen eigenen speziellen Planungsprozess beschreiten wird, findet sie durch die Prinzipien Orientierung, denn sie werden für alle Kooperationen im Online-Vertrieb vorgeschlagen.

Den vorliegenden Planungsbedarf beherrscht die Frage, ob und wie Kooperationen im Online-Vertrieb zu realisieren sind, um das angestrebte Ziel, Neukunden zu gewinnen und Kundengewinnungskosten zu senken, zu erreichen. Dabei stehen Online-Kooperationen in Konkurrenz zur alleinigen (hierarchischen) Generierung von Kundenkontakten, beispielsweise durch Suchmaschinenmarketing oder Werbung in Printmedien oder durch den Zukauf von Kontakten wie den Kauf von E-Mail-Adressen.[223]

Eine erfolgreiche Kooperationsstrategie zeichnet sich dadurch aus, dass das finanzielle Ergebnis der Partnerschaft langfristig ihre Kosten übersteigt. Eine Quelle für solche Ko-

---

[222] Siehe hierzu Szyperski/Winand (1980), S. 32.
[223] Die Unternehmung wird das Medium bzw. die Art der Kundengewinnung wählen, bei der die Grenzkosten, also die Kosten für einen zusätzlichen Kunden, am geringsten sind, wobei das nicht immer exakt gemessen werden kann.

operationsgewinne wird in der Effizienzsteigerung durch die Form der Organisation als Alternative zu hierarchischen oder marktförmigen Organisationsformen gesehen.[224] Dabei gilt es, die Vorteile beider Organisationsformen zu verbinden und gleichzeitig die Nachteile zu verringern.[225]

Aus ressourcenorientierter Sicht gibt es mit dem *Quasi-Renten-Potenzial* einer Ressource, das sich als Differenz zwischen dem optimalen Einsatz der Ressource und ihrem nächstbesten Verwendungszweck ergibt, eine weitere Quelle für Kooperationsgewinne, die ausgeschöpft werden muss.[226] Aus diesen kooperations- und ressourcenorientierten Maximen werden im folgenden Abschnitt die Prinzipien bei der Planung von Kooperationen im Online-Vertrieb abgeleitet, die in Abbildung 9 dargestellt sind.

5.1.1 Ressourcenbezogene Prinzipien

Im ressourcenorientierten Ansatz werden Unternehmungen als einzigartiges System von Ressourcen betrachtet, wobei Wettbewerbsvorteile auf Kernressourcen zurückzuführen sind.[227] Bei einer homogenen Ressourcenausstattung von konkurrierenden Unternehmungen hätte theoretisch jede Unternehmung die Chance, eine erfolgreiche Strategie eines Wettbewerbers zu imitieren. Damit hätte das Management keine Möglichkeit, sich

---

[224] Zur ausführlichen Darstellung siehe Semlinger (1999), S. 50 ff.

[225] Zur ausführlichen Darstellung siehe Siebert (1999), S. 10 ff.

[226] Vgl. Rasche (1994), S. 83. Als *Quasi-Rente* bezeichnet man jene Übergewinne, die daraus resultieren, dass der beste Ressourceneinsatz einen höheren Erfolg bringt als der Zweitbeste, vgl. dazu Rühli (1994), S. 33. Beispielsweise kann ein Partner einen Besucher seiner Webseite durch sein eigenes Webangebot führen oder auf die Webseite des Akteurs leiten. Auf der eigenen Webseite verursacht der Besucher Klicks, die sich der Partner durch Werbeeinblendungen vergüten lassen kann. Auf die Seite des Akteurs geleitet, kann der Besucher möglicherweise zum Kauf überzeugt werden und der Partner erhält eine Provision. Will der Partner entsprechend handeln, muss er einen Erwartungswert für die Quasi-Rente bilden. Sie ist die Differenz aus zwei Erwartungswerten, denn sowohl die Anzahl weiterer Klicks, für die der Partner Werbeeinnahmen erzielt, als auch der Kauf sind nicht sicher, sondern unterliegen Wahrscheinlichkeiten. Da der Partner – die technische Infrastruktur vorausgesetzt – für jeden Besucher genau ermitteln kann, welchen Erlös er erzielt, kann er im Zeitverlauf mit zunehmender Besucherzahl genauere Erwartungswerte bilden und schließlich sein Angebot derart gestalten, dass der Besucher dorthin geleitet wird, wo der Erwartungswert des Erlöses am größten ist.

[227] Vgl. Wernerfelt (1984), S. 172.

vom Wettbewerb zu differenzieren und einen Wettbewerbsvorteil vor den Imitationsversuchen der Konkurrenten zu schützen.[228]

Prinzipien einer ressourcenorientierten Planung von Kooperationen im Online-Vertrieb

• Ressourcenbezogene Prinzipien
   a. Auf- und Ausbau von Ressourcen mit positivem Nutzenpotenzial
   b. Dauerhafter Erhalt der Nutzenstiftung von Ressourcen
• Organisationsbezogene Prinzipien
   c. Nutzung von Spezialisierungsvorteilen
   d. Aufbau eines marktlichen Effizienzdrucks
   e. Reduzierung von Transaktionskosten
   f. Nutzung von Größenvorteilen

Abbildung 9: Prinzipien einer ressourcenorientierten Planung von Kooperationen im Online-Vertrieb.

In der Realität verfügen Unternehmungen jedoch über unterschiedliche Ressourcenausstattungen, die sich im Laufe der Zeit des Bestehens entwickelt haben.[229] RASCHE/WOLFRUM bezeichnen diese Ressourcenheterogenität als erste Prämisse des ressourcenorientierten Ansatzes.[230] Die zweite Prämisse ist, dass für Ressourcen Faktormärkte unvollkommen sind oder gar nicht existieren.[231] Folglich sind bestimmte Ressourcen nicht oder nur sehr schwer auf Beschaffungsmärkten zu erwerben.[232] Gründe

---

[228] Vgl. Hoffmann Linhard (2001), S. 51, Barney (1991), S. 104.

[229] Vgl. Collis/Montgomery (1995), S. 119.

[230] Zur ausführlichen Darstellung siehe Rasche/Wolfrum (1994), S. 503.

[231] Vgl. Rasche (1994), S. 57 f.. Ressourcen oder spezifische Ressourcenkombinationen bilden Unternehmungen im Laufe ihrer Existenz heraus, Vgl. Rasche/Wolfrum (1994), S. 503. Ein Handel mit ihnen ist entweder nicht möglich, wie beispielsweise bei der Ressource Unternehmenskultur, oder Preis und Qualität unterliegen einer derartigen Intransparenz, dass die Transaktionskosten einen Handel unrentabel machen würden. Ein Beispiel dafür sind Verfahren, die von den Erfahrungen der Mitarbeiter und des Managements abhängig sind. Ein weiterer Grund ist, dass der Wert einiger Ressourcen für ein Unternehmen viel größer ist als für andere Unternehmungen, so dass ein Verkauf nur mit einem erheblichen Preisabschlag zu realisieren ist, siehe hierzu Duschek et al. (2002) S. 427f. und Habann (1999), S. 5. Ein Beispiel hierfür sind spezielle IT-Ressourcen, die an die Unternehmung angepasst wurden und deren Nutzen für andere Unternehmen deutlich geringer ist.

[232] Vgl. Habann (1999), S. 5.

dafür können gesetzliche Beschränkungen, wie Patente, sein. Meistens liegen die Ursachen in der Natur der Ressourcen:[233] Beispielsweise kennt eine Unternehmung, die jahrelang eine bestimmte Klientel mit speziellen Leistungen versorgt, die Anforderungen und Bedürfnisse ihrer Kunden besser als ein Marktneuling und kann daher besser auf diese Anforderungen eingehen.

Unvollkommene Faktormärkte und Ressourcenheterogenität bieten Unternehmungen die Chance, durch spezifische Ressourcen und Kompetenzen Wettbewerbsvorteile gegenüber Konkurrenten aufzubauen.[234] Wie im Folgenden erläutert wird, gelingt ihr das jedoch nur, wenn die folgenden Prinzipien beachtet werden:
- Konsequenter Auf- und Ausbau von Ressourcen mit positivem Nutzenpotenzial
- Dauerhafter Erhalt der Nutzenstiftung von Ressourcen

5.1.1.1 Auf- und Ausbau von Ressourcen mit positivem Nutzenpotenzial

„Um eine Ressource als strategisch relevant im Sinne der Vorteilsgenerierung einstufen zu können, muss diese einen wertstiftenden Charakter am Markt besitzen, der durch einen aus Kundensicht wahrgenommenen Zusatznutzen bei den angebotenen Leistungen reflektiert wird."[235] Die Fähigkeit zur Nutzenstiftung kann sich auch in einer Steigerung der Effizienz und/oder Effektivität der Unternehmung ausdrücken.[236] Damit hat sich die Bewertung interner Erfolgspotenziale auch an der Konfiguration der Faktormärkte und Absatzmärkte auszurichten.[237] Messbar und damit kontrollierbar wird der Vorteil dann, wenn er zu einer quantifizierbaren Kostensenkung bzw. Umsatzsteigerung führt oder der Ressource eine die Gesamtrendite der Unternehmung steigernden Verzinsung zugerechnet werden kann, was jedoch nicht immer der Fall ist.[238] Nach der im vorherigen Kapitel festgelegten Zieldefinition stiften im Online-Vertrieb jene Ressourcen Nutzen, die einen

---

[233] Zu weiteren Gründen siehe zu Knyphausen-Aufseß (1997), S. 466.
[234] Siehe hierzu Habann, (1999), S. 3 ff.
[235] Rasche (1994), S. 89.
[236] Vgl. Duschek et al. (2002), S. 427 sowie Prahalad/Hamel (1990), S. 83. Vgl. auch Bleicher (1994), S. 219 f.
[237] Siehe hierzu Rasche/Wolfrum (1994), S. 503.
[238] Zur ausführlichen Darstellung des Merkmals Fähigkeit zur Nutzenstiftung von strategischen Ressourcen siehe Rasche/Wolfrum (1994), S. 503 und Habann (1999), S. 8 ff.

relevanten Beitrag zur Erreichung der Ziele Neukundengewinnung und Senkung der Kundengewinnungskosten beitragen.[239]

Der Flexibilitätsgrad einer Ressource bestimmt die Anzahl ihrer Einsatzmöglichkeiten.[240] Eine strategische Ressource mit hoher Flexibilität ermöglicht es der besitzenden Unternehmung, weitere strategische Geschäftsfelder zu erschließen und so Synergien auszuschöpfen.[241] Die Flexibilität beschreibt damit auch die Möglichkeit, Ressourcen und ihren stiftenden Nutzen zu vermehren. Wichtige Ressourcen sind häufig immateriell, was u. a. daran liegt, dass der Wert immaterieller Ressourcen im Gegensatz zu den meisten physischen Ressourcen nicht durch Nutzung abnimmt und die Ressource flexibel eingesetzt werden kann.[242] Kompetenzen können sogar bei Nutzung im Wert steigen, da weitere Erfahrungen kumuliert werden.

Als erstes Prinzip für Kooperationen im Online-Vertrieb ergibt sich also der konsequente Auf- und Ausbau von Kernressourcen mit positiver Nutzenstiftung zur Erreichung der Online-Vertriebsziele.[243] Ressourcen, die kein solches Potenzial besitzen, können von der Unternehmung vernachlässigt werden.[244]

Dieses Prinzip erscheint trivial, wird aber nicht von den untersuchten Unternehmungen konsequent befolgt. Alpha 8: „Im Hype (Anmerkung: Hochphase des E-Commerce, etwa um 2000) galt eine große Anzahl von Visits in den Augen von Investoren als Asset. Welchen Mehrwert sie für die Unternehmung darstellten, wurde kaum hinterfragt." Alpha 6: „Die Geschwindigkeit, mit der alles abzulaufen hatte, wurde maßlos überschätzt als einer der wichtigsten Ziele angesehen." Bei manchen Geschäftsmodellen wurde die Kernressource „Geschwindigkeit" gar über alles andere gestellt. Das führte z.B. dazu, dass sich Unternehmungen darauf konzentrierten, möglichst schnell sehr viele Kunden

---

[239] Nach Zentes/Morschett gehören dazu beispielsweise die Schaffung von Qualitätsvorteilen, Kostenvorteilen, Zeitvorteilen, Zugang zu neuen Märkten und Kunden; zur ausführlichen Darstellung siehe Zentes/Morschett (2003) S. 233. Grant unterscheidet zwischen financial resources, physical resources, human resources, technological resources, organizational resources and reputation; siehe Grant (1991), S. 119.

[240] Vgl. Rasche (2000), S. 89 ff.

[241] Vgl. Habann (1999), S. 20.

[242] Vgl. Wolf (2005), S. 420 f.

[243] Siehe hierzu auch Burr (2003), S. 557.

[244] Vgl. Albers/Panten/Schäfers (2002b), S. 34.

zu gewinnen, ohne dabei der Rolle der Kundengewinnungskosten ausreichend Aufmerksamkeit zu schenken. Das Ergebnis war, dass Neukunden überbewertet wurden und der Nutzen in keiner angemessenen Relation zum Ertrag stand.

5.1.1.2 Dauerhafter Erhalt der Nutzenstiftung

Die Dauerhaftigkeit einer Ressource gibt ihre Wertbeständigkeit an. Der Wert einer Information kann beispielsweise von sehr kurzer Dauer sein, wenn er auf Aktualität beruht. Patente haben dagegen eine verlässliche Frist von längerer Dauer. Das Potenzial zur Nutzenstiftung kann im Wettbewerb nur dann zu einem dauerhaften Wettbewerbsvorteil heranreifen, wenn die Ressource *knapp* ist.[245] Ist sie das nicht, könnte ein Konkurrent die gleiche Ressource ohne größere Anstrengungen erlangen.[246] Damit wäre er in der Lage, die gleiche Strategie zu verfolgen und somit den gleichen Effizienz- und/oder Effektivitätsvorteil zu erreichen.[247] In diesem Fall bestünde keine Alleinstellung mehr und der Wettbewerbsvorteil wäre verloren.[248]

Ein dauerhafter Erhalt der Nutzenstiftung gelingt nur dann, wenn Ressourcen nicht durch die Konkurrenz substituiert oder imitiert werden können.[249] D. h. dass Wettbewerber nicht in die Kontrolle von Ressourcen, die eine vergleichbare Performance erbringen, gelangen dürfen.[250] Die fehlende Möglichkeit des Wettbewerbs, Ressourcen oder Kompetenzen zu imitieren oder zu substituieren, basiert auf bestimmten ressourcenimmanenten Barrieren, die es zu ergründen und auszubauen gilt.[251] Der rasante Fortschritt der Webtechnologien begünstigt jedoch die Substitution von vorhandenen Technologien und Verfahren durch neue. Wird dieser Tatbestand vom Management nicht gewürdigt, besteht die Gefahr, einen sicher geglaubten Wettbewerbsvorteil zu verlieren.[252] Nicht-

---

[245] Siehe hierzu Prahald/Hamel (1990), S. 84.

[246] Siehe Ethiraj/Kale/Sing (2002), S. 619.

[247] Vgl. Rasche/Wolfrum(1993), S. 7 ff.

[248] Siehe hierzu Grant (1991), S. 117 sowie Hoffmann Linhard (2001), S. 62.

[249] Vgl. Hess/Anding (2003), S. 140f. Zur ausführlichen Darstellung der Merkmale Nicht-Substituierbarkeit und Nicht-Imitierbarkeit von strategischen Ressourcen siehe Rasche/Wolfrum (1994), S. 503 ff. und Habann (1999), S. 12 ff.

[250] Vgl. Duschek et al. (2002), S. 427.

[251] Vgl. Dierckx/Cool (1989), S. 1507.

[252] Vgl. Rasche/Wolfrum (1994), S. 507. So konnten die ersten Online-Shops, die in nahezu jahrelanger Programmierarbeit entstanden und diese Programmierzeit als Technologievorsprung verstanden, durch gehobene Standardshoplösungen wie Infinity von Intershop substituiert werden. Die Standardsoftware war

Imitierbarkeit und Nicht-Substituierbarkeit bewegen sich auf einem Kontinuum und sind nicht per se in ihrem Renditepotenzial geschützt.[253]

Nicht-Imitierbarkeit/Substituierbarkeit beziehen sich sowohl auf die Kernressourcen des Partners, auf die Kernressourcen des Akteurs als auch auf die durch die Kooperationspartner gemeinsam erstellten Ressourcen und Kompetenzen. Die Sicherstellung der Nicht-Imitierbarkeit/Substituierbarkeit der Ressourcen des Partners kann zu einer Nicht-Imitierbarkeit/Substituierbarkeit der Akteur-Ressourcen führen, beispielsweise wenn der Partner durch Lock-in-Effekte über eine sehr treue Kundschaft verfügt, die sich durch die Kooperation auch gegenüber dem Akteur loyal verhält.[254] Die Nicht-Imitierbarkeit/Substituierbarkeit der Ressourcen des Akteurs kann zusätzlich eine dauerhaft komfortablere Stellung gegenüber den Kooperationspartnern bewirken, denn sie unterdrückt das Drohpotenzial des Partners, die Kooperation zu beenden, um sich mit einem Konkurrenten zu verbünden.[255] Die Kooperation und damit die Kombination unterschiedlicher Ressourcen können an sich zu neuen Ressourcenbündeln führen, die nicht von dritten Unternehmungen imitiert oder substituiert werden können. Solche Ressourcenbündel können durch Effekte in der *Ressourcenverbundenheit* oder *Multiplikatoreffekte* entstehen:[256]

Aufgrund von Effekten in der Ressourcenverbundenheit entstehen erst durch die Bündelung der Ressourcen Wettbewerbsvorteile mit einem großen Substitutions- bzw. Imitationsschutz.[257] Solche Effekte können beispielsweise genutzt werden, wenn Webseiten mit großen Besucherzahlen mit Online-Shops derart verbunden werden, dass aus Nut-

---

i.d.R. ebenso leistungsfähig jedoch bei geringerer Fehleranfälligkeit. Außerdem orientierten sich neue Module durch Drittanbieter, z.B. im CRM, an Standardsoftware und waren für den individuell programmierten Shop meist nicht verwendbar. Ähnliche Tendenzen sind auch bei Softwaretechnologien zur Abwicklung von Online-Kooperationen zu beobachten.

[253] Vgl. Rasche (1994), S. 85.

[254] Siehe hierzu Latzer/Schmitz (2002), S. 116 mit einem empririschen Beweis sowie Shapiro/Varian (1999), S. 139 ff. mit einigen Beispielen. Lock-in-Effekte bezeichnen Effekte, die Kunden auf Dauer an einen Anbieter binden. Lock-in-Effekte im B2C-E-Commerce sind beispielsweise Loyalitätsprogramme, personalisierte Webseiten und Angebote sowie die Vertrautheit mit dem Design einer Seite, vgl. Latzer/Schmitz (2002), S. 115. Lock-in-Effekte sind empirisch belegt: Mit Hilfe eines Haushaltspanels mit ca. 10.000 Haushalten wurde ermittelt, dass beim Kauf von Standardprodukten wie Bücher und CDs im Durchschnitt weniger als 1,35 Seiten aufgesucht wurden, Vgl. Latzer/Schmitz (2002), S. 121.

[255] Siehe hierzu Jochims (2006), S. 188.

[256] Siehe Rasche/Wolfrum (1993), S. 9.

[257] Siehe hierzu auch Habann (1999), S. 15

zern Käufer werden. Multiplikatoreffekte resultieren dagegen aus internen Skalen-, Erfahrungskurven- und Synergieeffekten, die mit zunehmendem Ressourcenbestand erwachsen.[258] Solche Multiplikatoreffekte können durch eine Kooperation erst sprunghafte Erfolge haben, wenn z.B. durch die Summe der gemeinsamen Kunden eine so genannte „kritische Masse", wie sie beispielsweise für Chatrooms notwendig ist, zustande kommt. Effekte in der Ressourcenverbundenheit oder Multiplikatoreffekte können ebenso durch das Zusammentreffen bestimmter Mitarbeiter aus den Partnerunternehmungen erwachsen, wenn sie durch ihr spezifisches Know-how Ideen, Konzepte und/oder Motivationsschübe entwickeln.[259] Zu den wesentlichen Aufgaben einer Kooperation gehört es, solche Ressourceninterdependenzen innerhalb der Kooperation zu identifizieren bzw. herzustellen.[260]

Der dauerhafte Nutzenerhalt setzt voraus, dass die Unternehmung um die Wirkung der Kernressourcen auf den Wettbewerbsvorteil weiß und in der Lage ist, die Wirkung beispielsweise anhand von Regelsystemen oder Rezepturen zu beschreiben und zu dokumentieren.[261] Eine solche Transparenz hat den Vorteil, dass sie an weitere Mitarbeiter(-generationen) übergeben werden kann, birgt jedoch die Gefahr, dass die Ressource in falsche Hände gerät:[262] Wenn Ressourcen einfach zu reproduzieren sind, sind sie i.d.R. auch marktfähig und damit leicht zu imitieren bzw. zu substituieren.[263] Darüber hinaus wächst die Gefahr ungewollter Übertragung, wenn Ressourcen leicht befördert, weiter vermittelt und schließlich z.B. von Partnern selbst erstellt werden können.[264] Gegenüber

---

[258] Vgl. Rasche (1994), S. 80.

[259] Vgl. Habann (1999), S. 15f.

[260] Vgl. Rasche (1994), S. 73.

[261] Vgl. Kogut/Zander (1992), S. 387. Von «Dokumentieren» soll nach Mayntz et al. dann gesprochen werden, wenn Informationen durch dauerhafte und interpersonal zugängliche Signale repräsentiert und in erkennbaren Zeichensystemen sowie in verständlichen Sprachen festgehalten werden. Dabei unterscheiden sie zwischen Primär- und Sekundärdokumentation. Primärdokumentation betrifft das Fixieren von Realphänomenen, also Informationsinhalte, die sich direkt auf reale Erscheinungen oder Vorgänge beziehen. Gerade für Kooperationen ist aber die Sekundärdokumentation elementar, die Dokumentation von Informationen über Primärdokumente durch besondere Sprachzeichen und Signalelemente, damit eine Zusammenarbeit von räumlich und organisatorisch getrennten Einheiten funktionieren kann. Siehe hierzu Mayntz et al. (1984), S. 9 ff.

[262] Vgl. Habann (1999), S. 19. Grant (1991), S. 126 spricht von Transferierbarkeit (Transferability) von Ressourcen.

[263] Vgl. Meffert (1991), S. 43.

[264] Siehe hierzu Hamel/Doz/Prahalad (1989), S. 136.

Außenstehenden muss die Wirkung von Ressourcen daher verborgen bleiben.[265] Ideal ist also, wenn die Ressource nur von der Unternehmung selbst reproduziert werden kann, beispielsweise aufgrund von Patenten.

> Die Konzentration auf Ressourcen, die *dauerhaft* über positive Nutzenpotenziale verfügen, und die Konservierung dieser Ressourcen, damit sie langfristigen Bestand haben, ergibt sich somit als zweites Prinzip von Kooperationen im Online-Vertrieb.

Bezieht man die Prinzipien auf die immer noch am häufigsten in Kooperationen im Online-Vertrieb eingesetzte Ressource der finanziellen *Vergütung* wird deren Nachteil deutlich: Auch wenn finanzielle Mittel sehr flexibel einsetzbar sind und abgesehen von inflatorischen Einflüssen eine hohe Wertbeständigkeit besitzen, kann über eine finanzielle Vergütung nur schwer ein Wettbewerbsvorteil aufgebaut werden.

Neben den ressourcenbezogenen Prinzipien spielen auch die organisationsbezogenen Ressourcen eine wesentliche Rolle, die im Folgenden erörtert werden.

5.1.2 Organisationsbezogene Prinzipien

Nach der Institutionenökonomie kann man Kooperationen als hybride, jedoch eigenständige Organisationsformen auf einem Kontinuum zwischen Markt und Hierarchie betrachten, die sowohl marktförmige und hierarchische als auch kompetitive und partnerschaftliche Elemente jeweils in unterschiedlicher Ausprägung miteinander vereinen.[266]

---

[265] Berühmtes Beispiel für die Transparenz einer strategisch bedeutenden Ressource ist das Coca-Cola-Rezept, das angeblich auf mehrere Tresore verteilt ist, wobei kein Mitarbeiter auf alle Tresore Zugriff haben soll. Eine hohe Verborgenheit ist ein guter Schutz gegen Imitation und Substitution. Ideal sind daher Ressourcen, deren Transparenz nur der eigenen Unternehmung bekannt ist, und ein Schutzsystem, das verhindert, dass das Wissen, wie daraus ein Wettbewerbsvorteil entsteht, nach außen dringt.

[266] Vgl. Sydow (1992), S. 102, Semlinger (1999), S. 50 und Tröndle (1987), S. 24 f. Der Markt als eine Extremform auf dem Kontinuum ist die Organisationsform ökonomischer Aktivitäten mit der größten Autonomie für die Akteure. Die rein marktförmige Austauschform im Sinne einer singulären Transaktion hat hierbei einen diskreten Charakter und steht in keinerlei Zusammenhang mit vorherigen oder nachfolgenden Transaktionen; vgl. Webster (1992), S. 5. Durch die kurzfristige Beziehung entsteht die Gefahr opportunistischen Verhaltens, weswegen vorwiegend sehr genau spezifizierte Leistungen ausgetauscht werden. Die Koordination erfolgt ausschließlich auf der Grundlage von Preisen.
Das andere Extrem, die Organisationsform der Institution bzw. Hierarchie basiert dagegen auf Weisungen der Unternehmensleitung gegenüber Mitgliedern der Organisation. Hierarchien sind auf Dauer angelegt,

Kooperationen können daher auch als partiell marktförmige und partiell hierarchische Organisationsform Elemente der beiden Extremformen miteinander verbinden.[267] Gegenüber einer rein hierarchischen Organisationsform grenzen sich Kooperationen durch eine marktförmig induzierte Flexibilität und Einsatzbereitschaft der Organisationsmitglieder aus, gegenüber der rein marktförmigen Kooperationsform dagegen durch eine Betonung kooperativer anstelle von wettbewerblichen Verhaltensweisen.[268] Abbildung 10 zeigt die Charakteristika der jeweiligen Organisationsformen Markt und Hierarchie.[269]

Erfolg setzt dann ein, wenn die Vorzüge der jeweiligen Organisationsformen genutzt werden können.[270] Gelingt es einer Unternehmung, durch Kooperationen die Vorteile der jeweils extremen Organisationsformen für sich nutzen zu können, kann sie auf diese Weise Vorteile gegenüber Wettbewerbern aufbauen, sofern die Wettbewerber eine andere Organisationsform wählen oder nicht in der Lage sind, diese Vorteile für sich zu nutzen.[271] Zur besseren Operationalität werden diese Potenziale in Anlehnung an SIEBERT zu vier Vorteilen komprimiert, die in der Grafik hellgrau hinterlegt sind.[272] Aus ihnen werden im Folgenden die kooperationsbezogenen Prinzipien formuliert:

- Nutzung von Spezialisierungsvorteilen (vs. Verluste durch Funktionsintegration)
- Aufbau eines marktlichen Effizienzdrucks (vs. Effizienzverluste aufgrund fehlenden Marktdrucks)
- Reduzierung von Transaktionskosten (vs. Kosten durch Opportunismus(-gefahr))

---

wodurch ein Austausch unspezifizierter Leistungen möglich wird. Denn Opportunismus wird – zumindest in der Theorie - ausgeschlossen; Vgl. Sydow (1992), S. 98. Beide Organisationsformen sind mit jeweils spezifischen Kosten verbunden, so dass sie je nach konkreten Rahmenbedingungen über spezifische Vor- und Nachteile verfügen. Somit genießt keine der beiden Formen eine absolute, sondern allenfalls eine kontextabhängige Überlegenheit. Die hierarchische ist der marktförmigen Organisationsform solange überlegen, wie größere Organisationseinheiten auf kostengünstige Möglichkeiten der Ressourcenbeschaffung zurückgreifen können und die entsprechenden Kosten der Organisation und die Wahrscheinlichkeiten unternehmerischer Fehlentscheidungen gering sind; Vgl. Semlinger (1999), S. 42f; Coase (1937), S. 390ff.

[267] Siehe hierzu Morschett (2003), S. 390.
[268] Vgl. Siebert (1999), S. 10.
[269] Dabei wurden die Vorteile der jeweiligen Organisationsform eingerahmt.
[270] Vgl. Semlinger (1999), S. 49 f.
[271] Siehe hierzu Bühler/Jaeger (2003), S. 96 bzw. von der Oelsnitz (2003), S. 186.
[272] Zur ausführlichen Darstellung siehe Siebert (1999), S. 10 ff.

- Nutzung von Größenvorteilen (vs. Effizienzverluste durch mehrfaches Vorhalten von Ressourcen)[273]

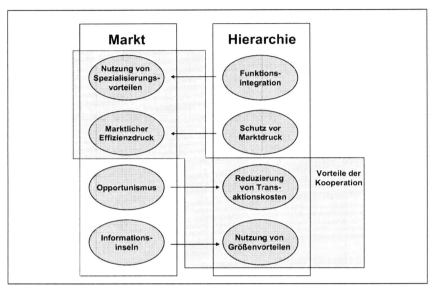

Abbildung 10 : Positive Kooperationsmerkmale zwischen Markt und Hierarchie; Quelle: Darstellung in Anlehnung an Siebert (1999), S. 11.

5.1.2.1 Nutzung von Spezialisierungsvorteilen

Gemäß der Definition von BRONDER sind Kooperationen gleichzusetzen mit Wertschöpfungsaktivitäten zwischen mindestens zwei Unternehmungen, die zu einer Art Ressourcen- bzw. Kompetenzgeflecht zur Erhaltung und/oder Erzielung strategischer Stärken verknüpft werden.[274] Durch Kooperationen vergrößert sich das Spektrum der Einsatzmöglichkeiten von Ressourcen und damit das Quasi-Renten-Potenzial der Ressourcen

---

[273] Siehe auch Zentes/Swoboda/Morschett (2003), S. 825 ff., die sich auf die drei Dimensionen Kooperation vS. Wettbewerb, Starrheit vS. Flexibilität sowie Kurzfrist- und Langfristorientierung beschränken.

[274] Vgl. Bronder (1993), S.6.

von beiden Partnern.[275] Partnerschaften können dazu genutzt werden, die Nutzenstiftung einer Ressource zu skalieren, indem die Einsatzmöglichkeiten und damit die Erträge, die sich aus den Ressourcen ergeben, vergrößert werden.[276] Als Tauschwährung in Kooperationen stiften Ressourcen auch dann einen Nutzen, wenn der Wert, den der Partner ihnen beimisst, höher ist, als die Kosten der Erstellung. Die damit zusammenhängende Fragestellung „make or buy?" erlangt seit Jahren eine zunehmende Bedeutung.[277] Im ständigen Wettbewerb versuchen Unternehmungen ihre Effizienz zu steigern, durch

- *Economies of scale*, indem sie sich auf einzelne Stufen der Wertschöpfungskette konzentrieren und durch Auslagerung der anderen Stufen Wege finden, ihre gewonnenen Spezialisierungsvorteile zu skalieren.
- *Economies of scope*, indem Kosten auf verschiedene Geschäftsbereiche aufgeteilt und Ressourcen bzw. Fähigkeiten zwischen den Geschäftsbereichen ausgetauscht werden.[278]

Der Ertrag aus diesen Effizienzquellen kann durch unternehmungsübergreifende Kooperationen realisiert werden.[279] Denn Outsourcing ist nicht notwendigerweise auf eine rein marktförmige bzw. Insourcing nicht zwangsläufig auf eine hierarchische Beziehung festgelegt, sondern eine Alternative stellen kooperative Organisationsformen dar.[280] Die Ergänzung und Erweiterung der eigenen Wertschöpfungskette durch flexibles Outsourcing und die Bedienung vorhandener Leerkapazitäten durch Insourcing gehören vielmehr zu den wesentlichen Aufgaben von Kooperationen.[281] Damit wird erreicht, dass sich jeder Partner auf die Wertschöpfung beschränkt, für die er die größte Kompetenz besitzt.[282] Als Prinzip für Kooperationen im Online-Vertrieb ergibt sich daraus die Nutzung von Vorteilen durch konsequente Spezialisierung auf die Wertschöpfung mit der größten vorhandenen Kompetenz.

---

[275] Vgl. Semlinger (1999), S. 49.

[276] Siehe hierzu Prahalad/Hamel (1990), S. 83.

[277] Siehe hierzu von der Oelsnitz (2003), S. 185.

[278] Siehe hierzu Ghoshal (1987), S. 434. Vgl. auch Thomé/von Kortzfleisch/Szyperski (2003), S. 44 sowie Engelhardt (1989); S. 147.

[279] Vgl. Picot/Neuburger (2002), S. 100.

[280] Vgl. Sydow (1992), S. 105f., der die synonymen Begriffe Internalisierung und Externalisierung verwendet.

[281] Vgl. Thomé/von Kortzfleisch/Szyperski (2003), S. 43 sowie Von Kortzfleisch/Szyperski (2001), S. 408.

[282] Vgl. Siebert (1999), S. 10 sowie von Kortzfleisch (2005), S. 8 ff.

Das setzt auf der einen Seite komplementäre Ressourcen der Partner voraus, auf der anderen Seite unterschiedliche Stärken-/Schwächenprofile, so dass durch die Zusammenlegung der Ressourcen Synergien entstehen.[283] Solche Kooperationen werden im Folgenden als *Closing Gap Allianzen* bezeichnet.[284] Daher muss die Unternehmung solche Ressourcen identifizieren, die sie dem Partner im Gegenzug zu den von ihm erhaltenen anbieten kann:[285] EISENHARDT/SCHOONHOVEN bringen es folgendermaßen auf den Punkt: „firms must have resources to get resources."[286] FREILING konstatiert, dass jeder Kooperationspartner mindestens eine wesentliche Ressource mitbringen und damit zur Lösung des Ressourcenengpasses beitragen muss.[287]

Eine gezielte Spezialisierung findet man beispielsweise im Reisemarkt: Expedia, einer der größten Reiseanbieter im Internet, bietet seinen Kunden Hotels und Mietwagen nur durch Kooperationspartner an.[288]

Gemäß dem Resource-Dependence-Ansatz sind Unternehmungen daher auch nicht autonom, sondern eingebunden in ein Netzwerk von Beziehungen zu anderen Unternehmen, wodurch sie in ihrer Handlungsfreiheit eingeschränkt sind.[289] Abhängigkeit gepaart mit der Unsicherheit, wie die Partner, von denen man abhängig ist, handeln könnten, birgt die Gefahr, dass die Unternehmen die Kontrolle über das eigene Überleben und den zukünftigen Erfolg verliert. Die Interviewpartner von Alpha 8 räumte beispielsweise ein, dass in den ersten Jahren der Gründung zwar mit Partnern neue Zielgruppen erreicht wurden, aber die Bedingungen, die die Partner diktieren konnten für die Unternehmung so schlecht waren, dass neue Kunden nur zu sehr hohen Kosten akquiriert werden konnten.[290] Deshalb musste das Management reagieren. Man wollte selbst Herr der Lage sein und externe Interdependenzen steuern. Unternehmen streben daher nach konstanten Ko-

---

[283] Zur ausführlichen Darstellung siehe Freiling (1998), S. 27 ff.

[284] Siehe von der Oelsnitz (2003), S. 194 sowie Freiling (1998), S. 28. In der Literatur werden sie auch häufig X-Allianz genannt.

[285] Siehe hierzu Freiling (1988), S. 23.

[286] Eisenhardt/Schoonhoven (1996), S. 137.

[287] Vgl. Freiling (1998), S. 24.

[288] Vgl. Keckeisen (2002), S. 72. Von der TUI wird dagegen behauptet, dass der Unternehmung der Zukauf von eigenen Hotels, deren Betreiben nicht zu den Kernkompetenzen gehört, und der damit verbundene Flexibilitätsverlust große Probleme bereitet hat.

[289] Vgl. Pfeffer (1987), S. 26f und Sydow (1992), S. 196f.

[290] Vgl. Mangsel et al. (2003), S. 90.

operationsstrukturen, wobei jede institutionalisierte Kooperationsstruktur wiederum den Verlust von Autonomie nach sich zieht. Es entsteht eine paradoxe Situation: Kooperationen reduzieren zwar die Umweltunsicherheit aber auch die Autonomie der Organisation.[291] Die verlorene Autonomie müssen die Unternehmen durch eine Strategie wiedererlangen, in dem sie die Abhängigkeit reduzieren oder eine Gegenabhängigkeit entwickeln. Sie entwickeln Beziehungen zu weiteren Partnern, um die Macht einzelner Kooperationspartner zu durchbrechen. Oder sie erzeugen Anreize in Form von wichtigen Ressourcen für Partner, um ihrerseits Interdependenzen zu installieren. Je größer das Maß an Autonomie und Entscheidungsmacht eines Unternehmens, desto flexibler kann es auf eine verändernde Umwelt reagieren. Jeder zusätzliche bedeutende und reichweitenstarke Partner, die immer bekanntere Marke von Alpha 8 und die abnehmende Imitierbarkeit des Dienstes durch seine Größe, kehrte die oben beschriebene Situation zu Gunsten der Unternehmung langsam um.

Die Hauptaufgabe von Managern sehen PFEFFER und SALANCIK darin, die Unternehmen aus der Sichtweise eines Teils in einem Geflecht von Interdependenzen zu führen. „Prior to the exercise of choice, information about the environment and possible consequences of alternative actions must be acquired and processed. Once this is done, the choice is usually obvious."[292] Unternehmungen müssen so geführt werden, dass sie ihren Einfluss auf die im Wesentlichen aus Organisationen bestehende Umwelt verstärken, „through activities which either organize networks of relations or which bring dependencies inside the organizition."[293]

Als drittes Prinzip müssen Unternehmungen Spezialisierungsvorteile erlangen, um sich auf ihre Kernressourcen zu konzentrieren. Fehlende Ressourcen werden mit Hilfe von Kooperationen erlangt.

5.1.2.2 Aufbau/Erhalt eines marktlichen Effizienzdrucks

Eine weitere Quelle für Effizienzsteigerungen wird vom Autor darin gesehen, dass es in einer Kooperation im Gegensatz zu hierarchischen Organisationsformen prinzipiell die

---

[291] Siehe Pfeffer (1987), S. 26.
[292] Pfeffer/Salancik (1978), S. 155.
[293] Pfeffer (1987), S. 27.

Möglichkeit zum Austritt gibt.[294] Dadurch besteht gegenüber den Partnern ein Drohpotenzial, auch wenn dieses Druckmittel z.B. durch längerfristige Verträge in einer Kooperation geringer ist als bei der rein marktförmigen Kooperationsform.[295] Durch mehrere Kooperationspartner, die prinzipiell die gleichen Ressourcen bereitstellen können, erreicht man einen Wettbewerb unter seinen Partnern, durch den keiner der Partner eine Monopolsituation erlangen kann.[296] Es bleibt die eigene Unabhängigkeit gewahrt.

> Bei der Beschaffung, Entwicklung und Nutzung von Ressourcen ist daher prinzipiell darauf zu achten, dass es eine Möglichkeit gibt, die Kooperation zu beenden und auf andere Partner zurückzugreifen.[297]

Das lässt sich an Hand des oben genannten Beispiels verdeutlichen: Auch wenn die Unternehmung Expedia eine langfristige Zusammenarbeit mit seinen Partnern anstrebt, bestehen zu den Partnern jeweils Alternativen. Wollen die Partner das Geschäft mit Expedia behalten, müssen sie sich entsprechend kooperativ verhalten.[298]

Alleinig diesem Prinzip folgend müsste der Akteur fehlende Ressourcen ausschließlich über den Markt beschaffen, denn dort ist das Drohpotenzial am größten. Tatsächlich sollte der Akteur diese Variante der Ressourcenbeschaffung als Extremfall berücksichtigen. Jedoch werden im Folgenden weitere Prinzipien erläutert, die gegen eine marktliche und für eine hierarchische Beschaffung sprechen.

5.1.2.3 Reduzierung von Transaktionskosten

Eine Grundvoraussetzung für den Aufbau und die Aufrechterhaltung von Kooperationen bildet die Schaffung von Vertrauen, um den Kontrollaufwand zu senken und der Gefahr opportunistischen Verhaltens entgegenzuwirken.[299] Wie erfolgreich eine Unternehmung durch Kooperation die Stärken nutzen und die Schwächen ausmerzen kann, hängt davon

---

[294] Die prinzipielle Möglichkeit zum Verkauf von Unternehmensteilen löst keinen marktlichen Effizienzdruck aus, sondern schützt aufgrund des komplexen Verfahrens vor Marktdruck.
[295] Siehe hierzu Siebert (1999), S. 11.
[296] Siehe hierzu Siebert (1999), S. 12.
[297] Vgl. Zentes/Swoboda/Morschett (2003), S. 825.
[298] Vgl. Keckeisen (2002), S. 73.
[299] Vgl. Backhaus/Meyer (1993), S. 333.

ab, inwieweit sich die Partner aufeinander einstellen können.[300] Denn das beschriebene Drohpotenzial ist nicht mehr notwendig, wenn es gelingt, zum Kooperationspartner eine langfristige, vertrauliche Beziehung aufzubauen. Eine Funktionsspezialisierung ist nur dann möglich, wenn man sich langfristig darauf verlassen kann, dass man die Ressourcen und Kompetenzen, die man nicht mehr selbst vorhält, von Kooperationspartnern auch tatsächlich in angemessener Qualität zur Verfügung gestellt bekommt. Eine langfristig vertrauliche Zusammenarbeit ermöglicht durch die Planungssicherheit höhere Investitionen und damit höhere *economies of scale*.

Viele Kosten, die durch die Beziehung mit einem Partner entstehen, fallen pro Partnerschaft an, unabhängig davon, wie lang die Beziehung Bestand hat. Zu diesen so genannten Transaktionskosten gehören[301]

- Anbahnungskosten (z.B. Gesprächsaufnahme, Leistungspräsentation)
- Vereinbarungskosten (z.B. Verhandlung der Konditionen, Erstellung eines technischen Pflichtenhefts)
- Anpassungskosten (z.B. Anpassung der IT-Landschaft)

Werden Kooperationen in kurzen Abständen beendet, um neue zu vereinbaren, steigen die Transaktionskosten im Vergleich zu langfristigen Koalitionen stark an.

Investitionen, die Kooperationen beispielsweise durch Verquickung der IT-Systeme verursachen, reduzieren zwar auf der einen Seite das Drohpotenzial, erhöhen jedoch andererseits das Vertrauen untereinander, da diese Investitionen bei einem Bruch verfallen würden.[302] Durch so genannte *credible commitments*, wie sie beispielsweise durch die Drohung der Mitglieder, das Fehlverhalten bekannt zu machen, entstehen, wird der Preis für opportunistisches Verhalten erhöht. Aus Rücksicht auf ihre Reputation unterlassen die Mitglieder der Kooperation opportunistisches Verhalten, wodurch das Vertrauen in die Beziehung auf Dauer gestärkt wird.[303]

Im ersten Moment scheint es sich bei dem Aufbau marktlichen Effizienzdrucks und einer langfristig vertrauensvollen Beziehung um sich gegenseitig ausschließende Prinzipien zu

---

[300] Vgl. Diller/Spinting (2003), S. 746.
[301] Vgl. Sydow (1992), S. 130.
[302] Vgl. Klein (2001), S. 276.
[303] Vgl. Klein (2001), S. 276; Szyperski et al. (1993), S. 199f.

handeln. In der Tat kann eine Investition Vertrauen schaffen, denn der Investierende ist an einer Amortisation interessiert, die sich erst im Zeitverlauf einstellt. Vom Partner kann die dadurch entstehende Abhängigkeit jedoch auch als Anlass zu opportunistischem Verhalten gesehen werden. Vertrauen stellt sich nicht durch den Vertragsschluss ein, sondern muss im Laufe der Zeit von beiden Seiten erarbeitet werden. In dieser Phase des Kennenlernens kann es durchaus sinnvoll sein, wenn sich die Partner jeweils die Grenzen der Partnerschaft aufzeigen. Darüber hinaus ist es sinnvoll, dass eine Balance bei den Investitionen existiert, so dass beide Partner etwa das Gleiche zu verlieren haben.[304] Erwartungsgemäß werden beide Seiten so handeln:[305] Nur solange ein Partner die von ihm geleisteten Beiträge nicht höher einschätzt als die empfangenen Ressourcen, wird er die Partnerschaft dauerhaft aufrechterhalten.[306] Für eine dauerhaft stabile und erfolgreiche Kooperation im Online-Vertrieb ist somit erforderlich, Synergien zu identifizieren, damit Zugewinne eines Partners durch die Kooperation nicht auf Kosten des anderen gehen.[307]

> Das fünfte Prinzip besagt, dass Unternehmungen die Anzahl der Kooperationen und Kooperationsanbahnungen minimieren müssen um unnötige Transaktionskosten zu vermeiden.

Im Beispiel von Expedia könnte die Anfangsinvestition beispielsweise darin bestehen, die Angebote der Partner eingehend zu überprüfen, bevor sie im Namen von Expedia

---

[304] Balance muss jedoch nicht heißen, dass beide genau identisch viel investieren, denn bei der Kooperation einer finanzstarken mit einer finanzschwachen Unternehmung, die darauf angewiesen ist, dass sich die Investition amortisiert, kann auch dann eine Abhängigkeit entstehen.

[305] Zur ausführlichen Darstellung siehe March, J.G./Simon, H.A. (1958), Laurent, M. (1996) sowie Borchert/Ursprung (2003), S. 66. Aus den in Kapitel 3 dargelegten Gründen wird diese Theorie hier nicht weiter vertieft. Da Anreize und Beiträge aber auch als angebotene oder benötigte Ressourcen betrachtet werden können, finden aus der Theorie ableitbare Handlungsimplikationen auch im *Resource-Dependence-Ansatz* Berücksichtigung, siehe hierzu Pfeffer/Salancik (1978), S. 43 ff.

[306] Vgl. Büttgen/ Lücke (2001), S. 35f.

[307] Vgl. hierzu Koppelmann, U. (1996), S. 62ff. Büttgen/Lücke weisen für das integrative Affiliate Marketing, eine bestimmte Form von Online-Kooperationen, eine Reihe von Anreizen und Beiträgen für unterschiedliche Aspekte (Branding-, Vertriebs-, Kosten- und Wettbewerbsaspekte) der Kooperation auf. Jeder Partner ist in der Lage, Beiträge zu liefern, um seinerseits Anreize entgegen nehmen zu können. Beiträge des Online-Shops können z.B. seine starke Marke oder im Fall von Alpha 1 eine Leistung sein, die das Angebot des Partners aufwertet. Zur ausführlichen Darstellung siehe Büttgen/Lücke (2001), S. 35f.

vertrieben werden. Die Partner müssten im Gegenzug für eine Integration ihres Angebots in die technische Infrastruktur von Expedia sorgen.

5.1.2.4 Nutzung von Größenvorteilen

Im Gegensatz zu marktförmigen Beziehungen, die durch sporadische Interaktionen gekennzeichnet sind, können in Kooperationen durch Integration von Prozessen, Organisationseinheiten und der IT-Systeme erhebliche Wettbewerbsvorteile gegenüber Nichtteilnehmern erreicht werden. Beispielsweise ist die Bündelung von Leistungen zweier oder mehrerer Anbieter zu einem Komplettangebot im E-Business nur durch eine informationstechnologische Integration der Warenwirtschaftssysteme möglich.[308] Mit Hilfe der heute vorhandenen IT-Strukturen bringen die Kooperationspartner ihre jeweiligen Fähigkeiten ein, um auf diese Weise die optimale Leistung für den Kunden zu erstellen, die er als von nur einem Anbieter erstellt empfindet.[309]

Voraussetzung der Integration ist die Integrationsfähigkeit. Bei selbstentwickelten IT-Infrastrukturen handelt es sich häufig um geschlossene Systeme, die nur sehr mühsam an die IT-Landschaft der Kooperationspartner angepasst werden können. Eine Standardsoftware bzw. eine auf Standards basierende Technologie mit üblichen Schnittstellen kann dagegen einfacher mit der Technologie eines Partners zusammengeschlossen werden.

Alpha 6 verfügt beispielsweise über eine Software, mit der sie auf einfachem Weg ihren Webshop in Webseiten potenzieller Partner integrieren kann, wobei es keine Rolle spielt, wie die Webseiten der Partner erstellt wurden. Somit erreicht der Anbieter seine Zielgruppe direkt über "Vertriebsfilialen" auf großen Portalen und auf Websites von anderen E-Commerce-Anbietern - analog zum dezentralen Prinzip eines Filialsystems.[310] Eine größere Investition in die Software ermöglicht damit eine einfache und kostengünstige Integration mit den Webseiten der Partner.[311] Mit Blick auf die Kunden verschafft die Integration verteilter Kernkompetenzen den Kooperationspartnern eine (virtuelle) Größe,

---

[308] In diesem Zusammenhang führten SZYPERSKI/KLEIN bereits 1993 den Begriff der Informationslogistik ein. Dabei geht es um die Steuerung und Koordination von Informationsströmen in der Unternehmung und mit ihrem Umfeld. Vgl. Szyperski/Klein (1993), S. 187.

[309] Vgl. von der Oelsnitz (2003), S. 197.

[310] Siehe hierzu auch Kaestner (2002a), S. 20.

[311] Vgl. auch Kaestner (2002b), S. h 23.

aufgrund der sie sogar mit etablierteren und auch größeren Unternehmungen konkurrieren können.[312]

Manche Ressourcen und Kompetenzen weisen *Skaleneffekte* auf, die beim Überschreiten eines bestimmten Niveaus überproportional ansteigen.[313] Solche auch als „asset mass efficiencies" bezeichneten Effekte sind im E-Commerce beispielsweise *Netzeffekte*, durch die der Nutzen der angebotenen Produkte und Leistungen für den Konsumenten mit zunehmender Verbreitung zunimmt.[314] Diese Form der Zusammenarbeit wird „Critical Mass Alliance" bezeichnet.[315] Zum Erreichen der kritischen Masse ist eine schnelle Diffusion notwendig.[316]

Das sechste Prinzip verlangt vom Unternehmen eine strukturelle und technische „Offenheit" um besser Größenvorteile in Kooperationen nutzen zu können. Größenvorteile müssen konsequent ausgeschöpft werden.

Während die Prinzipien „Nutzung von Spezialisierungsvorteilen" und der „Aufbau eines marktlichen Effizienzdrucks" eine große Zahl von Kooperationen erfordern, spricht die „Reduzierung von Transaktionskosten" eher für eine geringe Anzahl. Kooperationen können also einen positiven, neutralen und negativen Grenznutzen haben. Die optimale Anzahl der Kooperationspartner befindet sich da, wo die zusätzlichen Kosten einer Kooperation die zusätzlichen Erträge übersteigen.[317]

---

[312] Vgl. Thomé/von Kortzfleisch/Szyperski (2003), S. 44.

[313] Vgl. Habann (1999), S. 14.

[314] Mit zunehmender Nutzerzahl eines Netzwerks steigt dessen Attraktivität, wodurch sich wiederum die Anziehungskraft für weitere Nutzer erhöht, vgl. Schögel et al. (2002), S. 21 und Albers/Panten/Schäfers (2002c), S. 221. Netzeffekte werden bestärkt durch positive Rückkopplungseffekte, die durch die Möglichkeit, die Preise zu senken und dadurch eine größere Menge abzusetzen, entstehen, was den Abstand zum Wettbewerb weiter vergrößert, vgl. Latzer/Schmitz (2002), S. 126. Siehe hierzu auch Skiera (2000), S. 108. Ein typisches Beispiel ist eBay: Erst durch eine Vielzahl von Käufern und Verkäufern entsteht ein Markt, der funktioniert, siehe hierzu Rheinboldt/Guentert (2002), S. 61.

[315] Vgl. Freiling (1998), S. 28. Wie in den Ausführungen deutlich wird, ist die Critical Mass Alliance in diesem Fall nicht so bedeutend wie die Closing Gap Alliance. In der Literatur wird sie auch entsprechend Y-Alliance genannt.

[316] Vgl. Clement/Litfin/Peters (1998), S. 81.

[317] Für eine Reduzierung der Anzahl der Kooperationspartner auf das unbedingt notwendige Maß spricht dazu die Notwendigkeit, die Gefahr unkontrollierten Know-how-Abflusses und den Koordinationsaufwand zu begrenzen, vgl. Freiling (1998), S. 29.

Aus den Kooperationsprinzipien leiten sich Methoden ab, nach denen Kooperationen zum Erreichen der Kooperationsziele unternommen werden. Der folgende Abschnitt befasst sich mit Methoden von Kooperationen im Online-Vertrieb.

5.2 Methoden einer ressourcenbasierten Planung von Kooperationen im Online-Vertrieb

Methoden sind auf die gedankliche Lösung von Problemsituationen gerichtet und beschreiben die geplante Art und Weise des Vorgehens. Im Folgenden werden Methoden dargestellt, denen die Aufgabe zukommt, einen Orientierungsrahmen für nachgeordnete Entscheidungen bezogen auf die Organisation und die Realisation zu schaffen und damit den Einsatz unternehmerischer Aktivitäten auf die Erreichung der Ziele von Kooperationen im Online-Vertrieb hin zu kanalisieren.[318] Das Ergebnis ist ein Entscheidungsprogramm zur Planung von Kooperationen im Online-Vertrieb. Dieser Abschnitt baut insofern auf dem vorherigen auf, als Prinzipien die Bedingungen im Entscheidungsprogramm sind. Methoden bieten dagegen die Entscheidungsgrundlage dafür, welche Handlungsfolgen ausgeführt werden sollen. Zur Formalisierung des Entscheidungsprogramms eignet sich der Entscheidungsbaum, der zur Darstellung des hier vorliegenden Entscheidungsproblems herangezogen wird.[319]

Das Entscheidungsprogramm muss einen Weg aufzeigen, fehlende Ressourcen im Online-Vertrieb zu ermitteln und muss darlegen, wie diese Ressourcen für den gegenwärti-

---

[318] Eine schlüssige Strategie für Kooperationen im Online-Vertrieb ist nur dann die Grundlage für den Erfolg, wenn sie sich den (Online-)Vertriebszielen und damit den allgemeinen Unternehmungszielen unterordnet. Jede Kooperation muss erkennbar dazu beitragen, die übergeordneten Ziele des Unternehmens zu erreichen. Denn Kooperationen verursachen Kosten und bedürfen daher einer Legitimation, vgl. Gerhard (2003), S. 67.

[319] Der Entscheidungsbaum verdeutlicht sequentielle Abläufe von Entscheidungsprozessen; vgl. Szyperski/Winand (1974), S. 49 f. Die Knoten stellen verschiedene Zustände, die Kanten die jeweiligen Entscheidungen/Konsequenzen dar, siehe hierzu Bamberg/Coenenberg (2002), S. 273. Zur ausführlichen Darstellung siehe auch Eisenführ/Weber (2003), S. 38. Bekannt geworden ist der Entscheidungsbaum als „decision tree" im „Vroom/Yetton-Modell", vgl. Vroom/Yetton (1973), S. 186 ff. Das Vroom/Yetton-Modell bezieht sich auf die Frage der Teilung der Entscheidungsmacht seitens des Vorgesetzten mit seinen Mitarbeitern, siehe hierzu Vroom/Jago (1988), S. 54.

gen und zukünftigen Erfolg der Unternehmung beschafft oder erstellt werden können.[320] Der Aufbau dieses Abschnitts folgt der Reihenfolge dieser Aufgaben:
- Die Identifikation des Ressourcenbedarfs im Online-Vertrieb
- Die Beschaffung von Ressourcen und Kompetenzen durch einen Kooperationspartner[321]
- Die Entwicklung neuer Ressourcen und Kompetenzen gemeinsam mit Partnern.[322]

5.2.1 Identifikation des Ressourcenbedarfs im Online-Vertrieb

Bei der Identifikation des Ressourcenbedarfs wird ermittelt, welche Ressourcen benötigt werden, um die in Kapitel 4 festgelegten Ziele zu erreichen.[323] Gemäß der ressourcenbezogenen Prinzipien sind solche Ressourcen zu identifizieren, die über ein positives Nutzenpotenzial im Hinblick auf die Neukundengewinnung und Senkung der Kundengewinnungskosten im Online-Vertrieb verfügen und über die dauerhaft verfügt werden kann. Solche Ressourcen sind Kontakte zu Personen, die zu den potenziellen Käufern der Unternehmung gezählt werden können und solche Ressourcen, die potenzielle Käufer (dauerhaft) zu tatsächlichen konvertieren. Abbildung 11 stellt diesen Zusammenhang dar.

Um Ressourcen hinsichtlich ihres positiven Nutzenpotenzials für die Gewinnung von Neukunden zu bewerten, muss die Wirkungskette vom ersten Kontakt einer Person bis zum Kauf analysiert werden.[324]

---

[320] Die Kooperationsstrategie richtet das Handeln an den Erfolgsfaktoren für Kooperationen aus. Das sind diejenigen Einflussgrößen, die den Erfolg einer Partnerschaft maßgeblich determinieren, vgl. Hildebrandt (1988), S. 92. Vgl. auch Habann (2002), S. 161. Vgl. Hildebrandt (1988), S. 92 und Raffée/Eisele (1993), S.1. In der Literatur wird der Begriff „Erfolgsfaktor" mittlerweile sehr inflationär gebraucht. Synonym werden u.a. die Begriffe Einflussfaktoren, Einflussgrößen, Erfolgsdeterminanten und Erfolgskomponenten gebraucht; vgl. Müller (1999), S. 7. In Zusammenhang mit Kooperationen gilt eine Kooperation selbst als Erfolgsfaktor für eine Unternehmung und werden Kooperationen als Ursache für andere Erfolgsfaktoren der Unternehmung gesehen; vgl. Kollmann/Herr (2003), S. 100 und Büttgen (2003), S. 199.

[321] Siehe hierzu Hamel/Prahalad (1993), S. 80 f. sowie Duschek (2001), S. 180.

[322] Siehe hierzu Duschek (2001), S. 180.

[323] Hamel/Prahalad bezeichnen eine Ausrichtung der Ressourcen auf ein klares, langfristiges Ziel als wesentliche Managementaufgabe, vgl. Hamel/Prahalad (1993), S. 79. Siehe auch Rühli (1994), S. 48.

[324] Aus dem langfristigen Zielen ist ein sequentielles Verfolgen von Teilzielen herunterzubrechen, vgl. Hamel/Prahalad (1989), S. 68 sowie Hamel/Prahalad (1993), S. 79

In der Literatur werden viele solcher Wirkungsmodelle diskutiert, wobei das bekannteste das AIDA-Modell ist.[325] AIDA steht für die vier Phasen „Aufmerksamkeit" (attention), „Interesse" (interest), „Drang" (desire) und „Aktion" (action), die ein Konsument von der Ansprache bis zum Kaufakt durchläuft.[326] Möchte eine Unternehmung durch Kooperationen im Online-Vertrieb neue Kunden gewinnen, muss sie diesen Verlauf analysieren und feststellen, auf welche Ressourcen und Kompetenzen eines Partners zurückgegriffen werden muss.[327] Es erscheint somit plausibel, das AIDA-Modell heranzuziehen.[328]

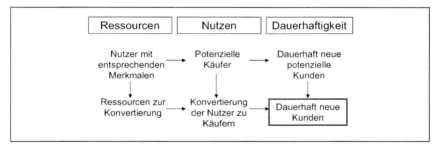

Abbildung 11:   Ressourcen zur dauerhaften Gewinnung neuer Kunden.

Damit der Prozess operationalisierbar wird, muss er in Teilschritte zerlegt werden. Ein derart dezidiertes Wirkungsmodell entwickelte MEFFERT auf Basis des AIDA-Modells

---

[325] Siehe Meffert (1991), S. 454 sowie Trommsdorff (1993), S. 46. Das AIDA-Modell beruht wie andere, ähnliche Wirkungsmodelle, wie z.B. das „Wirkungshierarchiemodell", das „Modell der Innovationsannahme" und das „Kommunikationsmodell" auf einer kognitiven, affektiven und konativen Phase. Zur ausführlichen Darstellung siehe Wiswede (1995), S. 284 ff. und Kotler/Bliemel (1992), S. 836 ff. Auf die kognitive, also wahrnehmende, die Erkenntnis betreffende Phase folgt die gefühlsbetonte Phase, die im Idealfall schließlich in die konative Phase, also zu einer Aktion führt, Vgl. Kotler/Bliemel (1992), S. 837. Für eine ausführliche Darstellung siehe auch Kroeber-Riel/Weinberg (1996), S. 586 ff. Durch alle Modelle zieht sich wie ein roter Faden die Erkenntnis, dass die oder der Umworbene von der Konfrontation mit der kommunikativen Botschaft bis zur Aktion mehrere Wirkungsstufen durchläuft, Vgl. Nieschlag/Dichtl/Hörschgen (1991), S. 580, Kroeber-Riel/Weinberg (1996), S. 587.

[326] Vgl. Kotler/Bliemel (1992), S. 837. „Aktion" ist in dieser Untersuchung der Kauf oder zumindest die Registrierung als Interessent in Form einer Anmeldung zu einem Newsletter, zu einem Gewinnspiel oder Vergleichbares.

[327] Bei Kooperationen im Online-Vertrieb beginnt der Prozess beim Partner und geht während des Prozesses auf den Akteur über.

[328] Siehe Goldschmidt/Junghagen/Harris (2003), S. 16.

als ein Flussdiagramm.[329] Abbildung 12 stellt dieses Modell in leicht abgewandelter Form dar.

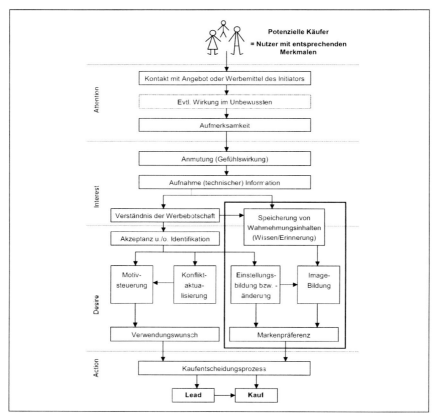

Abbildung 12: (Werbe-)Wirkungsmodell, Quelle: In Anlehnung an Meffert (1991), S. 455.

---

[329] Vgl. Meffert (1991), S. 455.

In den Interviews wurde deutlich, dass das AIDA-Modell zwar hinlänglich bekannt ist, aber abgesehen von einem Fall, sonst nur einzelne Phasen der Wirkungskette berücksichtigt wurden.[330]

Abbildung 12 verdeutlicht jedoch, dass der *gesamte* Prozess betrachtet werden muss, damit ein Kauf stattfindet. Ressourcen im Online-Vertrieb werden dann effizient eingesetzt, wenn der Nutzer den gesamten Prozess der Kaufanbahnung (dauerhaft) lückenlos durchlaufen kann. Die einzelnen Schritte können nicht isoliert voneinander betrachtet, sondern müssen aufeinander abgestimmt werden: Das thematische Umfeld muss zum potenziellen Kunden passen, der Content wiederum zum Umfeld, die Angebote zum Content und die Kooperations- und Transaktionslösung muss so beschaffen sein, dass sie tatsächlich eine Transaktion bewirkt.

Je höher der Nutzen jeder einzelnen Phase desto höher die Wahrscheinlichkeit einer Transaktion, wobei der Nutzen in einer Phase, einen mangelnden Nutzen in einer anderen Phase nur sehr bedingt substituieren kann. Jede Stufe ist vergleichbar mit einer Schleuse, durch die nur ein bestimmter Prozentsatz der Nutzer hindurchkommt. Damit stehen die Wahrscheinlichkeiten des Erfolgs der jeweiligen Phasen in einem multiplikativem Zusammenhang. Das bedeutet aber auch, dass nur eine einzige nicht erfolgreiche Stufe den gesamten Prozess zum Erliegen bringen kann, weswegen der Akteur alle Phasen berücksichtigen muss. Es nutzt ihm nichts, nur in einer Phase sehr erfolgreich zu sein, beispielsweise eine hervorragende Lösung zur Abwicklung von Transaktionen zu besitzen. Kann die Unternehmung beispielsweise in einer marktlichen Transaktion Sichtkontakte über Banner zwar zu einem günstigen Tausenderkontaktpreis (TKP) erwerben, wovon jedoch nur ein geringer Prozentsatz in einen Kauf mündet, sind die Kosten einer tatsächlichen Kundengewinnung sehr hoch. Alpha 3 konnte über verschiedene Affiliate-Programme verhältnismäßig günstig Nutzer auf die eigene Webseite holen. Offensichtlich waren es aber die falschen Personen, denn es konnten nur sehr wenige zum Kauf bewegt werden, wodurch die Conversionrate sehr gering und damit die Kosten je Kunden sehr hoch waren.

---

[330] Die Mehrzahl der untersuchten Akteuere förderten einzelne Schritte des Modells, beachteten dabei aber nicht die Gesamtheit und die Zusammenhänge des Modells.

Das Ziel der Neukundengewinnung wird also nur dann erreicht, wenn der Prozess vom Erstkontakt von potenziellen Kunden bis zum Kauf lückenlos durchlaufen wird. Das ist gegeben, wenn die oberste Konsequenz des in Abbildung 13: dargestellten Entscheidungsbaums erreicht wird.[331]

Abbildung 13 ist als Übersichtsgrafik der in Kapitel 5.2.1 dargestellten Entscheidungsbäume zu verstehen. Eine Übersicht des Entscheidungsprogramms mit allen Entscheidungsbäumen befindet sich im Anhang.

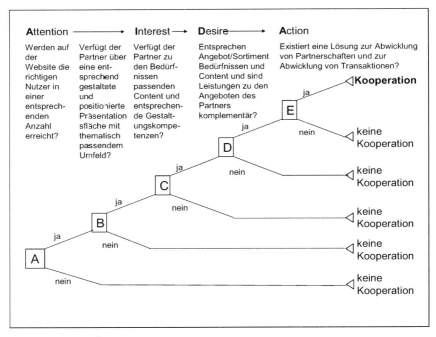

Abbildung 13: Übersicht: Entscheidungsbaum zur Identifikation von Ressourcen im Online-Vertrieb.

---

[331] Verfahren, um diesen Prozess lückenlos zu durchlaufen und den Nutzen jeder einzelnen Phase überprüfen, werden in Kapitel 6 dargestellt.

Ressourcenbasierte Planung von Kooperationen im
Online-Vertrieb 75

Die anderen Konsequenzen bedeuten, dass die Unternehmung nicht über ausreichende Ressourcen zur Neukundengewinnung verfügt und entsprechend handeln muss, indem sie entsprechende Ressourcen akquiriert. Den Ressourcenbedarf der untersuchten Unternehmungen stellt Abbildung 14 dar. Dieser Ressourcenbedarf ist beispielhaft für die jeweiligen Phasen zu verstehen und wird in den folgenden Abschnitten erläutert.[332]

Nutzen	Ressourcenbedarf
Attention	▪ Entsprechend gestaltete und positionierte Präsentationsfläche ▪ Thematisch passendes Umfeld ▪ Marke, mit der sich Nutzer identifizieren
Interest	▪ Den Bedürfnissen entsprechende Inhalte und Gestaltung ▪ Image der Marke
Desire	▪ Den Bedürfnissen und den Inhalten entsprechendes Angebot/Sortiment ▪ Zu den Angeboten des Partners komplementäre Leistungen ▪ Den Bedürfnissen entsprechender, zusätzlicher Content (Inhalte zur Konflikterzeugung und –beruhigung)
Action	▪ Lösung zur Abwicklung von Partnerschaften ▪ Lösung zur Abwicklung der Transaktion

Abbildung 14: Ressourcen bezogen auf die jeweilige Phase im Wirkungsmodell.

Die einzelnen Prozessstufen aus Abbildung 12 werden im Folgenden erläutert.

---

[332] Die Tabelle stellt Ressourcen dar, die für die Erreichung der Ziele für Kooperationen im Online-Vertrieb von Kooperationspartnern zu beziehen sind oder gemeinsam mit ihnen entwickelt werden müssen. Die hier aufgeführten Ressourcen wurden durch Anwendung der Wirkungsmodellanalyse in den Gesprächen mit den Interviewpartnern identifiziert. Es wurde Wert darauf gelegt, möglichst eine große Anzahl potenzieller Ressourcen, die zielführend wirken, zu ermitteln. Dabei kann nicht ausgeschlossen werden, dass es weitere gibt, die eine Unternehmung ggf. bei der Anwendung der Wirkungsmodellanalyse bezogen auf den eigenen Online-Vertrieb entdeckt oder die sogar erst bei der praktischen Umsetzung auffallen. Möglicherweise müssen zusätzliche Methoden entwickelt werden, um weitere wichtige Ressourcen zu erfassen, wie z.B. personelle Ressourcen des Partners. Denn eine Kooperation erfordert i.d.R. einen größeren Mitarbeitereinsatz als beispielsweise ein Bannerdeal.

5.2.1.1 Identifikation potenzieller Kunden

Kooperationen im Online-Vertrieb beruhen auf der Kooperation zweier Betreiber einer Webseite. Um potenzielle Kunden zu erreichen, muss der Akteur solche Webseiten identifizieren, die von den potenziellen Kunden besucht werden.[333] Je nach Geschäftsfeld verfügt der Anbieter über unterschiedliche Nutzer, weshalb sich eine Systematisierung gemäß der Geschäftsmodelle empfiehlt.[334] Hier wird der Unterscheidung zwischen den Geschäftsmodellen *Commerce, Content, Context* und *Connection* von WIRTZ gefolgt:[335]

- Commerce (prominente Anbieter sind z.B. *Amazon, Ebay* und *Otto*) basiert auf der Anbahnung, Aushandlung und/oder Abwicklung von Geschäftstransaktionen über das Internet.[336] Neben E-Commerce-Anbietern im oben definierten Sinne zählen hierzu auch (Konsumenten-)Marktplätze[337]
- Content (z.B. *Spiegel-Online, mp3.com, Jamba*) beinhaltet die Sammlung, Selektion und Systematisierung, Anpassung und Bereitstellung von Inhalten.
- Context (z.B. *Yahoo!, Google* und *Lycos*) liegen die Klassifikation und Systematisierung von im Internet verfügbaren Informationen zugrunde. Hierzu werden Suchmaschinen und virtuelle Shoppingmalls gezählt.
- Connection (z.B. *AOL, GMX* und *T-Online*) beruht auf der Erzeugung der Möglichkeit eines Informationsaustausches in Netzwerken. Hierzu zählen u. a. Internet Service Provider und Anbieter von E-Mail-Diensten.

Aus der Krise der vergangenen Jahre im E-Business ist E-Commerce als einziges Geschäftsmodell hervorgegangen, mit dem Unternehmungen, abgesehen von wenigen Ausnahmen, ohne Ausweitung der Geschäftsgrundlage profitabel werden.[338]

---

[333] Die Identifikation von Webseiten mit entsprechender Zielgruppe erfolgt über den Abgleich von Kriterien, die die eigene Zielgruppe charakterisieren. Zur ausführlichen Darstellung siehe Kapitel 7.2.

[334] Eine ausführliche Begründung dieses Vorgehens wird in Abschnitt 7.2.1 nachgeliefert.

[335] Vgl. Wirtz/Kleineicken (2000), S. 629 ff.

[336] Commerce ist das Geschäftsmodell der Akteure in dieser Untersuchung, dazu gehören auch Dienstleister wie z.B. Versicherungen.

[337] Diese Arbeit beschränkt sich auf die Endverbrauchermarktplätze.

[338] Siehe hierzu Albers/Panten/Schäfers (2002c), S. 214ff.

	Commerce	Content	Context	Connection
Commerce	Commerce-Anbieter erweitern gegenseitig das Sortiment: T-Mobile vertreibt Handys auf Karstadt.de	Contentseiten werden mit Shopangeboten erweitert: EP-Netshop auf Spiegel.de	Contextseiten werden mit Shopangeboten erweitert: Shoppingbereich mit externen Shoppartnern bei Yahoo.de	Webseiten von Connection-Anbietern werden mit Shopangeboten erweitert: Shoppingbereich auf T-Online.de und gmx.de
Content	Shopangebote werden mit Content angereichert	Content-Tausch zweier Content-Anbieter: Avanturo.de liefert den Content für den Versicherungsbereich von Onvista	Contextseiten integrieren Content: MSN.de integriert den Versicherungscheck von Avanturo	Connectionseiten integrieren Content: AOL integriert Wetterinformationen vom Deutschen Wetterdienst
Context	Shopping24 systematisiert verschiedene Online-Shops und bietet Suchhilfen	Ein Contentanbieter integriert eine Websuchmaschine	Yahoo integriert die Suchmaschine von Google.de	AOL integriert die Suchmaschine von Google.de
Connection	Karstadt.de bietet gemeinsam mit QSC einen DSL-Anschluss an	RTL bietet seinen Kunden gemeinsam mit Mediaways einen Internetanschluss an	Freenet bietet gemeinsam mit T-Online einen T-DSL-Anschluss an	Backbone-Anbieter kooperiert mit Wireless-LAN-Anbieter

Abbildung 15: Beispiele für die Verknüpfung der „C-Geschäftsmodelle" durch Kooperationen
Quelle: Büttgen/Lücke (2003), S. 91.

Unternehmungen, die die anderen Geschäftsmodelle verfolgten, mussten sich i.d.R. auf weitere Standbeine stellen, denn die ursprüngliche Haupteinnahmequelle entsprach nicht den Prognosen und Erwartungen.[339] Nach ALBERS/PANTEN/SCHÄFERS geht daher der Trend zu einer breit angelegten Erlösstruktur, die sich auf mehrere Erlösquellen stützt.[340] So entstanden bereits hybride Geschäftsmodelle, die in Abbildung 15 dargestellt sind. Große Anbieter wie *T-Online*, *AOL* und *Yahoo* haben ihre Geschäftsgrundlage gar auf alle Modelle gestellt.[341] Eine Ausweitung in das Geschäftsmodell E-Commerce auf eigene Faust ist jedoch mit erheblichen Investitionen verbunden und wurde daher sogar von den großen Anbietern gemieden.[342] Für E-Commerce-Anbieter resultiert diese Entwicklung in einem weiten Feld für Kooperationen im Online-Vertrieb: Der Content-, Context- oder Connectionpartner verfügt über potenzielle Käufer, denen die Leistungen des Commerce-Anbieters angeboten werden können.[343]

Gemäß den Prinzipien ist es dabei wichtig, dass dauerhaft nutzbringende Ressourcen in Form von potenziellen Kunden in Aussicht gestellt werden können.[344] Die Entscheidung zur Identifikation potenzieller Nutzer bildet Abbildung 16 ab.

Können auf der Webseite nicht genügend Nutzer erreicht werden, die potenziell zur Zielgruppe gehören, ist von einer Kooperation abzusehen (Konsequenz 3). Können zwar die richtigen Nutzer erreicht werden, aber ist nicht damit zu rechnen, dass sie dauerhaft angelockt werden, etwa weil es sich nur um ein kurzfristiges Thema handelt, ist ebenfalls von einer Kooperation abzusehen.[345] In diesem Fall könnte eine marktliche Transaktion, etwa ein Bannerkauf, zum Ziel führen (Konsequenz 2).

---

[339] Vgl. Wirtz/Kleineicken (2000), S. 631.ß

[340] Siehe Albers/Panten/Schäfers (2002b), S. 47. Die von Albers/Panten/Schäfers klassifizierten E-Commerce-Gewinner haben frühzeitig neue Erlösmodelle entwickelt, vgl. Albers/Panten/Schäfers (2002c), S. 220.

[341] Siehe hierzu auch Wirtz/Kleineicken (2000), S. 628 sowie Büttgen/Lücke (2003), S. 91 ff. und Krafft/Liftin (2002), S. 308 f.

[342] Kosten für Logistik, Warenwirtschaftssystem, Bedarfsermittlung usw.

[343] Vgl. Albers/Panten/Schäfers (2002c), S. 223 f.

[344] Die Zielgruppe muss dabei nicht unbedingt mit der Zielgruppe im stationären Handel übereinstimmen, sondern kann aufgrund der Gegebenheiten des Internet davon abweichen. Beispielsweise würde ein Versandhandel für Sanitätsware nicht in erster Linie die Zielgruppe der älteren Bevölkerung anvisieren, sondern sich im Internet stärker als im stationären Handel um die Zielgruppe jüngerer Personen mit Sportunfällen auf entsprechenden Seiten bemühen.

[345] Etwa wenn ein Content-Anbieter im Frühling ein Special zu Balkonpflanzen anbietet, mag zu dieser Zeit eine Kooperation für einen Anbieter entsprechender Leistungen sinnvoll sein. Wenn er jedoch in der übrigen Zeit des Jahres dort keinen Absatz findet, sollte statt einer Kooperation eine andere Transaktionsform, etwa das Schalten eines Banners, stattfinden.

Nur wenn dauerhaft potenzielle Käufer erreicht werden, sollte eine Partnerschaft ins Auge gefasst werden. In dieser Konsequenz muss in einem weiteren Schritt überprüft werden, welche Ressourcen benötigt werden, um die potenziellen Kunden auch tatsächlich zum Kauf zu bewegen.

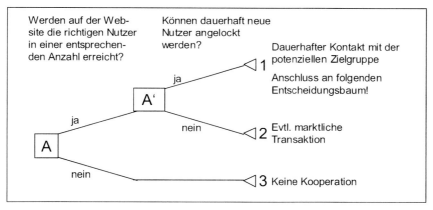

Abbildung 16: Entscheidung zur Identifikation potenzieller Nutzer.

5.2.1.2 Identifikation von Ressourcen zur Erlangung der Aufmerksamkeit potenzieller Käufer

Die Aufmerksamkeitsphase beginnt mit der Schaffung einer Kommunikationsbasis zur Übermittlung des Produktangebotes, mit der die Aufnahmebereitschaft der Person geweckt werden soll.[346] Dazu benötigt der Akteur Sichtkontakte bei seiner Zielgruppe in Form einer Präsentationsfläche.[347] Ob die Person dem Angebot des Akteurs jedoch auch seine Beachtung schenkt, hängt von verschiedenen Faktoren ab.[348] Aufgrund der vielen sonstigen Eindrücke, mit denen die Person im Internet konfrontiert wird, nimmt sie ihre

---

[346] Vgl. Kollmann/Herr (2003), S. 104.
[347] Vgl. Büttgen/Stachel (2001), S. 25. Je nach Größe, Gestaltung und Positionierung ist die Präsentationsfläche mehr oder weniger nützlich zum Erreichen der Aufmerksamkeit.
[348] Siehe hierzu Meffert (1991), S. 455 sowie Kuß/Tomcak (2000), S. 49 ff. Zu den weiteren Erläuterungen siehe ebenfalls Meffert (1991), S. 456 ff.

Umwelt sehr selektiv wahr.[349] Man geht davon aus, dass die zu beeinflussende Person vorrangig solche Botschaften bemerkt, die ihren momentanen Bedürfnissen, ihrer aktuellen geistigen Orientierung und ihrer Stimmungslage am besten entsprechen.[350] Die Präsentationsfläche muss demnach derart beschaffen sein, dass die Nutzer zu dem Angebot zumindest temporär einen Bezug haben.[351]

Damit die Person schon zu dem Zeitpunkt Interesse an dem Werbemittel hat, an dem es gezeigt wird, muss es zum thematischen Umfeld, in dem die Präsentationsfläche liegt, passen.[352] Eine unterstützende Wirkung auf die Aufmerksamkeit von Personen haben Marken.[353] Zusätzlich kann durch eine Ausschließlichkeitsvereinbarung eine Imitationsbarriere eingebaut werden. Durch die so entstehende Exklusivität wird die Nutzerschaft des entsprechenden Partners dem Wettbewerb entzogen.[354]

Die Entscheidung zur Identifikation von Ressourcen zur Erlangung der Aufmerksamkeit potenzieller Käufer stellt Abbildung 17 dar.

Verfügt der Partner nicht über das thematisch passende Umfeld oder kann keine den Bedürfnissen der Zielgruppe entsprechend gestaltete und positionierte Präsentationsfläche bereitgestellt werden, ist ebenfalls von einer Kooperation abzusehen (Konsequenz 3).[355] Denn das Resultat wäre, dass der Partner zwar über die richtige Zielgruppe verfügt, deren Aufmerksamkeit aber nicht erreicht werden kann. Darüber hinaus sollte sich der Akteur vor Eingehen der Partnerschaft davon überzeugen, dass die Ressourcen von Dauer sind. Als Gründe, die gegen eine dauerhafte Aufmerksamkeit der Nutzer auf der Webseite des Partners sprechen nannte Alpha 4 beispielsweise:

---

[349] Vgl. Kroeber-Riel/Weinberg (1996), S. 559. Schon in den achtziger Jahren wurde das Problem der Informationsüberlastung erkannt, vgl. Kroeber-Riel (1988), S. 118. Mittlerweile hat sich die Informationsflut auch durch das Internet potenziert, eine Kontaktaufnahme mit dem Konsumenten ist also deutlich schwieriger geworden.

[350] Vgl. Wiswede (1995), S. 267 sowie Meffert (1991), S. 456. Die „Wirkung im Unterbewussten" wird gestrichelt dargestellt, da sie zwar sehr stark vermutetet wird aber bis heute nicht eindeutig bewiesen ist, siehe hierzu Wiswede (1995), S. 289. Siehe auch Kroeber-Riel/Weinberg (1996), S. 589 f.

[351] Siehe hierzu auch Schwartz (1999), S. 79.

[352] Vgl. Weber/Rösger (2002), S. 92 sowie Kroeber-Riel/Weinberg (1996), S. 594.

[353] Zu den Funktionen von Marken siehe Fantapié Altobelli (2003), S. 345f.

[354] Vgl. Büttgen/Lücke (2001), S. 39.

[355] Allerdings ist hier in Einzelfällen eine Ausnahme zu machen. Denn wird die richtige Zielgruppe erreicht, kann ein Angebot trotzdem angenommen werden, beispielsweise können Golfkurse oder Zigarren möglicherweise erfolgreich auf Finanzseiten angeboten werden.

- Positionierung weiterer Angebote durch den Partner, so dass das eigene Angebot untergeht.
- Mangelnde Kompetenz des Partners, dauerhaft das thematisch passende Umfeld anzubieten.
- Website des Partners wird nicht regelmäßig aktualisiert, somit verlieren Nutzer das Interesse an der Webseite.
- Thema wurde nur vorübergehend angeboten und war kein Kernthema des Partners.

Im nächsten Schritt muss der Akteur überprüfen, ob entsprechende Ressourcen vorhanden sind, damit das Interesse der Nutzer gewonnen wird.

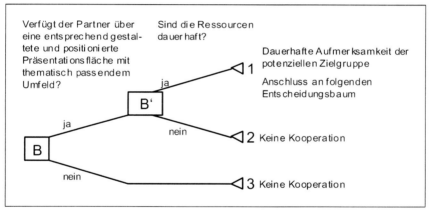

Abbildung 17: Entscheidung zur Identifikation von Ressourcen zur Erlangung der Aufmerksamkeit potenzieller Käufer.

5.2.1.3 Identifikation von Ressourcen zur Weckung des Interesses potenzieller Käufer

In dieser Phase geht es darum, aus der bloßen Wahrnehmung des Werbemittels durch den Nutzer sein Interesse an den Angeboten zu entwickeln. Wird er in dieser Situation mit Angeboten konfrontiert, die unmittelbar zu seinem Aufmerksamkeitsfokus passen, so lässt sich das vorhandene Involvement dazu nutzen, einen Kauf herbeizuführen. Beispielsweise können Finanzportale, bei denen vorwiegend Nutzer mit Interesse für Geldanlagen, Altersversorgung etc. zu erwarten sind, Kooperationen mit themenverwandten Content- oder Commerce-Anbietern eingehen, um ihren Kunden Zusatzleistungen (z.B. Rentenrechner oder Krankenkassenvergleiche) anzubieten, ohne diese Kompetenz selbst aufbauen zu müssen. [356]

Dazu sollte die Person in zielführender Weise vorbereitet werden. Wahrnehmungsprozesse werden durch Gefühlswirkungen begleitet.[357] Der potenzielle Kunde reagiert auf empfundene Stimmungen, emotionale Eindrücke, Erlebniszusammenhänge und Assoziationen.[358] Erst mit einer positiven Einstellung, die sich i.d.R. in der affektiven Phase entwickelt, beginnt die Person damit, thematische Informationen aufzunehmen.[359] Wird angenommen, dass der Verbraucher seine Entscheidungen überlegt trifft, ist bei der Gestaltung des Werbemittels zusätzlich darauf zu achten, dass die Informationsaufnahme ein Mindestmaß an Verständnis der Werbebotschaft beim Kunden voraussetzt.[360] Darüber hinaus könnte es zweckdienlich sein, technische bzw. sachliche Informationen anzubieten. Genießt der Partner das Vertrauen der Verbraucher, könnten durch ihn bereitgestellte Informationen aus Sicht des Verbrauchers glaubwürdiger sein als die des Akteurs.[361]

Das Involvement als ein Bestimmungsfaktor des Online-Shoppings kennzeichnet die „Ich-Beteiligung", d. h. das gedankliche Engagement und die damit verbundene Aktivierung, mit der sich jemand einem Sachverhalt oder einer Aktivität zuwendet.[362] In einer Situation der Internetnutzung ist davon auszugehen, dass der Anwender meist in hohem Maße gedanklich und/oder emotional engagiert ist und sich demzufolge auch in einem

---

[356] Das Versicherungsportal Avanturo beispielsweise lieferte solche Inhalte für den Versicherungsbereich von OnVista, Finanzen.net und das Microsoftportal MSN, vgl. Webering (2003), S. 56.

[357] Vgl. Kroeber-Riel/Weinberg (1996), S. 587.

[358] Siehe Wiswede (1995), S. 268. Es ist strittig, inwieweit derartige Anmutungen, die vor allem durch unthematische Informationen in Form von Bildern, Filmsequenzen usw. vermittelt werden, im Internet entwickelt werden können, vgl. Bachem (2002), S. 928. Im weiteren Verlauf der Arbeit wird untersucht, welche Möglichkeiten zur Emotionalisierung im Internet bestehen und durch Kooperationen im Online-Vertrieb umgesetzt werden können. Vgl. auch Kroeber-Riel (1988), S. 121 bzw. S. 142 f.

[359] Vgl. Backhaus (1999), S. 385, Homburg/Krohmer (2003), S. 624. Zur ausführlicheren Darstellung siehe Wiswede (1995), S. 299 f. Auch eine sehr schlechte Einstellung kann Interesse an einer Sache verstärken, sie führt aber nicht zum vorgegebenen Ziel.

[360] Siehe hierzu Meffert (1991), S. 456.

[361] Siehe auch Kollmann/Herr (2003), S. 105.

[362] Vgl. Kroeber-Riel/Weinberg 1999, S. 338.

Aktivierungszustand befindet. Dies wird einerseits durch das Medium selbst bewirkt, welches durch seine Interaktivität einen passiven Konsum (wie z.B. beim Fernsehen) verhindert.[363] Andererseits hat der Nutzer meist auch ein besonderes Interesse an den jeweiligen Inhalten und Aktivitäten, mit denen er sich dort beschäftigt (Situations-, Kontextinvolvement). Der Nutzer befindet sich in einem Zustand besonderer Aufnahmefähigkeit und -bereitschaft für bestimmte Reize und Informationen. Denn anders als beim Fernsehen, wo der Zuschauer passiv mit einem bestimmten Programm konfrontiert wird, klickt der Internetnutzer Webseiten aktiv an.

Eine entsprechende Gestaltung der Webseite ermöglicht, die Person mit affektiven oder kognitiven Mitteln an das Angebot heranzuführen, wobei auch hier wieder Marken eine Multiplikatorrolle spielen können.[364] Beispielsweise können entsprechende Informationen wie Reiseberichte, positive Erfahrungsberichte mit Produkten, Empfehlungen von anderen Personen eine positive Stimmung beim Verbraucher erzeugen.[365] Solche Einflüsse auf den potenziellen Kunden setzen allerdings voraus, dass der Partner über eine dazu notwendige solide Basis an Informationen über seine Nutzer verfügt.

In der Interessenphase teilt sich der Verlauf in einen direkt handelnden und einen speichernden Prozess.[366] Das Internet ist ein Vertriebskanal, der die Ausschöpfung der kom-

---

[363] Hierbei handelt es sich um das sog. Medieninvolvement, siehe hierzu Krober-Riel (1988), S. 98 f.

[364] Es wird deutlich, dass die Phasen nicht unbedingt nacheinander erfolgen sondern parallel bzw. iterativ und sich dabei gegenseitig verstärken, siehe hierzu Wiswede (1995), S. 284 f. und Meffert (1991), S. 456.

[365] Die Nachfrage nach solchen Ressourcen verdeutlicht nochmals, dass kooperative Beziehungen vorteilhaft sind bei wenig marktfähigen Leistungen, wie beispielsweise sehr spezialisierte Inhalte von Sportportalen, die einer ständigen funktionalen Erweiterung und inhaltlichen Aktualisierung bedürfen oder der Community-Gedanke im Vordergrund steht, wie z.B. auf den Webseiten von Sportvereinen, siehe hierzu Hess/Anding (2003), S. 142.

[366] Der in Abbildung 12 im Kasten dargestellte speichernde Vorgang beginnt mit dem Ablegen von Wahrnehmungsinhalten in Form von Wissen über das Produkt oder die Produktkategorie und Erinnerungen, z.B. in Form von einzelnen Bildern oder Eindrücken, zur ausführlichen Darstellung siehe Kroeber-Riel (1988), S. 121 ff. Mittel- bis langfristig, auch verstärkt durch weitere Impulse in Form von Kontakten mit dem Produkt, bildet die Person über die Imagebildung eine Präferenz für das Produkt, die im Idealfall zu einem Kauf führt. Der Verbraucher entscheidet sich nach einer von ihm entwickelten Bekanntheits- und Präferenzhierarchie, Vgl. Meffert (1991), S. 456. Dieser Prozess beruht nicht auf einer kontinuierlichen Entwicklung, sondern beschreibt einen Zeitraum, in der die Person immer wieder mit Werbemitteln des Anbieters in Kontakt gerät, bis am Ende möglicherweise der Kauf eintritt. Sowohl der Kontakt mit dem Werbemittel als auch der Kauf können im Internet aber auch auf herkömmliche Art und Weise stattfinden. Zwischen den Impulsen unterliegt die Person jedoch immer wieder anderen (externen) Einflüssen, welche diesen Prozess sehr störanfällig werden lassen und Raum für Konkurrenzangebote ermöglichen. In der Zeit vor dem E-Commerce war dieser Prozess jedoch, abgesehen von wenigen Ausnahmen, wie beispielsweise einer Point-of-Sale-Promotion-Aktion, der einzige mögliche Weg.

pletten Wirkungskette ohne Medienbruch ermöglicht – vom ersten Kontakt bis hin zum tatsächlichen Kaufabschluss.[367] Dieser Pfad (vgl. Abbildung 12, linke Seite), der sich mit dem Ziel der Neukundengewinnung deckt, wird an dieser Stelle weiterverfolgt: Wird erreicht, dass die Werbebotschaft von der Person verstanden und akzeptiert wird, dann können sich auch Wirkungen auf den motivationalen Bereich des Konsumenten ergeben.[368]

Eine Partnerschaft ist dann zu empfehlen, wenn der Partner über entsprechenden Content verfügt und auch in der Lage ist, solchen derart zu erstellen, dass dauerhaft potenzielle Kunden damit angezogen werden. Zu den Qualitätsanforderungen an Content gehören beispielsweise die Aktualität, die Einzigartigkeit und die Art der Aufbereitung.[369] Diese Ressource ist von Dauer, wenn die Partner über ein spezifisches Wissen verfügen, welches einzigartig ist, beispielsweise, weil sie es schon über Jahre angehäuft haben oder weil es sich aus einem Produktionsprozess heraus ergibt. Konsequenz eins in Abbildung 18 führt im weiteren Schritt zu der Überprüfung, ob Ressourcen zur Steigerung des Kaufwunsches existieren.

5.2.1.4 Identifikation von Ressourcen zur Steigerung des Kaufwunsches

Motive und Bedürfnisse stehen als situationsabhängige Hierarchie hinter werblich zu beeinflussenden Entscheidungen des Käufers.[370] Um eine Person zum Kauf zu bewegen, sind daher ihre relevanten Motive zu aktivieren.[371] Von Bedeutung ist das Ausmaß der Kompetenz, mit der es die Partner verstehen, durch die Art der Informationsaufbereitung eine Akzeptanz, positive Einstellung oder gar eine Identifikation der Person zu dem zu kaufenden Angebot herzustellen.[372] Motivsteuerung als Wirkungskriterium gilt als besonders Erfolg versprechend, wenn Motivkonflikte provoziert werden.[373] Danach wirkt ein Kaufreiz, wenn es gelingt, den Verbraucher mit einem entsprechenden Angebot in

---

[367] Vgl. Bachem (2002), S. 928.
[368] Vgl. Meffert (1991), S. 456.
[369] Zur ausführlichen Darstellung siehe Krohn/Tacke (2003), S. 183 ff.
[370] Vgl. Wiswede (1995), S. 188.
[371] Siehe hierzu Weber/Rösger (2002), S. 99 f.
[372] Zur ausführlichen Darstellung siehe Weber/Rösger (2002), S. 85 ff.
[373] Vgl. Meffert (1991); S. 457.

Konfliktsituationen motivational zu bestärken oder zu entlasten.[374] Beispielsweise könnten negative Erfahrungen anderer Personen (z.B. Krankheit kurz vor der Reise) dazu verleiten, eine Reiserücktritts- oder Auslandskrankenversicherung abzuschließen.

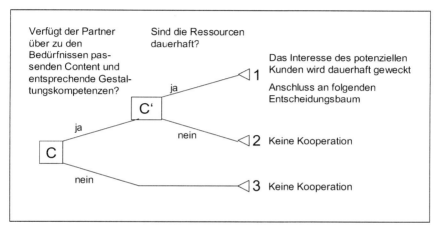

Abbildung 18: Entscheidung zur Identifikation von Ressourcen zur Weckung des Interesses von Konsumenten.

Positive Erfahrungsberichte könnten die Person bestärken, eine bestimmte Leistung in Anspruch zu nehmen. Die Kaufwahrscheinlichkeit wird gesteigert, wenn es gelingt, aus positiven Erfahrungen anderer Konsumenten einen Verwendungswunsch der mit den Informationen konfrontierten Person hervorzurufen. Dieser Prozess kann durch einen Imagetransfer vom Partner auf das Angebot des Akteurs begünstigt werden, der umso besser erreicht wird, je mehr der Kunde eine Zusammengehörigkeit der beiden Angebote wahrnimmt.[375]

---

[374] Siehe hierzu Trommsdorff (1993), S. 234 sowie Kroeber-Riel/Weinberg (1996), S. 570 f.

[375] Zur ausführlicheren Darstellung siehe Fantapié-Altobelli (2003), S. 358 f. Unter Imagetransfer versteht man eigentlich die Strategie, unterschiedliche Produktklassen erfolgreich unter einem Markennamen anzubieten und absatzpolitisch zu fördern, vgl. Schweiger (1978), S, 129. Imagetransfer kann aber auch von Produkt zu Produkt, von Anbieter zu Anbieter, sogar von einer Region auf ein Produkt oder einen Anbieter erfolgen, vgl. Kroeber-Riel/Weinberg (1996), S. 213 f.

Dem vorherrschenden Trend zur Individualisierung des Konsums kann durch persönlich zugeschnittene Produkte Rechnung getragen werden.[376] Auch hier gilt, dass ein Vertrauensvorschuss, den der Partner aus Sicht des Verbrauchers genießt, auf die Informationen übertragen werden sollte, was möglicherweise besser gelingt, wenn diese Informationen vom Partner kommen.

Somit ist in dieser Phase zu prüfen, ob das eigene Angebot komplementär zu den Leistungen oder dem Content des Partners ist. Dabei ist zu berücksichtigen, dass – wie in Abbildung 19 dargestellt - die Komplementarität dauerhaften Bestand hat. Beispielsweise könnte eine Kooperation mit *Tchibo* dadurch scheitern, dass das Non-Food-Angebot permanent wechselt und ein Zusammenhang der Leistungen nicht dauerhaft hergestellt werden kann.[377]

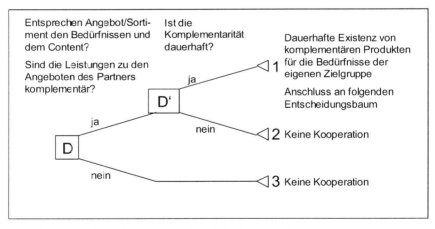

Abbildung 19: Entscheidung zur Identifikation von Ressourcen zur Steigerung des Kaufwunsches.

---

[376] Vgl. Szyperski (1997a), S. 65.
[377] Vgl. Schrader (2005), S. 17 ff.

5.2.1.5 Identifikation von Ressourcen zum Auslösen einer Kaufhandlung

Betrachtet man die Aktionsphase, wird der Vorteil des Mediums Internet deutlich: Der direkte Weg des Kunden ohne Medienbruch von der ersten Aufmerksamkeit bis hin zum Kauf eröffnet die Chance der unmittelbaren, direkten Bedürfnisbefriedigung. Die Möglichkeit zum direkten Kauf ohne Medienbruch verringert den Wettbewerb mit anderen Angeboten. Selbst wenn der Kunde Informationen über Konkurrenzprodukte in seinem Gedächtnis gespeichert hat, ist der Akteur im Vorteil, denn der Kunde müsste erst Suchkosten in Kauf nehmen, um zu Angeboten der Konkurrenz zu gelangen.[378]

Der Verwendungswunsch wird nicht nur durch entsprechende Informationen auf der Partnerseite geweckt. Werden dort Komplementärgüter zu den Leistungen des Akteurs angeboten, wird durch den Kauf solcher Komplementärgüter unmittelbar der Kaufwunsch der Leistungen des Akteurs ausgelöst.[379] Solche Komplementärgüter können unabhängig voneinander oder als Leistungsbündel angeboten werden.[380] Beispielsweise kann eine Reiseversicherung für den Kunden optional oder direkt als Paket mit der Reise zu einem Pauschalpreis angeboten werden.

Je einfacher der Transaktionsprozess, desto geringer ist die Abbruchrate der Kunden.[381] Eine bessere Transaktionsabwicklung, bei der der Partner beispielsweise dem Akteur Daten bereits registrierter Nutzer zur Verfügung stellt, oder die im geschlossenen Benutzerkreis stattfindet, kann z.B. das Risiko für Forderungsausfälle senken.[382] Im Idealfall kann der Kunde die Leistungen direkt auf der Webseite des Partners erwerben, ohne die Webseite des Akteurs dafür aufsuchen zu müssen. Er muss somit nicht sein gewohntes Umfeld verlassen.[383] Im Extremfall kann der Kunde bereits beim Partner in den Prozess der Leistungserstellung einbezogen werden, beispielsweise durch die individuelle Zu-

---

[378] Vgl. Schwartz (1999), S. 73.

[379] Zur ausführlichen Darstellung siehe Schwartz (1999), S. 93 ff. Vgl. auch Lücke (2001), S. 86.

[380] Vgl. Kollmann/Herr (2003), S. 104.

[381] Siehe hierzu Arends (2001), S. 104.

[382] Das ist nur zulässig, wenn der Nutzer sein Einverständnis gibt, zur rechtlichen Gestaltung von Online-Kooperationen siehe Berengeno (2003), S. 445. Im E-Commerce ist nicht Betrug das größte Problem im Umgang mit unbekannten Neukunden, sondern die Zahlungsmoral und (aus Versehen) falsch eingegebene Daten, siehe hierzu Bock/Spiller (2001), S. iii f.

[383] Vgl. Büttgen/Lücke (2001), S. 35.

sammenstellung einer Musik-CD, was seinem Bedürfnis nach individuell auf ihn zugeschnittenen Produkten nachkommt.[384]

Bei den untersuchten Unternehmungen liegen die Ressourcen zur Abwicklung von Transaktionen und zur Durchführung von Partnerschaften in der Regel beim Akteur. Eine Kooperation ist nach Meinung der Interviewpartner jedoch nur dann sinnvoll, wenn die Technologien kompatibel sind. Eine aufwändige Integration lohnt sich allerdings nur, wenn die Partnerschaft dauerhaften Bestand hat, ein entsprechendes Volumen an Transaktionen erwartet werden kann und keine großartigen, die Kooperation betreffenden Änderungen der IT-Struktur erwartet werden. Wie Abbildung 20 zeigt, sollte eine Kooperation nur dann eingegangen werden, wenn eine Lösung zur Abwicklung von Partnerschaften und Transaktionen existiert und diese dauerhaft kompatibel zu den IT-Systemen der jeweiligen Partner ist. Aus Sicht des Akteurs muss er sich folglich Partner suchen, bei denen die ersten Schritte A-D mit „ja" beantwortet werden können und er selbst zu diesen Partnern eine dauerhaft kompatible Kooperations- und Shoppinglösung einsetzt.

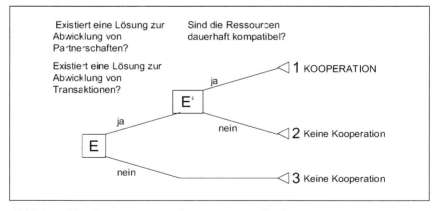

Abbildung 20: Ressourcen zur Steigerung des Kaufwunsches.

---

[384] Siehe hierzu Szyperski (1997b), S. 378. Beispielsweise individuell zusammengestellte Musik-CDs in einem kontextuellen Zusammenhang zur Partnerseite (z.B.: Jagdmusik, Karnevalsmusik oder Tanzmusik).

Falls es den Partnern gelingt, den dargestellten Prozess ununterbrochen zu beherrschen, also den Nutzer in keiner Phase mehr aus der Hand zu geben, kann er als Kunde nach dem Kauf wieder der ersten Phase „Attention" zugeführt werden. Beispielsweise indem er unmittelbar mit neuen Angeboten konfrontiert oder indem er in einen Newsletter aufgenommen wird.[385] Ein in diesem Zusammenhang sehr erfolgreiches Beispiel ist die Kaufempfehlung „Kunden, die dieses Produkt gekauft haben, haben auch jene Produkte erworben". Diese Strategie zur Vergrößerung der Warenkörbe, die beispielsweise *Amazon* sehr erfolgreich anwendet, könnte in einer Kooperation anbieterübergreifend genutzt werden. Bei *AOL* geht man sogar so weit, dass das AIDA-Konzept zu einem Kreislauf mit einer fünften Phase „Ownership" (Besitz) erweitert wird, wobei sich der Begriff auf den „Besitz" von Konsumenten(daten) bezieht.[386]

Nachdem die Ressourcen, die für einen erfolgreichen Online-Vertrieb notwendig sind, identifiziert wurden, muss der Akteur überprüfen, welche Ressourcen bereits vorhanden sind und welche beschafft oder erstellt werden müssen. Die kooperative Beschaffung und Nutzung wird im kommenden Abschnitt thematisiert.

5.2.2 Ressourcenbeschaffung durch Kooperationen im Online-Vertrieb

Ausgangspunkt der Betrachtung ist erneut die Ressource „Kundenkontakt", die der Akteur auf verschiedenen Wegen erwerben kann:
- über den Markt, indem er beispielsweise Banner schaltet,
- hierarchisch, z.B. indem er seine Webseite so optimiert, dass sie von Suchmaschinen gefunden wird.

Bei Kooperationen im Online-Vertrieb erhält der Akteur den Kontakt zu potenziellen Kunden auf den Webseiten seiner Partner. Ebenso kann der Akteur mit den Ressourcen der sich anschließenden Phasen (AIDA) verfahren, die im vorangegangenen Abschnitt erläutert wurden. Je höher der Nutzen der Ressourcen jeder einzelnen Phase ist, desto höher ist die Wahrscheinlichkeit einer Transaktion. Erhöht der Akteur den Nutzenanteil,

---

[385] Zur ausführlichen Darstellung siehe Weber/Rösger (2002), S. 103 ff.

[386] Vgl. Weber/Rösger (2002), S. 103 ff. Auf die fünfte Phase „Ownership" folgt wieder die erste Phase „Attention".

den er selbst beisteuert, steigert er den Nutzen für sich durch höhere Verkaufszahlen oder niedrigere Kompensationen an seine Partner.[387]

> Der Akteur erreicht folglich seine Ziele, indem er eigene Ressourcen zur Verfügung stellt und so die Kompensationen an den Partner verringert oder Verkaufszahlen erhöht. Daher muss er sich nicht nur über die Beschaffung fremder Ressourcen in Kooperationen Gedanken machen, sondern auch im Klaren darüber sein, welches seine eigenen Ressourcen sind, die als Gegenleistung in Betracht zu ziehen sind.

Die Literatur- und Fallstudienauswertung hat eine Liste an möglichen Gegenleistungen hervorgebracht. Zu solchen Ressourcen eines E-Commerce-Anbieters gehören demnach:

- Komplementäre Leistungen, die den Abverkauf von Leistungen des Partners unterstützen bzw. ermöglichen,
- Inhalte, die dem Partner zur Verfügung gestellt werden können, damit dieser sie nicht selbst erstellen muss,
- Informationen über Nutzer, die durch eine zielgruppenspezifischere Ansprache den Verkaufserfolg erhöhen,[388]
- Marken, die den Verkaufserfolg steigern,[389]

---

[387] Stellt er beispielsweise seinem Partner Content zur Verfügung, der in besonderem Maße die Aufmerksamkeit der Nutzer weckt, erhöht sich die Anzahl der Interessenten und damit die der potenziellen Kunden. Analog würde er bei gleichbleibendem Erfolg weniger Ressourcen des Partners benötigen und dementsprechend weniger Kompensationszahlungen leisten müssen.

[388] Informationen, die der Akteur über seine Zielgruppe besitzt, kann der Partner zu einer Verbesserung seines Angebots nutzen. Dieses Wissen über Kundenbedürfnisse in Verbindung mit der inhaltlichen Kompetenz des Partners können beide zu ihrem Vorteil nutzen, Vgl. Krohn/Tacke (2003), S. 197.

[389] Eine starke Marke strahlt auf das Angebot des Partners ab und erhöht darüber hinaus die Aufmerksamkeit bei potenziellen Kunden, siehe hierzu Fantapié-Altobelli (2003), S. 370f. Die Unterscheidungsfunktion von Marken sorgt dafür, dass sich die mit der entsprechenden Marke gekennzeichnete Leistung von anderen abhebt und so den Konsumenten die Wiedererkennung bzw. Identifizierung der Produkte ermöglicht wird, vgl. ebenfalls Fantapié-Altobelli (2003), S. 364. Starke Marken sind von dauerhaftem Nutzen, da sie durch Wettbewerber nicht imitiert werden können. Für den Besitzer ist die Marke dagegen in Grenzen reproduzierbar, z.B. durch einen Markentransfer auf das Angebot des Partners. Eine Imagewirkung muss dabei nicht zwangsläufig nur von einem guten zu einem schlechten bzw. gar keinem Image erfolgen, um es zu verbessern. Auch der Transfer von Imagekomponenten (z.B. mehr Sportlichkeit) oder eine gegenseitige Bestärkung in bestimmten Zielgruppen kann erreicht werden. Ein Beispiel für ein solches Co-Branding ist die Partnerschaft von Yahoo und der Deutschen Bank, bei der die Deutsche Bank eine Yahoo! Kreditkarte an ihre Kunden ausgibt. Yahoo profitiert von dem seriösen Image der Deutschen Bank, während die Deutsche Bank die Internetkompetenz und das jugendliche Image von Yahoo nutzt, siehe hierzu Fantapie-Altobelli (2003), S. 373. Eine bekannte Marke erleichtert den Eintritt in neue Geschäftsfelder, die mit den bestehenden aus Sicht der Kunden in Beziehung stehen. Versucht die Unternehmung

- Werbeflächen im Tausch,[390]
- Kooperations- und E-Commerce-Technologien.[391]

In Abschnitt 5.2.1.1 wurde herausgearbeitet, dass je nach Geschäftsmodell (Commerce, Content, Context und Connection), aus dem der Partner stammt, unterschiedliche Nutzer erreicht werden können. Im Folgenden wird analysiert, wie sich der Akteur basierend auf den eigenen Ressourcen und bezogen auf die unterschiedlichen Geschäftsfelder zu entscheiden hat.

Nutzen entsprechend der Ressourcenorientierten Prinzipien	Geschäftsfeld der Kooperationspartner und entsprechende Ressourcen			
	E-Commerce-Anbieter/ Marktplatz	Content-Websites	Shopping Malls und Suchmaschinen	Internet Service Provider und Anbieter von E-Mail-Services
Attention	Präsentationsfläche im Shopbereich	Präsentationsfläche im redaktionellen Bereich	Präsentationsfläche in entsprechender Kategorie	Präsentationsfläche in Weboberfläche
Interest	▪ Den Bedürfnissen entsprechende Inhalte, Gestaltung und Leistungen ▪ Image der Marke			
Desire	Komplementärgüter	Bedürfnisentsprechender Content	Güter, die das Sortiment vervollständigen	Individuell zugeschnittene Angebote
Action	▪ Lösung zur technischen Abwicklung von Partnerschaften ▪ Lösung zur technischen Abwicklung der Transaktion			

Abbildung 21: Beispielhafter Nutzen unterschiedlicher Kooperationspartner in den jeweiligen Phasen der Kaufentscheidung.

---

jedoch mit Hilfe der Marke im Empfinden der Kunden entferntere Geschäftsfelder zu erobern, riskiert sie eine Markenverwässerung, siehe hierzu Fantapié-Altobelli (2003), S. 360.

[390] Mit so genannten *Barterdeals* vereinbaren die Partner gegenseitige Bereitstellung von Werbeplätzen (Präsentationsflächen), vgl. Diekmann (2003), S. 372. Barterdeals sind allerdings auch von Wettbewerbern leicht zu reproduzieren, also substituierbar, wodurch kein dauerhafter Wettbewerbsvorteil entstehen kann. Die Substitution kann jedoch dadurch erschwert sein, dass der Akteur aufgrund besonderer Leistungen über eine spezialisierte Zielgruppe verfügt, die der Partner woanders nicht erreicht.

[391] Die Integration der Kaufabwicklung in die Webseite des Partners beispielsweise erhöht für den Partner die Attraktivität der Zusammenarbeit, da er seine Kunden nach dem Kauf behält und sie weiteren Bereichen seiner Webseite zuführen kann, vgl. Arends (2001), S. 104. Diese Ressource ist kein alleiniger, sondern die anderen unterstützender Anreiz für den Partner. Je nach technologischer Lösung kann die Integration flexibel durchgeführt werden.

Abbildung 21 stellt diese Ressourcen systematisch im Zusammenhang mit den Geschäftsmodellen und dem AIDA-Modell dar.

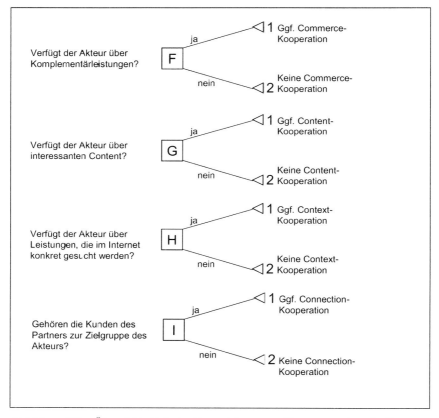

Abbildung 22: Übersicht: Entscheidungsbäume zur Ressourcenbeschaffung durch Kooperation im Online-Vertrieb.

Diese Entscheidungsbäume werden im Folgenden ausführlich dargestellt. Die unterschiedlichen Effizienzpotenziale, die aus den in Abschnitt 5.1 herausgearbeitet Prinzipien abgeleitet werden, stellt Abbildung 23 bereits dar.

5.2.2.1 Kooperationen mit E-Commerce-Anbietern und Betreibern von Konsumenten-Marktplätzen

Im Rahmen von Commerce-/Commerce-Partnerschaften erfolgt eine Zusammenarbeit, um Sortimente für Zielgruppen zu vervollständigen, wenn einzelne Anbieter nicht die Kompetenz haben, geeignete Warensortimente zusammenzustellen.[392] Verlangen Konsumenten nach vollständigen Sortimenten, gibt es entweder die Möglichkeit, das Prinzip der Funktionsspezialisierung aufzugeben oder mit anderen Anbietern zu kooperieren, die diese Lücke schließen können.

Ein Beispiel für solche Kooperation zeigt Alpha 7: Alle Bereiche, die nicht zum Kerngeschäft gehören, werden durch andere Unternehmungen abgedeckt.[393] Marktlicher Effizienzdruck wird dabei durch mehrere Partnerschaften mit Unternehmungen, die ähnliche oder identische Sortimente haben, erzeugt, damit eine Abhängigkeit von einzelnen Partnern vermieden werden kann.[394] Trotzdem muss das Ziel eine langfristige und vertrauliche Zusammenarbeit sein, denn die Integration der Partner erfordert technischen und organisatorischen Aufwand. Da der Kunde im beschriebenen Beispiel für Mängel des Partnerangebots dem Akteur die Verantwortung gibt, müssen z.B. Qualitätsstandards gewährleistet werden, die vor Verkaufsbeginn gründlich überprüft werden müssen.

Je nachdem für wie wichtig die Leistungen des Akteurs von den Konsumenten erachtet werden, können sie den Absatz des Partners unterstützen oder gar erst ermöglichen, wodurch eine finanzielle Kompensation reduziert werden kann.[395]

Eine Sortimentsvervollständigung, wie beispielsweise durch Kooperation angebotene Mietwagen bei einem Reiseanbieter oder eine Produktvervollständigung, wie z.B. durch eine Reiserücktrittsversicherung, schaffen ein attraktives Gesamtangebot und damit eine erhöhte *Kundenbindung*.[396]

---

[392] Vgl. Zentes/Morschett (2003), S. 234.
[393] Ein weiteres Beispiel ist OBI@Otto.
[394] Siehe Harrigan (2002), S. 639.
[395] Siehe hierzu Zentes/Morschett (2003), S. 234 f.
[396] Vgl. Keckeisen (2002), S. 72.

Mögliche Koopera-tionspartner	Mögliche Effizienzpotenziale *)			
	Funktionsspezia-lisierung	Marktlicher Effizienzdruck	Senkung der Tran-saktions-kosten	Größenvorteile
E-Commerce-Anbieter/ Marktplatz	Spezialisiertes Sortiment	Portfolio an Partnern	Technologische Integration	Mindestsortimentsgröße
Content-Websites	Content-Kompetenz und Commerce-Kompetenz verbinden	Umfassendes oder hochspezielles Content-Angebot	Optische Integration (Look&Feel)	Zielgruppenaggregation
Shopping-malls und Suchma-schinen	Komplementärgüter	Leistungs- und Sortimentsvervollständigung	Recommendersysteme	Zielgruppenaggregation/ Verbundkäufe
Internet Service Provider und Anbieter von E-Mail-Services	Kundenbindungskompetenz und Commerce-Kompetenz verbinden		Integration der Nutzerdaten/ Senkung von Forderungsausfällen	
	*) entsprechend der organisationsbezogenen Prinzipien			

Abbildung 23: Effizienzpotenziale der kooperativen Beschaffung und Nutzung von Ressourcen im Online-Vertrieb.

Solche Angebote des Akteurs könnten verhindern, dass Kunden des Partners zur Konkurrenz abwandern, weil sie dort ein vollständiges Produkt bzw. Sortiment erhalten.[397] Je nach Spezialisierung der Leistung des Partners ist diese Ressource für den Wettbewerb schwer zu reproduzieren, wodurch ein dauerhafter Erhalt realisiert werden kann.

---

[397] Ebenso ist eine starke Marke oder interessanter Content, womit der Partner sein Angebot gegenüber seiner Zielgruppe aufwerten kann, eine wertvolle Kooperationswährung, die eine finanzielle Kompensation reduzieren kann.

Closing-Gap-Allianzen schließen Lücken im Sortiment, Critical-Mass-Allianzen zielen dagegen auf eine Mindestsortimentsgröße ab, damit potenzielle Kunden das Angebot überhaupt in Erwägung ziehen. Die Partner erreichen eine virtuelle Größe, die sie allein nicht erreichen könnten. Handelt es sich um digitale Produkte, fließt jeder zusätzlich verdiente Euro (fast) vollständig in den Deckungsbeitrag: Je stärker der Grad der Digitalisierung, desto mehr profitieren die Unternehmungen von einem Wachstum an Nutzern.[398]

Transaktionskosten können reduziert werden, indem die Angebote der Partner technologisch integriert werden. Bei Marktplätzen erfolgt beispielsweise eine Anbindung an das Warenwirtschaftssystem. Alpha 6 verfügt über eine Software, mit der auf einfachem Weg der Webshop in Webseiten potenzieller Partner integriert werden kann.[399] Im Rahmen dieses E-Commerce-Vertriebskonzeptes lassen sich einzelne Produkte oder das gesamte Angebot des Online-Shops in die Partner-Website integrieren. Auf den Seiten von Beta 10 und *Neckermann* erreicht der Akteur auf diese Weise Kunden, die bereits erhebliche Kaufbereitschaft mitbringen.[400] Neben komplementären Leistungen können die Partner Informationen über die Zielgruppe austauschen, um das Forderungsausfallrisiko zu reduzieren oder um die Leistungen besser an die Bedürfnisse der Konsumenten anzupassen.

Die Entscheidung zur Kooperation mit anderen E-Commerce-Anbietern oder Konsumentenmarktplätzen stellt Abbildung 24 dar. Eine solche Kooperation ist nur sinnvoll, wenn die Unternehmung über Produkte verfügt, die zu anderen Produkten komplementär sind oder solche Produkte erstellt bzw. ins eigene Sortiment aufnehmen kann und wenn die komplementären Produkte auch über das WWW vertrieben werden.[401] Weiterhin muss untersucht werden, ob die eigenen Leistungen den Absatz des Partners fördern oder gar erst ermöglichen.[402]

---

[398] Vgl. Albers/Panten/Schäfers (2002), S. 217.

[399] Auch umgekehrt funktioniert das Prinzip: Mobile.de erweitert das Angebot auf der eigenen Webseite durch Kooperationen mit Anbietern von Gutachten, Versicherungen und Finanzierungen für Gebrauchtwagen. Damit erreicht Mobile.de auch Kunden, die nur dann kaufen, wenn sie für die Gebrauchtwagen ein Gutachten und/oder eine Finanzierung erhalten. Darüber hinaus erzielt Mobile.de zusätzliche Erlöse durch Provisionen, vgl. Sapre (2002), S. 168.

[400] Vgl. Kaestner (2002a), S. 20.

[401] Die Konsequenzen fünf und sechs lauten, dass keine Commerce-Commerce-Kooperation einzugehen sind.

[402] Die Fragen A und C können i.d.R. aufgrund von Erfahrungen im stationären Handel beantwortet werden.

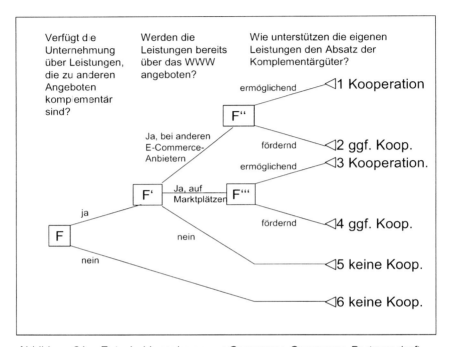

Abbildung 24: Entscheidungsbaum zur Commerce-Commerce-Partnerschaft.

Die Konsequenzen eins und drei bedeuten die besten Vorraussetzungen für eine Kooperation und legen eine Commerce-Commerce-Partnerschaft nahe. Auch die Konsequenzen zwei und vier bedeuten, dass eine solche Allianz sinnvoll ist. Je nachdem wie verkaufsfördernd die eigenen Leistungen sind, muss das Interesse des Partners an der Kooperation durch weitere Anreize (Branding, finanzielle Anreize usw.) geweckt werden.

5.2.2.2 Kooperationen mit Betreibern von Content-Websites

Betreiber von Content-Websites offerieren eine kommerziell vermarktbare Dienstleistung, die einem Kunden (z. T. personalisierte) Inhalte einfach, bequem, und visuell an-

---

Die Antwort von Frage B lässt sich leicht über Suchmaschinen im Internet ermitteln.

sprechend aufbereitet und zugänglich macht.[403] Dabei machen sie sich die Eigenschaft des Internet zu Nutze, sowohl Inhalte für eine breite Masse als auch für Nischenmärkte anzubieten.[404] Denn die Nutzung des Internets ist in vielen Fällen nicht (unmittelbar) auf einen Kauf ausgerichtet, sondern dient dazu, Informationen zu finden und sich weiterzubilden, mit anderen zu kommunizieren, zu spielen oder sich einfach die Zeit beim Surfen im Internet zu vertreiben.[405] Für E-Commerce-Betreiber ergibt sich dabei die Möglichkeit, auch solche Internet-Nutzer in Zusammenarbeit mit Betreibern entsprechender Webseiten als Käufer zu gewinnen.[406]

Der Einsatz von Werbebannern hat sich nach Aussagen der Interviewpartner dabei jedoch nicht immer als effektives und dadurch teures Marketing-Instrument herausgestellt. Erfolg versprechender erscheint es, Waren und Dienstleistungen unmittelbar im Kontext der jeweiligen Nutzung anzubieten und dadurch wesentliche, die Kaufentscheidung begünstigende Faktoren zu nutzen.[407] Das Ziel dieser Vorgehensweise besteht darin, Impulskäufe bzw. ungeplante Käufe hervorzurufen, welche auch im stationären Handel eine hohe Bedeutung haben.[408] Auf das Internet übertragen bedeutet das: Wird durch das thematische und visuelle Umfeld der jeweils genutzten Website ein Kaufreiz geboten, kann dieser unmittelbar eine Kaufreaktion auslösen. Bücher werden z.B. auf redaktionellen Webseiten passend zu den Themen wie Reisen, Sport, Politik oder Finanzen angeboten. Beide Kooperationspartner konzentrieren sich dabei auf ihre Kompetenzen: Der Content-Anbieter auf geeigneten Content, der Commerce-Anbieter auf das passende Produkt zur Zielgruppe und zum Thema des Partners. In enger Absprache müssen die Partner Content und Commerce abstimmen, um das treffende Produkt zum jeweiligen Kontext anzubieten.

---

[403] Vgl. Wirtz/Kleineicken (2000), S. 630. Zur ausführlichen Darstellung des Begriffs „Content" siehe Thies (2005), S. 10 ff.

[404] Siehe Thies (2005), S. 41 ff.

[405] Vgl. Diehl 2002, S. 52f. und 241ff.

[406] Siehe hierzu auch Holtrop (2003), S. 172.

[407] Zur ausführlichen Darstellung verkaufsbegünstigender Faktoren im Kontextbezug siehe Kroeber-Riel (1990), S. 289 ff.

[408] Es wird geschätzt, dass im stationären Handel 40-50 Prozent aller Käufe ungeplant sind, d. h. erst durch die Kaufsituation selbst ausgelöst wurden; vgl. Krober-Riel/Weinberg (1999), S. 404. Nach einer Studie an der Universität zu Köln, zu der über 500 Online-Shopper befragt wurden, hatten 90,5 Prozent den Kauf im Internet beabsichtigt; siehe hierzu Dach (2002), S. 199. Das Impulskaufpotenzial scheint somit überhaupt noch nicht ausgenutzt.

Darüber hinaus konstatiert FRITZ, dass trotz gegenteiliger Erwartung dem Online-Einkauf ein gewisses Erlebnispotenzial innewohnt, so dass es sich auch auf die beschriebene Weise erschließen lässt.[409] Empirische Studien weisen sogar nach, dass Online-Einkäufer eine höhere Erlebnisorientierung aufweisen als Einkäufer herkömmlicher Einkaufsweisen.[410] Ein Spontankauf im jeweiligen Nutzungskontext des Internet kann zudem durch weitere Faktoren begünstigt werden. Als wesentliche Bestimmungsfaktoren eines Online-Kaufs haben sich in verschiedenen empirischen Untersuchungen u. a. das wahrgenommene Risiko, das Involvement und die damit verbundene Aktivierung sowie Convenience-Aspekte herausgestellt.[411] Aus Sicht einiger Wissenschaftler hat das wahrgenommene Risiko die größte Erklärungskraft für das Tätigen oder Unterlassen von Online-Käufen.[412]

Um eine möglichst hohe conversion rate zu erreichen, sollte ein E-Commerce-Anbieter folglich bestrebt sein, Faktoren zu vermeiden bzw. abzuschwächen, die aus der Sicht des potenziellen Kunden ein Risiko darstellen. Der bloße Link auf das passende Produkt wird daher in der Regel nicht ausreichen, um die Aufmerksamkeit des Nutzers von seiner eigentlichen Beschäftigung abzulenken. Denn häufig findet genau dann ein Wechsel von der Contentseite zum Online-Shop statt, wenn das wahrgenommene Risiko am größten ist: beim Bestellprozess und bei der Eingabe der persönlichen Daten. Dieser Wechsel zu einem dem Käufer möglicherweise unbekannten Anbieter könnte eine Verunsicherung und damit einen Abbruch des Kaufprozesses bewirken. Nutzt man jedoch die Vertrautheit mit und das Vertrauen zu der dem potenziellen Kunden bekannten Webseite, könnte das wahrgenommene Risiko gesenkt werden. Dies gelingt umso besser, wenn Leistungen und Bestellprozess im Look&Feel der Website des Partners dargestellt werden, so dass der Nutzer eine Zugehörigkeit der Angebote zu der von ihm aufgesuchten Website empfindet. Auch das Marktforschungsinstitut Forrester Research plädiert dafür, das Produkt beispielsweise mit Bild, Texten, Flash- und Shopping-Applikationen direkt

---

[409] Siehe hierzu Fritz (2000), S. 132.
[410] Vgl. Loevenich (2002), S. 227 sowie Diehl (2002), S. 256 und 273.
[411] Zur ausführlichen Darstellung siehe Loevenich (2002); S. 107 ff. Nicht die Verbraucher sind bequem, sondern Erfolg hat, wer Verbrauchern Convenience bietet, vgl. Raab/Beckmann (2000), S. 9 sowie Dach (2002), S. 223.
[412] Vgl. Vellido/Lisboa/Meehan et al. 2000, S. 91.

in die Informationsseite zu integrieren.[413] Aus juristischen Gründen und um keine Verwirrung beim Kunden zu bewirken, muss jedoch im Bestellprozess und aus den AGBs hervorgehen, dass der Akteur der Transaktionspartner des Käufers ist.[414]

Als Tausch-Ressource kann der E-Commerce-Anbieter selbst Content zur Verfügung stellen. Durch die Einbindung attraktiven Contents des Akteurs kann der Partner für seine Nutzer einen Mehrwert schaffen und sein Angebot aufwerten.[415] Die Synergie entsteht dadurch, dass Content mehrfach verwendet werden kann und nur ein geringer Wertverlust durch Vervielfältigung anfällt.[416]

Beispielsweise stellt Alpha 2 der Webseite von Beta 1 ein Versicherungslexikon zur Verfügung und erreicht im Gegenzug die Zielgruppe des Partners als potenzielle Versicherungskunden. Beta 1 spart dadurch Geld bei der Erstellung von Inhalten für seine Zielgruppe. Darüber hinaus spielt für den Partner auch das positive Image und das damit verbundene Vertrauen in die Marke der Versicherung eine wichtige Rolle, die durch die Kooperation ihn abstrahlt. Wichtig ist jedoch, dass der Akteur das Prinzip der Funktionsspezialisierung beachtet und Content produziert, der für seine Partner (und deren Nutzer) einen möglichst großen Nutzen hat und von seinen Wettbewerbern nicht ohne weiteres substituiert werden kann. Der Vorteil des Akteurs erwächst daraus, dass er den Content, wie im Beispiel des Versicherungslexikons, mehreren Partnern zur Verfügung stellen kann, wodurch sich die Produktionskosten des Inhalts pro Partner-Webseite reduzieren.[417]

Ein weiteres Motiv der Zusammenarbeit mit Content-Anbietern ist das Erreichen einer sehr speziellen Zielgruppe. Beispielsweise erreicht die Versicherung auf die beschriebene Art und Weise Jäger auf Informationsseiten speziell für Jäger und Segler auf entsprechenden Webseiten wie z.B. Webangebote von Vercharterern von Yachten oder auf der Seite des Deutschen Seglerverbandes.

---

[413] Siehe hierzu Glos/Mutschler/Schuppener (2001), S. 4. Siehe auch Sevenval AG (2002), S. 4.
[414] Vgl. Berengeno (2003), S. 450 ff.
[415] Vgl. Fantapié-Altobelli (2003), S. 352 sowie Albers/Panten/Schäfers (2002c), S. 224.
[416] Vgl. Meyer/Specht (2002), S. 248 f. Verlust entsteht eher durch zeitlichen Verfall.
[417] Siehe hierzu Rühli (1994), S. 48.

Einen Schritt weiter gehen diejenigen Anbieter, deren Geschäftsmodell der Verkauf von Content ist und die ihren Content über Kooperationspartner verkaufen.[418] So integriert Visit-X seine Erotik-Angebote in die Webseite von RTL, und Alpha 7 übernimmt den Vertrieb der Finanzprodukte von Forium.[419]

Die Entscheidung zur Kooperation mit Content-Anbietern stellt Abbildung 25 dar.

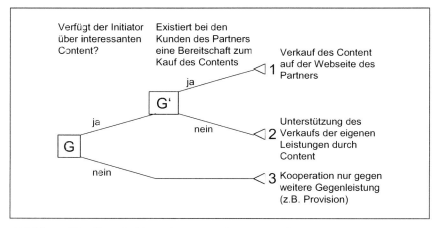

Abbildung 25: Entscheidungsbaum zur Commerce-Content-Partnerschaft.

Konsequenz eins bedeutet einen Verkauf des Contents über die Webseiten des Partners, Konsequenz zwei immerhin eine Unterstützung des Verkaufs der eigenen Leistungen auf der Webseite des Partners. Konsequenz drei ermöglicht eine Kooperation mit dem Content-Anbieter nur bei einer weiteren Gegenleistung i.d.R. als Provision. Diese Kooperation kommt einem Kauf von Werbeplatz gleich, kann aber sinnvoll sein, wenn im Kontext Produkte verkauft oder sehr spezielle Zielgruppen erreicht werden sollen.

---

[418] Zur ausführlichen Darstellung siehe Krohn/Tacke (2003), S. 177 ff.
[419] Siehe hierzu Albers/Panten/Schäfers (2002c), S. 223 f.

5.2.2.3 Kooperationen mit Betreibern von Shopping-Malls und Suchmaschinen

Context-Geschäftsmodelle kommen einer Klassifikation und Systematisierung von im Internet verfügbaren Informationen gleich. Ein bekanntes Beispiel ist die Suchmaschine *Google*, die Webseiten nach Eingabe von Suchbegriffen auflistet. Die Auflistung erfolgt gemäß der von *Google* festgelegten Priorisierung.[420] Auch Portale wie *Yahoo* und *Lycos* beruhten ursprünglich auf diesem Geschäftsmodell, in dem Webseiten nicht nur nach Suchbegriffen, sondern auch nach Themen systematisch geordnet werden. Die Geschäftsmodelle von *Lycos* und *Yahoo* waren jedoch zu Beginn überwiegend werbefinanziert, weswegen sich die Unternehmungen schon frühzeitig nach neuen Erlösquellen umschauen mussten. Sie etablierten beispielsweise virtuelle Shopping-Malls, in denen E-Commerce-Anbieter nach Produkten und Produktgruppen systematisiert werden, vgl. Abbildung 26.

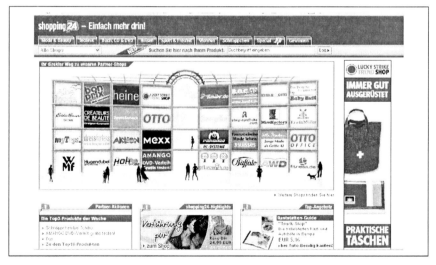

Abbildung 26: Elektronische Shopping-Mall „Shopping 24".

---

[420] Diese Suchbegriffe werden von Google auch versteigert. Doch hierbei handelt es sich gemäß der Definition in Kapitel 3.1 vielmehr um eine marktförmige als um eine kooperative Beziehung.

Hier trifft der Akteur bereits auf eine kaufbereite Klientel, die auf der Suche (nach Produkten, Informationen usw.) ist. Als Anbieter von häufig im Internet gesuchten Produkten und Leistungen kann daher eine Zusammenarbeit sehr sinnvoll sein.[421] Die Beziehungen sind jedoch eher als marktförmig, denn als kooperativ zu bezeichnen, weil die Contextanbieter sich zu festgelegten Preisen, in der Regel auf zeitlicher oder TKP-Basis, bezahlen lassen.[422] Daran konnte bislang auch eine starke Marke und ein komplementäres Angebot zu anderen Leistungen nichts ändern.[423] Eine intensivere Zusammenarbeit könnte jedoch beispielsweise durch attraktiven Content des Akteurs entstehen. Denn im Zuge der Ausweitung der Geschäftsfelder bieten Portale für ihre Zielgruppe heutzutage umfassenden Content an, für den hohe Kosten entstehen und daher dem Angebot von kostenlosem Content zugeneigt sein müsste. Die Scoutgruppe beispielsweise kooperiert mit ihren Themenscouts mit Kontextseiten und stellt dort ganze Kategorien (Immobiliensuche, Gebrauchtwagen, Partnervermittlung etc.) zur Verfügung.[424]

Eine wertvolle Kooperationswährung können darüber hinaus Informationen über die Zielgruppe sein. Darauf aufbauende Recommendersysteme, wie sie bereits von *Amazon* in relativ fortgeschrittenem Zustand, jedoch nur auf der eigenen Seite eingesetzt werden, können hier in Zukunft wertvolle Dienste leisten.[425] Solche Systeme werden ein weiterer Entwicklungsschritt der bereits beschriebenen Shoppingbereiche von Portalen sein, denn sie ermöglichen Verbundkäufe. Dadurch, dass das Portal die gebündelten Kaufinformationen über sämtliche mit ihm kooperierenden Anbieter hinweg erhält, kann es im Laufe der Zeit Nutzerprofile erstellen und wird nach einiger Zeit in der Lage sein, den Kunden individualisierte Produktbündel händlerübergreifend anzubieten.[426]

Eine Integration des Angebots, die den Vorteil hat, dass die Kunden im Angebot des Portals bleiben und somit erst Recommendersysteme ermöglicht, könnte ebenfalls die

---

[421] Manche Suchmaschinen veröffentlichen Rankings der Suchbegriffe.

[422] So Andreas Hörr, Marketingleiter der Yahoo! Deutschland GmbH am 24. April 2001 auf dem Hamburger Dialog 2001.

[423] Vermutlich sind das allerdings Faktoren, die zu einer Verbesserung der Verhandlungsposition führen, denn bestimmte Marken und Leistungen können vom Kunden als Grundvoraussetzung für den Besuch einer virtuellen Shopping-Mall gesehen werden.

[424] Vgl. hierzu Mangstl/Dörje (2003), S. 81 sowie S. 86 ff.

[425] Zur ausführlichen Darstellung siehe Gaul et al. (2002), S. 47 ff.

[426] Voraussetzung ist, dass der Nutzer dem zustimmt. Sein Anreiz ist ein auf seine Bedürfnisse genau abgestimmtes Angebot.

Verhandlungsposition des Akteurs verbessern. Ein solches Beispiel für integrierte Commerce-Context-Partnerschaften ist das bereits erwähnte Partnerprogramm von Alpha 4. Das Versicherungs-Portal vergleicht Versicherungen nach Leistungen und Tarifen und ermöglicht Verbrauchern dadurch eine transparente Übersicht über den Markt.[427] Dabei kooperiert die Unternehmung eng mit den Versicherungen, die ihre Informationen dem Anbieter zur Verfügung stellen. Alpha 4 wiederum stellt diesen Content in einem neunen Context anderen Webseiten in Kooperationen zur Verfügung. So können Nutzer von Finanzportalen wie z.B. *OnVista* bequem mehrere Versicherungen in der gleichnamigen Rubrik vergleichen und müssen dazu nicht zu Alpha 4 oder gar zu den jeweiligen Versicherungen surfen.

Der Vorteil einer Kooperation mit einem Context-Anbieter ist, dass der Akteur auf eine hohe Anzahl kaufwilliger Nutzer trifft, die auf der Suche nach einer bestimmten Leistung ist.[428] Allerdings muss hier mit einem hohen Wettbewerb gerechnet werden, der zum großen Teil über den Preis ausgetragen wird. Den Entscheidungsbaum zur Commerce-Context-Partnerschaft stellt Abbildung 27 dar.

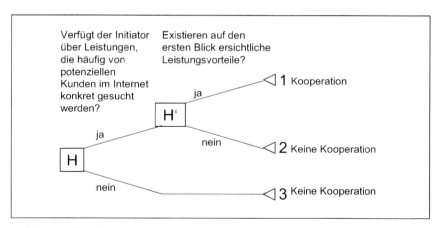

Abbildung 27: Entscheidungsbaum zur Commerce-Context-Partnerschaft.

---

[427] Für ein weiters Beispiel siehe Webering (2003), S. 56.

[428] In virtuellen Shopping-Malls ist das sehr wahrscheinlich, bei Suchmaschinen kommt es auf den Begriff an.

Wird die Leistung des Akteurs nicht über Suchmaschinen oder in Shopping-Malls nachgefragt (Konsequenz 3), etwa weil sie sehr speziell oder sehr neu ist, bietet sich eine solche Kooperation nicht an. Wird die Leistung zwar gesucht, existieren jedoch keine auf den ersten Blick ersichtliche Preis- und Leistungsvorteile gegenüber der Konkurrenz, ist eine Kooperation ebenfalls nicht sinnvoll, denn man setzt sich unnötig dem Wettbewerb aus. Beispielsweise entzieht sich Alpha 2 dem Wettbewerb über Versicherungsvergleiche im Internet, da ihr Vorteil in einer umfassenden Beratung und in einem großen Leistungsangebot liegt. Die Unternehmung nutzt das Internet für den Kundenkontakt und schließt Verträge nur nach persönlicher Beratung ab. Ein weiterer Vorteil ist z. B. auch ein leicht zu beschreibendes Qualitätsmerkmal (z.B. eine lange Garantiezeit).[429]

5.2.2.4 Kooperationen mit Internet Service Providern und Anbietern von E-Mail-Services

Grundlage des Connection-Geschäftsmodells ist die „Herstellung der Möglichkeit eines Informationsaustausches in Netzwerken".[430] Dazu gehören die Bereitstellung des Zugangs zum Internet, E-Mail- und Community-Dienste. Prominente Vertreter dieses Business-Modells sind *AOL*, *GMX* und *T-Online*. Auch unter diesen Anbietern hat es in der Vergangenheit eine Verlagerung der Aktivitäten gegeben. Ursache hierfür sind die gesunkenen Access-Preise und die Tatsache, dass Premium-Dienste nicht genug Nutzer von Kostenlos-Diensten zur Zahlung überzeugen konnten. Viele Anbieter expandierten in den Geschäftsmodellen Content und Connection, so dass die Erläuterungen in den entsprechenden Abschnitten auch hier zutreffen.

Connection-Anbieter haben für den Akteur den großen Vorteil, dass sie ihre Kunden langfristig binden und über sehr viele Informationen bezüglich ihrer Klientel verfügen.[431] Als Partner für Commerce-Anbieter haben sie beispielsweise den Nutzen, dass sie die tatsächliche Adresse des Kunden kennen, so dass unter ihren Kunden mit einer geringeren Forderungsausfallquote zu rechnen ist. Der Kunde kehrt immer wieder zu dieser Seite zurück. Gelingt es durch die Kooperation im Einverständnis des Kunden

---

[429] Eine Kooperation empfiehlt sich auch nur dann, wenn der Leistungsvorteil im Suchergebnis sichtbar wird.
[430] Wirtz/Kleineicken (2000), S. 629.
[431] Vgl. hierzu Bock/Spiller (2001), S. iii f.

seine Daten bei jedem Kauf zu verfeinern, erhalten die Partner eine Datenbasis, die es erlaubt, immer zielgruppenspezifischere Angebote zu platzieren.[432]

Begünstigt wird der Vertrieb auf den Webseiten von Connection-Anbietern durch die so genannte *Convenience-Orientierung* bei Kunden. Sie liegt dann vor, wenn Nutzer bestrebt sind, im Rahmen ihrer Einkaufsaktivitäten den Einsatz knapper Ressourcen wie beispielsweise ihre Zeit und physische sowie psychische Energie zu reduzieren.[433] Hieraus resultiert ein Kaufverhalten, das durch geringe Such- und Vergleichsaktivitäten geprägt ist, bei dem die Annehmlichkeit, Bequemlichkeit und Verfügbarkeit gegenüber finanziellen Aspekten im Vordergrund stehen.[434]

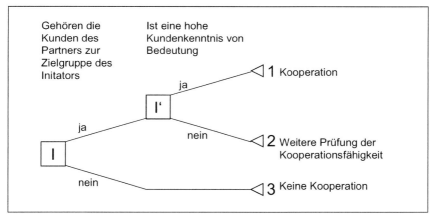

Abbildung 28: Entscheidungsbaum zur Commerce-Connection-Partnerschaft

---

[432] Ein innovatives, jedoch sehr umstrittenes Connection-Geschäftsmodell in diesem Zusammenhang verfolgt Google. Die Unternehmung möchte im Zuge ihres Börsengangs ihr Angebot um einen kostenlosen werbefinanzierten E-Mail-Service erweitern. Datenschützer bemängeln, dass E-Mails für den Zweck, dazu passende Werbung zu schalten, ausgelesen werden, siehe hierzu o.V. (2004c) und o.V. (2004d).

[433] Vgl. Loevenich (2002), S. 111. Im Prinzip geht es darum, Transaktionskosten, wie Suchkosten und Zeitaufwand, zu reduzieren, vgl. Loevenich (2002), S. 113. Laut einer Studie an der Universität zu Köln gehören die höhere Bequemlichkeit und der geringere Zeiteinsatz zu den wichtigsten Vorteilen des Online-Einkaufs gegenüber dem Einkauf im stationären Handel; siehe hierzu Dach (2002), S. 223.

[434] Siehe hierzu Meffert/Twardawa/Wildner (2001), S. 11 sowie Dach (2002), S. 140.

Die Relevanz der Convenience-Orientierung im Online-Shopping wird durch eine McKinsey-Studie unterstützt. Darin wurde ermittelt, dass zwischen 76 Prozent und 89 Prozent der untersuchten Online-Käufer ihre Internetkäufe auf der von ihnen zuerst besuchten Seite, welche i.d.R. die ihres Connection-Anbieters ist, tätigen.[435] Die Entscheidung zur Kooperation hängt schließlich davon ab, ob und inwiefern die Kunden des Partners zur Zielgruppe des Akteurs passen und eine hohe Kundenkenntnis für den Absatz bedeutend ist. Den Entscheidungsbaum stellt Abbildung 28 dar.

Die beschriebenen Partnerschaften beziehen sich auf die *Beschaffung* von Ressourcen der Kooperationspartner. Ein nächster Schritt ist die kooperative *Erstellung* von Ressourcen, denn sie wird in der Regel eine noch intensivere Zusammenarbeit verlangen.

5.2.3 Ressourcenentwicklung durch Kooperationen im Online-Vertrieb

„Alliance building strategies provide opportunities for alliance partners to gain competitive advantage for a product through the aggregation of different firm's skills in providing different attributes."[436] Solche gemeinsamen Ressourcen entstehen im Online-Vertrieb nicht nur durch eine kooperative Erstellung von Produkten und Leistungen. Die Zusammenarbeit kann sich auch auf die beschriebenen Phasen der Kundengewinnung beziehen. Abbildung 29 stellt den Ressourcenbedarf der Kaufentscheidungsphasen und Möglichkeiten zur Entwicklung gemeinsamer Ressourcen gegenüber.

---

[435] Vgl. Baker/Marn/Zawada (2001), S. 123.
[436] Bogner/Thomas (1996), S. 114.

Nutzen *)	Möglicher Ressourcenbedarf	Möglichkeiten zur kooperativen Entwicklung von Ressourcen
Attention	▪ Marke, mit der sich Nutzer identifizieren	▪ Co-Branding
Interest	▪ Den Bedürfnissen entsprechender Content und Gestaltung	▪ Kooperative Content-Entwicklung
Desire	▪ Den Bedürfnissen und dem Content entsprechendes Angebot/Sortiment ▪ Zu den Angeboten des Partners komplementäre Leistungen	▪ Leistungsbündel
Action	▪ Lösung zur Abwicklung von Partnerschaften	▪ Kooperative Entwicklung von CRM-Lösungen
	*) entsprechend der ressourcenbezogenen Prinzipien	

Abbildung 29: Ressourcenbedarf der Kaufentscheidungsphasen und Möglichkeiten zur Entwicklung gemeinsamer Ressourcen

Die kooperative Entwicklung ist als folgender Schritt in Kooperationen zu sehen. Dieser Schritt empfiehlt sich nur dann, wenn sich die Zusammenarbeit bereits bei der Beschaffung von Ressourcen bewährt hat. Denn wenn gemeinsame Investitionen getätigt, Marken beeinflusst oder Kundendaten ausgetauscht werden, bedarf es einer noch intensiveren und vertrauensvolleren Zusammenarbeit. Im Folgenden werden diese unterschiedlichen Möglichkeiten der kooperativen Entwicklung und Nutzung von Ressourcen im Online-Vertrieb erläutert. stellt die entsprechenden Entscheidungsbäume in der Übersicht dar.

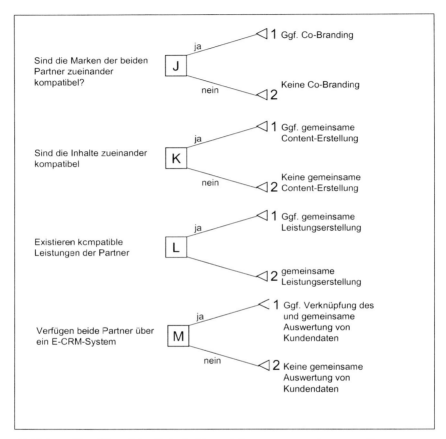

Abbildung 30: Übersicht: Entscheidungsbäume zur gemeinsamen Ressourcenentwicklung durch Kooperation im Online-Vertrieb.

Diese Entscheidungsbäume werden im Folgenden ausführlich dargestellt. Abbildung 31 stellt beispielhaft dar, welche Effizienzpotenziale dabei ausgeschöpft werden können.

Nutzen *)	Möglichkeiten zur kooperativen Entwicklung von Ressourcen	Effizienzpotenziale **)			
		Funktionsspezialisierung	Marktlicher Effizienzdruck	Senkung der Transaktions-kosten	Größenvorteile
Attention	Co-Branding	Transfer von Imagekomponenten		Überlagerung von Unklarheiten im Daten- und Konsumentenschutz	„Markenpower"
Interest	Gemeinsamer Content-Aufbau	Spezialisierung nach Inhalte-/Aufbereitungskompetenz	Flexible IT-Lösung	Automatisierte Contentintegration vs. händischer	
Desire	Kooperative Leistungserstellung	Erstellung von Anbieterübergreifenden Leistungsbündeln	Leistungs- und Sortimentsvervollständigung	Automatisierte, anbieterüber-greifende Aufnahme in Warenwirtschaftssystem	Erzielen von Netzeffekten
Action	Zusammenarbeit im CRM	Zusammenführung von Nutzer- und Nutzungsdaten		Senkung von Forderungsausfällen, Vereinfachung beim Kunden	Zusammenführung von Daten und Informationen über Zielgruppen

*) entsprechend der ressourcenbezogenen Prinzipien
**) entsprechend der organisationsbezogenen Prinzipien

Abbildung 31: Kooperative Entwicklung und Nutzung von Ressourcen im Online-Vertrieb

5.2.3.1 Co-Branding

Online-Kooperationen führen dazu, dass die beteiligten Partner je nach Ausgestaltung der Kooperation einen gemeinsamen Markenauftritt präsentieren, wodurch sowohl die Marke des Werbeträgers als auch die des Akteurs beeinflusst wird.[437] Das Ziel der Partner besteht darin, beide Marken zu stärken, denn die Marke gilt im Internet als einer der wesentlichen Faktoren für den Verkaufserfolg.[438]

Wie bereits geschildert, strahlen starke Marken auf das Angebot des Partners ab und erhöhen darüber hinaus die Aufmerksamkeit bei potenziellen Kunden.[439] Marken können Unklarheiten im Daten- und Konsumentenschutz überlagern, die mangelnde Überprüfbarkeit der Produkte vor dem Kauf und Unsicherheiten bei der Bezahlung durch Vertrauen auflösen, was eine Senkung der Transaktionskosten bedeutet.[440]

Co-Branding-Strategien gelten beispielsweise als Antwort auf die Flut der No-Name-Hersteller im Internet.[441] Alpha 2 setzt seine Marke gezielt ein und kooperiert mit Anbietern wenig bekannter Websites, die von dem Markenwert von Alpha 2 profitieren.

Darüber hinaus kann auch der Transfer von Image-*Komponenten* einer Marke sinnvoll sein. Einen solchen Imagetransfer bestätigt beispielsweise der Betreiber der bei jüngeren Kunden sehr beliebten Internetplattform Uboot.com Universal Communication Plattform (UCP), der eine Zusammenarbeit mit *T-Mobile* vereinbart hat. Während sich *T-Mobile* durch die junge Zielgruppe bei den Jugendlichen profilieren kann, profitiert Uboot.com von der Marke *T-Mobile* und dem Vertrauen, das diese Marke auszeichnet.[442] *T-Mobile* vertreibt Handys direkt im passwortgeschützten Benutzerkreis von *Uboot.com*.

---

[437] Vgl. Fantapié-Altobelli (2003), S. 352.

[438] Eine Erhebung unter etwa 1000 österreichischen Internetnutzern im Jahr 2000 zeigt beispielsweise die Bedeutung der Markenbekanntheit für die Kaufentscheidung: Für 49 Prozent der Befragten war die Bekanntheit des Händlers sehr wichtig bzw. wichtig, für immerhin 40 Prozent der Befragten war die Marke der angebotenen Produkte sehr wichtig bzw. wichtig, vgl. Latzer/Schmitz (2000), S. 302.

[439] Siehe hierzu Fantapié-Altobelli (2003), S. 370f.

[440] Vgl. Latzer/Schmitz (2000), S. 302.

[441] Vgl. Magerl (2003), S. 68. „Dass die Marken in der Krise sind, zeigt der als Werbung getarnte Hilferuf, der sich in dem aktuellen Slogan bündelt: >>Marke. Sonst kommt mir nichts in die Tüte<<, Magerl (2003), S. 68.

[442] Vgl. Arends (2001), S. 105.

Marken zeichnen sich durch äußerst geringe Marktfähigkeit aus, da der Aufbau langfristig erfolgt. Sie können nur unter hohem Aufwand unternehmungsintern entwickelt werden. Treten zwei Marken gemeinsam auf, ist die neu entstandene „Markenpower" umso schwieriger zu substituieren bzw. zu imitieren.

Auf der anderen Seite können sich Unternehmungen aber auch dafür entscheiden, die Marke gezielt in den Hintergrund treten zu lassen, um ohne Namen oder unter einem anderen Namen neue Kundensegmente anzusprechen. Beispielsweise könnten Versicherungsanbieter ihre Reiseversicherungen auf Webseiten von Billiganbietern günstiger anbieten, ohne dass die Marke in Erscheinung tritt und ein Imageschaden auftreten kann.[443]

Zunächst muss geklärt werden, ob die Marken von Akteur und Partner aus Sicht der Kunden zueinander kompatibel sind, sich also gegenseitig verstärken oder mit bestimmten Imageattributen ergänzen.[444] Weiterhin muss geprüft werden, ob durch Co-Branding tatsächlich ein zusätzlicher Nutzen geschaffen wird, etwa dadurch, dass der Partner auf Kompensationszahlung verzichtet, zusätzliche Kunden generiert werden oder ein positiver Imageeffekt der eigenen Marke erwartet werden kann.[445] Abbildung 32 stellt diesen Sachverhalt dar.

---

[443] Erst wenn der Kunde abschließen will, erfährt er, mit welcher Versicherung er einen Vertrag abschließt. So vermeidet die Versicherung eine Verärgerung von Kunden höherwertiger Reisen.

[444] Das kann an dieser Stelle nicht weiter ausgeführt werden. Zur weiterführenden Literatur dazu siehe u.a. Aaker, D.A. (1992); Berndt, R. (1995); Esch, F.-R./Wicke, A. (2001), S. 3-55; Fantapié-Altobelli, C./Sander, M. (2001); Hätty, H. (1989); Sattler, H. (1998), S. 473-495; Sattler, H. (2001) und The Boston Consulting Group/Gruner&Jahr AG (2000).

445 Zur Bewertung von Markenimages siehe u.a. Hätty, H. (1989); Keller, K.L. (2001), S. 1059-1080 und Sander, M. (1994).

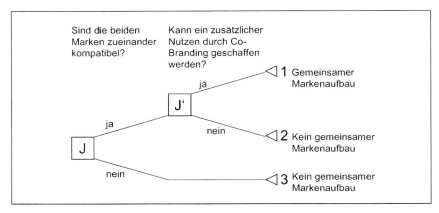

Abbildung 32: Entscheidungsbaum zum Co-Branding.

5.2.3.2 Gemeinsamer Content-Aufbau

Attraktiver Content ist einzigartig und somit (zumindest vorübergehend) vor Substitution und Imitation geschützt.[446] Nicht die Information selbst hat einen beständigen Wert, sondern die Kompetenz, geeignete Informationen zu produzieren, muss dauerhaften Bestand haben, um damit einen langfristigen Wettbewerbsvorteil zu erzielen. Unternehmungen können über solchen Content schon allein aufgrund ihrer Spezifität verfügen.[447] Content ist aufgrund der Digitalisierbarkeit bei entsprechender Infrastruktur zwar nahezu unbegrenzt reproduzierbar,[448] es kommt aber darauf an, inwiefern die Unternehmung in der Lage ist, aufgrund ihrer Spezifität dauerhaft marktwerten Content zu erstellen.[449] Eine hohe Flexibilität ermöglicht eine Anpassung der Inhalte an unterschiedliche Partner und Zielgruppen. Eine IT-Lösung, die eine solche Flexibilität ermöglicht, sorgt neben

---

[446] Vgl. Krohn/Tacke (2003), S. 197.

[447] Siehe hierzu Hess/Anding (2003), S. 153.

[448] Siehe hierzu Rösger/Hartung (2003), S. 260.

[449] Das kann beispielsweise eine Applikation sein, bei der der Nutzer spielerisch die Funktionen eines Handys erlernt. Auf diese Weise lernt der Nutzer das Handy schon im Vorfeld kennen und schätzen. Partner des Handy-Anbieters können mit dieser Applikation Kunden binden und den eigenen Supportaufwand senken, so T. Kaestner, Director eCommerce bei T-Mobile in einem Telefongespräch am 12. November 2003.

einem marktlichen Effizienzdruck (einfacher Wechsel der Partner) für eine Senkung der Transaktionskosten.

Die Zusammenstellung zielgruppenrelevanter Inhalte gehört zu den Kernkompetenzen der Werbeträger. Zwar können Inhalte grundsätzlich als marktfähige Ressource in marktförmiger Koordination erworben werden, sehr spezialisierte Inhalte werden jedoch kaum von Dritten angeboten. [450] In Closing-Gap-Kooperation mit E-Commerce-Anbietern können solche sehr speziellen Inhalte aufgrund der Spezifität der Unternehmungen, ihrer Erfahrung mit der Zielgruppe und möglicherweise schon vorhandenen Informationen gemeinsam erstellt werden. Der Akteur bringt dazu inhaltliche Ressourcen ein und profitiert von neuen Kundenkontakten, während der Partner seine Kompetenz, Inhalte kundengerecht aufzubereiten, einbringt und dafür im Gegenzug weitere Angeboten für seine Zielgruppe erhält.

Zunächst muss analysiert werden, ob der Content des Akteurs auch zu den Inhalten des Partners passt. Weiterhin muss der Content inhaltlich und in der Struktur den Bedürfnissen der Zielgruppe entsprechen.[451] Beispielsweise könnte ein Golf-Equipment-Anbieter vertiefende Informationen zum Thema „Golf" gemeinsam mit einem Anbieter von Golfreisen entwickeln. Den Entscheidungsbaum stellt Abbildung 33 dar.

5.2.3.3 Kooperative Leistungserstellung und -nutzung

Ein dritter Ansatzpunkt für Kooperationen im Online-Vertrieb zur Gewinnung von Neukunden stellt die Leistungsbündelung in Kooperation mit anderen Online-Anbietern, auch als Inter-Firm-Bundling bezeichnet, dar.[452] Jeder Partner stellt dabei seine Kernkompetenz zur Verfügung, wodurch einzigartige Leistungsbündel entstehen, die neuartige Bedürfnisse ansprechen und von Wettbewerbern noch schwieriger imitiert bzw. substituiert werden können.[453]

---

[450] Vgl. Hess/Anding (2003), S. 142.

[451] Grafiken dürfen nur dort verwendet werden, wo Grafiken bei der Zielgruppe erwünscht sind: Kompatibilität bezieht sich z.B. auch auf die Sprache und Ausführlichkeit von Texten.

[452] Vgl. Benkenstein/Beyer (2003), S. 719.

[453] Zur ausführlichen Darstellung siehe Priemer (1999a), S. 62 ff.

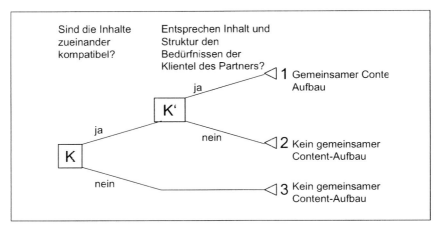

Abbildung 33: Entscheidungsbaum zum gemeinsamen Content-Aufbau.

Vorbild eines solchen Vertriebskonzeptes sind traditionelle Branchen, in denen Leistungsbündelung (Bundling) schon seit Jahren erfolgreich angewendet wird, wie z.B. in der Automobil-, Touristik-, Computer und Finanzdienstleisterbranche.[454] Das Konzept des *Bundling* setzt bei dem Grundgedanken an, umfassendere Bedürfniskomplexe der Konsumenten durch entsprechend zusammengeschnürte Leistungspakete zu befriedigen und somit einen höheren Kundennutzen zu stiften, wobei in einigen Fällen ein besonderer Kaufanreiz durch einen reduzierten Bündelpreis geboten wird.[455] Aus Sicht der Kooperationspartner dient dieses Vertriebskonzept dazu, Umsatzsteigerungen durch Abschöpfen vorhandener, aber bisher nicht genutzter Zahlungsbereitschaften bei den Konsumenten zu erzielen.[456] Zudem bietet Bundling die Möglichkeit, sich einer unmittelbaren Preisvergleichbarkeit zu entziehen, was gerade im E-Commerce ein entscheidender Vorteil sein kann, wo hohe Transparenz oft einen massiven Preiswettbewerb bewirkt.[457]

---

[454] Siehe hierzu Wübcker/Hardock (2001), S. 614 ff.
[455] Siehe Priemer (1999b), S. 2.
[456] Vgl. Gehrke et al. (2002), S. 346; Wübcker/Hardock (2001), S. 615.
[457] Vgl. Büttgen/Lücke (2003), S. 94.

Für die Realisation dieses Konzeptes muss zunächst festgelegt werden, welche Angebote in einem Bündel zusammengefasst werden sollen. Die Lösung dieses Problems stellt sich gerade im E-Commerce als sehr komplex dar, da im Internet quasi unbegrenzte Kombinationsmöglichkeiten von bestehenden Produkten und Anbietern existieren. Empirische Untersuchungen haben bestätigt, dass Produkte, die aus Kundensicht eine enge Verbindung zueinander aufweisen, z.B., weil sie einen umfassenden Bedürfniskomplex abdecken, als Leistungsbündel dem Kauf der einzelnen Bestandteile vorgezogen werden.[458] Solche kooperativen Leistungen können auch ein gemeinsamer Kundenservice sein, wie z.B. ein Bonusprogramm.[459] Im Beispiel der Kooperation von Alpha 1 mit Beta 6 kauft der Kunde bei Beta 6 ein elektronisches Gerät und kann direkt eine Garantieverlängerung mitbestellen, die von Alpha 1 angeboten wird. Dazu muss er nur das Produkt „Garantieverlängerung" mit in den Warenkorb legen. Müsste er erst nach dem Kauf auf die Webseite vonAlpha 1, dort die Garantieverlängerung suchen, seine Daten eingeben, sich den Preis berechnen lassen, würde seine Kaufbereitschaft aufgrund der hohen Suchkosten sicherlich deutlich sinken. Die Strategie von Alpha 1 ist es, mit einer kostengünstigen Leistung, die von potenziellen Kunden spontan gekauft werden, Neukunden zu gewinnen, diese kennen zu lernen und in später mit werthaltigeren Produkten zu versorgen.

Bei der Wahl der zu kombinierenden Produkte ist zu entscheiden, ob man allen Nachfragern einheitliche Bündel anbieten soll oder ob segmentspezifische oder gar kundenindividuelle Bündel zusammengestellt werden sollen.[460] Oft bestehen bestimmte Bedürfniskomplexe nur oder in besonderem Maße bei bestimmten Zielgruppen, so dass eine segmentspezifische Bündelung Erfolg versprechender ist.[461] Eine kundenindividuelle Zusammenstellung von Leistungsbündeln ist nur dann möglich, wenn umfangreiches, die Kaufhistorie und besondere Präferenzen des Kunden betreffendes Datenmaterial vorliegt, das mit vertretbarem Aufwand ausgewertet werden kann. Beispielsweise kann sowohl der Kundenhistorie von Alpha 1 als auch der Partner entnommen werden, wie häufig Garantien von Kunden in Anspruch genommen werden und dementsprechend könnte

---

[458] Vgl. Hermann/Huber/Coulter (1997), S. 104. Beispielsweise, weil er sich die Einzelleistungen nicht mehr zusammensuchen muss oder weil sie aufeinander abgestimmt sind.

[459] Siehe Benkenstein/Beyer (2003), S. 712.

[460] Zur ausführlicheren Darstellung siehe Priemer (1999b), S. 3.

[461] Vgl. Priemer 1999b, S. 3.

ein Algorithmus dynamisch Angebote und Preis gestalten. Durch die *Transaktionskostentheorie* wird deutlich, warum eine Kooperation die sinnvollste Organisationsform ist. Die eigene Erstellung (hierarchische Organisationsform) einer Garantieverlängerung birgt für den Händler ein zu großes Risiko, dafür fehlen ihm die Ressourcen sowohl finanzieller Art als auch in Form von Know-how zur Berechnung von Preisen und zur Abwicklung im Schadenfall. Dieser Aufwand würde die oben genannten Transaktionskosten übersteigen. Bei der marktförmigen Organisationsform müsste der E-Commerce-Betreiber höhere Vereinbarungs- und Anpassungskosten tragen, da er den Aufwand von Alpha 1 mit übernehmen müsste. Bei diesem Beispiel sind folgende Umweltfaktoren zu berücksichtigen: Die Erstellung der Leistung erfordert von Alpha 1 Investitionen in Form von konzeptioneller Erstellung des Produkts und Bereitstellung der technischen Infrastruktur. Kann diese Leistung von Alpha 1 nur wenigen oder gar einem Partner angedient werden, könnte der Partner diese Situation ausnutzen um die Konditionen zu seinen Gunsten zu ändern. Auf der anderen Seite könnte Alpha 1 Druck ausüben, sobald der Partner den Aufwand betrieben hat, seinerseits die IT-Landschaft anzupassen.

Im Rahmen einer Critical Mass Allinance (siehe oben) können konkurrierende Anbieter eine gemeinsame Leistung erstellen, die aufgrund von Netzeffekten ein kooperatives Vorgehen empfiehlt.[462] Ein Beispiel hierfür wäre ein Online-Musikportal mit einem speziellen softwarebasiertem Musikspieler, den im Wettbewerb stehende Plattenlabels zusammen anbieten, um einen Standard für Musikdateien mit Kopierschutz zu etablieren. Auch bei dieser Form der Zusammenarbeit muss zunächst die Kompatibilität festgestellt werden. Zusätzlich muss analysiert werden, ob ein Zusatznutzen für den Kunden durch die gemeinsam erzeugte Leistung erreicht werden kann. Abbildung 34 stellt den Entscheidungsbaum für eine kooperative Leistungserstellung und -nutzung dar.

5.2.3.4 Zusammenarbeit im Customer Relationship Management

E-Commerce hat gegenüber dem stationären Handel den Vorteil, dass Nutzungsdaten sehr detailliert aufgezeichnet und sehr einfach in den Zusammenhang mit Nutzerdaten gebracht werden können.[463] Das hat dazu geführt, dass sowohl E-Commerce-Betreiber

---

[462] Vgl. Freiling (1998), S. 27.
[463] Nutzungsdaten sind Informationen zum Nutzungsverhalten, also zum Surf – und Einkaufsverhalten während Nutzerdaten Informationen zu den Personen, also zu den Surfern bzw. Online-Kunden, sind.

als auch Werbeträger, Portale usw. ihre Systeme zur Datensammlung und –auswertung im Rahmen des eCRM erheblich ausgebaut und verbessert haben.[464]

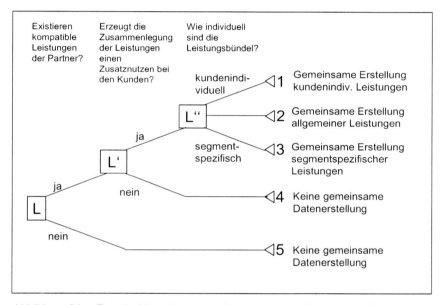

Abbildung 34: Entscheidungsbaum zur kooperativen Leistungserstellung und –nutzung.

Unter CRM wird das Management von Kundenbeziehungen verstanden.[465] Beim eCRM wird der persönliche Kontakt zwischen Unternehmung und Kunde durch elektronische Lösungen unterstützt oder ersetzt.[466] ZENTES/MORSCHETT gehen davon aus, dass Kooperationen im eCRM in Zukunft deutlich zunehmen werden, denn die Umsetzung ist we-

---

[464] eCRM = elektronisches Customer Relationship Management. Vgl. hierzu auch Zentes/Morschett (2003), S. 243. Zur ausführlichen Darstellung von CRM siehe Hippner (2004), S. 13 ff. sowie weitere Beiträge im selben Band.
[465] Siehe Benkenstein/Beyer (2003), S. 717.
[466] Vgl. E-Commerce-Center Handel Hg. (2001), S. 52.

sentlich einfacher und kostengünstiger als im stationären Handel, wo selbst dort bereits Händler ihren Lieferanten Einblicke in Kundendaten gewähren.[467]

Im Rahmen einer solchen Kooperation fließen Daten über das Surfverhalten auf Werbeträgern mit Informationen zum Kaufverhalten in Online-Shops zusammen und erlauben eine gemeinsame Auswertung von Nutzer-, Präferenz- und Bewertungsprofilen.[468] So können Nutzerpräferenzen schon auf der Seite des Partners erkannt werden. Interessiert sich eine Person beispielsweise für Grünpflanzen, können ihr entsprechende Produkte angeboten werden. Ist darüber hinaus bekannt, ob es sich um einen Hausbesitzer mit Garten oder um einen Mieter mit Balkon handelt, kann das Angebot entsprechend verfeinert werden. Darüber hinaus dienen Käufe als Grundlage für Empfehlungen an andere Personen mit ähnlichen Präferenzen bzw. Charakteristika. Aufgrund von Informationen über die Kaufkraft der Person und ihrer Preisbereitschaft können entsprechende Leistungen dynamisch zu bestimmten Konditionen angeboten werden. Kooperieren mehrere E-Commerce-Anbieter, können die Partner im Sinne einer Critical Mass Allinance durch den Austausch anonymisierter Daten insgesamt ihr Wissen über Zielgruppen und deren Kaufverhalten erweitern.

Kooperatives eCRM unterstützt die individuelle Ansprache des Kunden, was zu einer höheren Kundenloyalität führen kann und erschließt Cross-Selling-Potenziale. Beides resultiert in einer Steigerung des Gesamtabsatzes der Partner.[469] Persönliche Daten des Nutzers, wie beispielsweise seine Adresse, sein Name und seine Telefonnummern dürfen dabei nur mit seinem Einverständnis weitergeleitet werden.[470] Aus Bequemlichkeitsgründen wird er dem vermutlich zustimmen, beispielsweise dann, wenn er Daten bei sei-

---

[467] Siehe Zentes/Morschett (2003), S. 243 sowie Bouncken (2003), S. 390 f. Beispielsweise gewährt Tesco seinen Lieferanten bereits Einblick in Kundendaten, für weitere Beispiele siehe Zentes et al. (2002).

[468] Zur ausführlicheren Darstellung der Erhebungs- und Auswertungsmöglichkeiten siehe Strauß/Schoder (2000), S. 116.

[469] Vgl. Strauß/Schoder (2000), S. 114 f.

[470] Kunden haben in Deutschland das Recht, ihre personenbezogenen Daten zu ändern oder zu löschen. Da für sie der Überblick über die bereits abgegebnen Daten sehr aufwändig ist, besteht ein Anreiz, die Anzahl der Anbieter, denen personenbezogene Daten anvertraut werden, möglichst gering zu halten. Ein einmal angelegtes persönliches Konto ist bequem zu nutzen und senkt das Risiko, denn die Daten müssen nicht erneut durch das Netz übersendet werden, vgl. Latzer/Schmitz (2002), S. 116. Zur ausführlichen Darstellung der Datenschutzproblematik bei Online-Kooperationen siehe Berengeno (2003), S. 445 ff. Die deutsche Rechtsprechung untersagt die Sammlung und Verwertung von personenbezogenen Daten, die nicht im Zusammenhang mit einer konkreten Geschäftsbeziehung erfasst werden, vgl. Strauß/Schoder (2000), S. 117.

nem E-Mail-Service-Anbieter bereits hinterlegt hat und nun im Rahmen seines Einkaufes per so genanntem *one click shopping* seine Adressdaten dem E-Commerce-Anbieter übermittelt werden, damit er sie nicht erneut eintippen muss.[471] So werden die Transaktionskosten gleich doppelt gesenkt: die Kaufanbahnungskosten des Kunden und die Forderungsausfälle des Akteurs.

Zunächst muss geklärt werden, ob die Partner über eCRM-Systeme verfügen und ob sie zueinander kompatibel sind. Weiterhin muss, wie Abbildung 35 zeigt, die Entscheidung gefällt werden, ob aus den gemeinsam gewonnenen Daten ein Kundennutzen generiert werden kann und ob die Partner bereit sind, eine entsprechende Lösung umzusetzen.

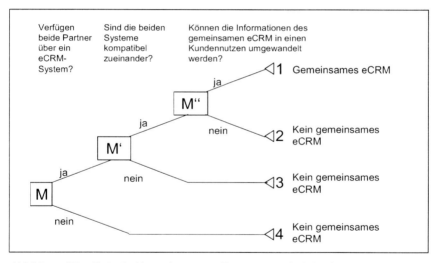

Abbildung 35: Entscheidungsbaum zur Zusammenarbeit im Customer Relationship Management.

---

[471] Theoretisch spricht auch nichts dagegen, denn die Daten müsste er dem E-Commerce-Anbieter sowieso anvertrauen. Hier könnte sich bei dem Kunden jedoch eine Dissonanz ergeben, wenn er sieht, wie einfach die Daten von einem Anbieter zu einem anderen übertragen werden können.

Als Konsequenz muss die Unternehmung allerdings prüfen, ob sie in der aktuellen Verfassung in der Lage ist, die anvisierten Kooperationen einzugehen oder ob Anpassungen vorgenommen werden müssen. Beispielsweise muss die Unternehmung über personelle Kompetenzen und Ressourcen wie über ein Kooperationsmanagement verfügen und muss geeignete technische Ressourcen wie bestimmte Softwarelösungen und eine technische Infrastruktur aufgebaut haben. RAFFÉE/EISELE empfehlen darüber hinaus die Überprüfung der Unternehmensphilosophie und –kultur.[472] Denn wie die Ergebnisse ihrer Untersuchung verdeutlichen, üben Philosophie und Kultur einen erheblichen Einfluss auf den Erfolg der Zusammenarbeit aus. Zu den Erfolgsfaktoren werden weiterhin eine ausgeprägte Marketing- und Mitarbeiterorientierung gezählt sowie eine flexible Organisation mit einer teamorientierten Kultur, die aufgeschlossen ist gegenüber neuen Werten, Kulturen und Ideen. Bei erkennbaren Defiziten empfehlen sie sogar die Korrektur der Unternehmensphilosophie und –kultur. Solch ein Schritt muss eng mit der Unternehmungsstrategie verknüpft werden und kann daher nach Auffassung des Autors nicht im Kompetenzbereich des Kooperationsmanagements liegen.

---

[472] Vgl. Raffée/Eisele (1993), S. 45.

5.3 Fallbeispiel: Ressourcenorientierte Planung von Kooperationen im Online-Vertrieb

Die digitale Fotografie entwickelt sich zu einem riesigen, wachsenden Markt.[473] Darüber hinaus verändert sie die Zugangs- und Vertriebskanäle im Gesamtmarkt zu den Kunden: Kunden können ihre Bilder von zu Hause oder über beliebig aufgestellte Terminals auf einen Server im Internet hochladen oder per CD versenden und somit den stationären Handel umgehen.[474] Von diesem Kuchen wollte sich Alpha 3 ein Stück herausschneiden, als der Dienst mit verschiedenen Angeboten rund um die analoge und digitale Fotografie ins Netz ging. Mit dem Webshop soll der Umsatz durch Druck und Versand von im Internet hochgeladenen Bildern, die Digitalisierung von Papierbildern und die Bedruckung von Accessoires, wie beispielsweise Tassen, T-Shirts, Mousepads und Puzzles, gesteigert werden. Neue Kunden werden dabei mit Kooperationen im Online-Vertrieb erreicht. Das Problem der erheblichen Kompensationszahlungen, die Partner bei solchen Kooperationen in der Regel verlangen, wollte man folgendermaßen lösen: Die Partner sollten nichtmonetäre Benefits erhalten, deren Wert sie höher schätzten als eine Zahlung, die der Alpha 3 die Erstellung dieser Benefits kosten würde. Das wollte die Unternehmung erreichen durch

- Nutzung vorhandener, skalierbarer Ressourcen,
- Erstellung neuer Ressourcen, die Alpha 3 günstiger produzieren kann als ein einzelner Partner.

Zu den Ressourcen von Alpha 3 gehört ein webbasierter und mobiler Bilderdienst, mit dem Bilder heruntergeladen oder als Ausdruck auch auf Accessoires versendet werden

---

[473] Der gesamte Fotomarkt wächst nach Schätzungen des Verbandes auf rund 8 Mrd. Euro - trotz Rückgang beim Absatz von analogen Filmen und Kameras. Im Weihnachtsgeschäft 2002 wurden bereits mehr digitale als analoge Kameras verkauft. Der Zuwachs bei digitalen Bildern, die von Großlaboren gefertigt werden, stieg im 1. Quartal 2004 um ca. 300 Prozent gegenüber dem vergleichbaren Vorjahreszeitraum (2003: 500 Millionen Colorprints von digitalen Bildern sowie 4,3 Milliarden auf Filmbasis, vgl. o.V. (2004d)).

[474] Nach Einschätzung von Alpha 3 wird neuen Playern durch die Umwälzung des Marktes der Zugang in den Fotomarkt ermöglicht. Dieser Mailorder-Markt (Bestellung von Bildern durch Versand der Filme) ist in Deutschland jedoch noch nicht erschlossen. Der Marktanteil von ca. 2 Prozent liegt damit auch weit unter dem Anteil, den der Versandhandel am Handelsvolumen hat. (z.B. CH, S: ca. 50 Prozent).

können. Darüber hinaus verfügt die Unternehmung über ein Webalbum, mit dem Anwender Fotos ins Web stellen und bestimmten Personen verfügbar machen können. Dazu setzt Alpha 3 eine Technologi ein, mit der Inhalte und Funktionalitäten der eigenen Webseite im Look&Feel des Internetauftritts des Kooperationspartners dargestellt werden können. Damit will der Anbieter potenziellen Partnern die Möglichkeit einräumen, den Nutzern auf der eigenen Webseite ein Webalbum anzubieten, in das sie digitale Bilder hochladen können oder mit Fotonegativen über den Postweg einstellen. Diese Bilder können dann auf Papier in verschiedenen Größen oder auf den beschriebenen Accessoires ausgedruckt und an beliebige Adressen verschickt werden. Dazu werden Partner gesucht, die einen solchen Service nicht nur als zusätzliche Umsatzquelle durch Provisionierung ansehen, sondern darin ein Kundenbindungsinstrument für ihre eigene Webseite und ihre angebotenen Leistungen erkennen. Solche Partner sollen Anbieter von Webseiten sein, auf denen sich Leute zu Anlässen treffen, auf denen typischerweise Fotos gemacht werden. Aufgrund der Affinität zur Digitalfotografie sollen die Partner eine überwiegend jüngere Zielgruppe ansprechen. Folgende Gruppen wurden festgelegt:

- Reisesites (z.B. Gruppenreisen, Jugendreisen),
- Websites zu Feiern (z.B. Hochzeiten, Party-Webseiten, Tanz-Clubs, Discotheken),
- Vereine und Websites zu Hobbys (z.B. im Automobilbereich, Heimwerker) und außerdem
- Web-Shops mit Digitalkameras und Websites mit Informationen zu Digitalkameras.

Die Nutzenstiftung beispielsweise bei den Reisesites liegt darin, dass auf Reisen gemachte Fotos online gestellt und allen Mitreisenden zugänglich gemacht werden können. Jede Person kann seine/ihre Bilder selbst auswählen und sich herunterladen oder von Alpha 3 auf Papier oder Accessoires ausdrucken und zusenden lassen. Für den Partner liegt der Anreiz in erster Linie in der Kundenbindung. Darüber hinaus können sich Neukunden aufgrund der Fotos ein Bild von der Reise und dem Veranstalter machen. Geplant sind gemeinsame Entwicklungen von Ressourcen mit Partnern, wie beispielsweise ein Foto-Wettbewerb mit Preisauszeichnung und Verlosung. Abbildung 36 zeigt den Service beispielhaft integriert in die Webseite des Hochzeitsplaners *Weddix*, des Portals *Tiscali* und des Reiseanbieters *Neckermann*.

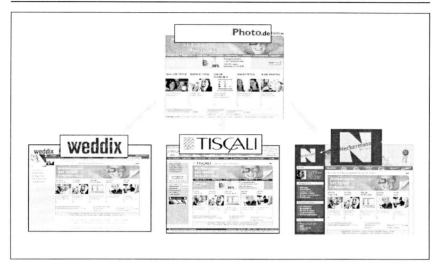

Abbildung 36: Alpha 3 integriert in Weddix, Tiscali und Neckermann.

Zwar verfügen auch andere Anbieter über eine ähnliche Technologie. Jedoch konnte nur Alpha 3 eine derart einfache Integration des Angebots in die Webseite des Partners realisieren. Dieser Imitationsschutz sollte durch E-Card- und MMS-Dienste ausgebaut werden.[475] Indem die Partner auf ihren Webseiten eine Community für ihre Kunden etablierten, wollte der Akteur die Teilnehmer der Community als Kunden gewinnen. Dazu stellt der Partner eine kostenlose (oder sehr günstige) Präsentationsfläche im passenden thematischen Umfeld zur Verfügung und leitet im eigenen Interesse seine Kunden dorthin. Aufgrund der Erinnerungen an das Event und den einfach zu realisierenden Bestellprozess sollten die Kunden zum Kauf angeregt werden.[476]

---

[475] E-Card-Dienste ermöglichen den Versand digitaler Postkarten, in diesem Fall basierend auf den im Netz stehenden Fotos. MMS-Dienste ermöglichen den Versand der Fotos auf MMS-fähige Handys.

[476] Aus konzernpolitischen Gründen wurde der Dienst im Jahr 2004 eingestellt. Zu diesem Zeitpunkt war das Partnerprogramm in der Einführungsphase. Einige Partner waren bereits online (vgl. Abbildung 35) und beide Seiten waren mit den Erfolgen sehr zufrieden.

6. Ressourcenbasierte Organisation von Kooperationen im Online-Vertrieb

Zu den Eckpfeilern der Kooperationsfähigkeit von Unternehmungen zählt BRONDER die Organisationsstruktur, wenn er Organisation als „die zielorientierte ganzheitliche Strukturierung" benennt.[477] Bestätigt wird diese Ansicht bezogen auf Online-Marketing-Kooperationen durch die Ergebnisse der bereits zitierten Untersuchung an der Christian-Albrechts-Universität zu Kiel. Danach wird für strategische Vertriebskooperationen ein enormer Organisationsaufwand betrieben, um den Erfolg der einzelnen Kooperationen so hoch wie möglich zu gestalten.[478]

Der Organisation von Kooperationen im Online-Vertrieb wird daher ein eigenes Kapitel eingeräumt und gehört zu den wesentlichen Bestandteilen der Fallstudie. Das Kapitel untersucht, welche Entscheidungen es in Bezug auf die Organisation von Kooperationen im Online-Vertrieb zu treffen gilt. Zunächst werden in Abschnitt 6.1 die wesentlichen Einflussfaktoren für die organisatorische Implementierung von Kooperationen im Online-Vertrieb erläutert. Im anschließenden Abschnitt 6.2 werden typische Konfigurationen von Kooperationen als Vorbild für Partnerschaften im Online-Vertrieb vorgestellt. Aus diesen Erkenntnissen werden in Abschnitt 6.3 die Handlungsalternativen in Bezug auf die Entscheidungen der Planung (Kapitel 5) abgeleitet.

---

[477] Vgl. Bronder (1993), S. 50. Thomé/von Kortzfleisch/Szyperski (2005), S. 160 ff. zählen zur Organisation einer Kooperation neben der Organisationsstruktur die Organisationskultur, die Mitarbeiter und die IKT-Infrastruktur. Dieses Kapitel behandelt die Organisationsstruktur. In Kapitel 7 werden die anderen Subsysteme betrachtet. Siehe auch Bleicher (1991), S. 101.

[478] Siehe Albers/Jochims (2003), S. 36.

6.1 Einflussfaktoren für die organisatorische Implementierung von Kooperationen im Online-Vertrieb

Eine optimale Organisationsform, die für alle Kooperationen im Online-Vertrieb gilt, konnte anhand der Fallstudien nicht identifiziert werden. Vielmehr hängt die Eignung der Organisationsform von einer Vielzahl von Kriterien ab. In der Literatur wird überwiegend nach folgenden Einflussfaktoren differenziert:[479]

- An der Kooperation beteiligter Funktionsbereich,
- Kooperationsrichtung,
- Anzahl der Kooperationspartner,
- Geografische Abgrenzungskriterien und der
- Bindungs- und Formalisierungsgrad der Kooperation.

6.1.1 An der Zusammenarbeit beteiligte Funktionsbereiche

Kooperationen können mit unterschiedlichen Funktionsbereichen (Einkauf, Produktion, Forschung & Entwicklung, Verkauf usw.) realisiert werden. Diese Arbeit betrachtet nur Kooperationen für den Funktionsbereich Vertrieb und zwar speziell bezogen auf den Online-Vertrieb, weshalb andere Funktionsbereiche nicht untersucht werden. Ausgehend vom Online-Vertrieb kommt es jedoch auf die Kooperationsrichtung an, die im folgenden Abschnitt erläutert wird.

---

[479] Vgl. u.a. Picot/Reichwald/Wigand (2001), S. 305 ff., Sydow (1992), S. 63, sowie Backhausa/Meyer (1993), S. 333.

6.1.2 Horizontale, vertikale und laterale Kooperation

Bezogen auf die Kooperationsrichtung werden horizontale, vertikale und laterale Kooperationen unterschieden.[480] Aus ressourcenbasierter Sicht impliziert die Kooperationsrichtung, inwieweit durch die Zusammenarbeit Ressourcen ausgetauscht werden sollen. In Abschnitt 5.1. wurden bereits die beiden Kooperationsformen der Closing-Gap-Allianz und der Critical-Mass-Allianz erläutert. Mit der Closing-Gap-Allianz sollen Kompetenzdefizite wechselseitig ausgeglichen werden.[481] Die Critical-Mass-Allianz dient dazu, Wettbewerbsvorteile durch die Bündelung gleichartiger Ressourcen zu erzielen.[482]

Horizontale Kooperationen werden von Unternehmungen auf der gleichen Wertschöpfungsstufe, wie z. B. Hersteller konkurrierender oder komplementärer Leistungen, vereinbart. Zweck der Kooperation ist der gemeinschaftliche Erwerb oder Absatz von Waren und Dienstleistungen. Beispielsweise verfolgen Unternehmungen mit einem kollektiven Einkauf das Ziel, bessere Konditionen beim Lieferanten zu erhalten. Eine gemeinsame Forschung und Entwicklung soll schnellere oder bessere Ergebnisse liefern.[483] Der Begriff „Coopetition" bezeichnet eine Kooperation zwischen prinzipiell im Wettbewerb stehenden Unternehmungen, die eingegangen wird, um ihre jeweilige Wettbewerbsposition auch gegen Dritte zu verbessern.[484] Ziel der Kooperation ist in der Regel im Rahmen einer Critical-Mass-Allianz Ressourcen zu bündeln. Damit richten sie sich z.B. gegen eine Übermacht von Zulieferern, Abnehmern oder weiteren Konkurrenten. Beispielsweise können zwei E-Commerce-Anbieter anonymisierte Daten austauschen, um jeweils eine bessere, da fundiertere Datenbasis zu erhalten als dritte Wettbewerber.

---

[480] Siehe hierzu Backhaus/Meyer (1993), S. 330, Staudt et al. (1994a) S. 6 und Staudt et al. (1994b) S.13. Eine ausführliche Darstellung leistet auch Bronder (1992), S. 145 ff., Bronder/Pritzl (1991), S. 28 ff., Weder (1989), S. 62 ff. sowie Benkenstein/Beyer (2003), S. 709 f. mit einigen Beispielen. Dort wird der Begriff diagonale statt laterale Kooperation verwendet.

[481] Vgl. Morschett (2003), S. 293 sowie Porter/Fuller (1989), S. 389 ff.

[482] Ebenda.

[483] Vgl. Sydow (1992), S. 92.

[484] Vgl. Szyperski (1997b), S. 380.

Vertikale Kooperationen finden zwischen Unternehmungen auf unterschiedlichen Stufen der Wertschöpfung statt. Eine wachsende Anzahl von Unternehmungen kooperiert z.B. mit ihren Zulieferern, um gemeinsame Komponenten zu entwickeln oder die Logistik zu optimieren. Bei vertikalen Kooperationen wird danach unterschieden, ob es sich um einstufige Kooperationen handelt oder ob Unternehmungen mehrerer Stufen zusammenarbeiten, wie beispielsweise bei einer Kooperation zwischen Hersteller, Großhandelsunternehmen und Einzelhändler. Ziel der Kooperation ist in der Regel, im Rahmen einer Closing-Gap-Allianz die eigenen Kernkompetenzen auszubauen und fehlende Aktivitäten an andere ebenfalls spezialisierte Unternehmungen auszulagern. Beispielsweise tauschen E-Commerce-Anbieter und Portale Daten über Kunden aus, um jeweils zusätzliche Informationen zu den Kunden zu bekommen.

Laterale Kooperationen sind Partnerschaften von Unternehmungen, die weder vertikal noch horizontal zueinander in Beziehung stehen.[485] Ein Beispiel für eine solche Zusammenarbeit wäre die Kooperation eines Konsumgüterherstellers mit einem Portalanbieter, in die der Konsumgüterhersteller Marken und spezifischen Content einbringt, während der Portalanbieter eine spezifische Zielgruppe zur Verfügung stellt.

Closing-Gap-Allianzen sind gemäß dem Resource-Dependence-Ansatz durch die gegenseitige Abhängigkeit von den Ressourcen der Partner stabiler als Critical-Mass-Allianzen.[486] Allerdings besteht auch bei diesen Kooperationen die Gefahr, dass durch die Adaption der Ressourcen, die Zusammenarbeit hinfällig wird, beispielsweise wenn der Partner sich mit der Zeit aneignet, welche Inhalte von der Zielgruppe gut angenommen werden und daher erfolgreich sind. Aus Sicht des Akteurs etwa, wenn er die Kunden des Partners als eigene Kunden gewinnt.

Die Ressourcen, die der Akteur zur Verfügung stellt und selbst gestellt bekommt, hängen davon ab, welches der Geschäftsmodelle Content, Commerce, Context und Connection der Kooperationspartner verfolgt.[487]

---

[485] Vgl. Abel (1992), S. 99.
[486] Das/Teng (2002), S. 733.
[487] Vgl. Abschnitt 0.

6.1.3 Anzahl der Kooperationspartner

Bei bilateralen Bindungen kooperieren zwei Unternehmungen, bei multilateralen Kooperationen dagegen mehr als zwei Partner. Für multilaterale Online-Kooperationen differenzieren ZENTES/MORSCHETT darüber hinaus nach kleinzahligen und großzahligen Bindungen.[488] Diese Unterscheidung ist darauf zurückzuführen, dass im Internet beispielsweise mit dem Affiliate Marketing Kooperationsformen existieren, bei der die Anzahl der Partner etwa im Fall von Alpha 7 in die Tausende geht und eine weitere Differenzierung sinnvoll bzw. notwendig wird, da sie zu unterschiedlichen Implikationen u. a. bei der Organisation von Kooperationen führt.[489]

6.1.4 Bindungsintensität der Kooperationspartner

Kooperationen können schließlich danach unterschieden werden, wie intensiv die Bindung der Partner ist. Dabei wird in der Literatur unterschieden zwischen[490]

- Zeithorizont
- Formalisierungsgrad und
- Ressourcenzuordnung.[491]

Zeithorizont: Kooperationen können unbefristet oder befristet sein, beispielsweise wenn es sich bei der Kooperation um eine Marketingaktion für einen Kinofilm handelt.[492]

Formalisierungsgrad: Eine Kooperation beruht in der Regel auf einem Vertrag, der in unterschiedlicher Form formalisiert werden kann.[493] Die in vertragsrechtlicher Perspek-

---

[488] Siehe hierzu Zentes/Morschet (2003), S. 231.
[489] Vgl. Zentes/Morschet (2003), S. 231. Zur ausführlichen Darstellung des Affiliate Marketing siehe Goldschmidt/Junghagen/Harris (2003).
[490] Siehe hierzu auch Tröndle, der zur Messung und Darstellung des Bindungsgrades Interdependenzprofile mit den Dimensionen Abhängigkeit, Koordinationsumfang, Komplexität, Kooperationsertrag, Wertigkeit, Formalisierung und Fristigkeit verwendet. Siehe Tröndle (1987), S. 30 ff.
[491] Siehe hierzu Bronder/Pritzl (1991), S. 30 f.
[492] Vgl. Staudt et al. (1994), S. 5.

tive loseste Form der Zusammenarbeit basiert auf einer nicht-vertraglichen Kooperation. Sie gründet auf stillschweigend aufeinander abgestimmtem Verhalten oder auf unverbindlichen Abreden.[494] Dagegen sind Kooperationen, die auf gesellschaftsvertraglicher Zusammenarbeit (= kapitalmäßige Bindung) basieren, die in vertragsrechtlicher Perspektive intensivste Form.[495] In dieser Arbeit liegt der Schwerpunkt auf den Zwischenformen, also auf der vertraglichen Zusammenarbeit zweier selbstständiger Unternehmungen.

Ressourcenzuordnung: Wesentlicher Ausdruck der Bindung ist jedoch nicht die vertragliche Fixierung, sondern die Zuordnung der Ressourcen. Je mehr Ressourcen dem bzw. vom Partner zur Verfügung gestellt werden und je spezieller die Ressourcen an den Partner angepasst werden, desto intensiver ist die Partnerschaft. Eine kostenintensive Anpassung der IT-Landschaft an die Anforderungen des Partners setzt eine intensive Partnerschaft voraus.

6.1.5 Geografische Abgrenzungskriterien

Geografische Abgrenzungskriterien beziehen sich auf die Herkunft der Unternehmungen oder den Geltungsbereich der Kooperation. Unterschieden wird z.B. nach lokalen, regionalen, nationalen und internationalen Kooperationen. Das Internet erleichtert eine Kooperation über weite Entfernungen und mit Unternehmungen aus anderen Ländern, da es sehr weit verbreitet ist und auf Standards basiert. Allerdings ist eine Kooperation, wie bereits mehrfach dargestellt wurde, kein Selbstläufer. Da zu jeder Phase der Kooperation (zu den Phasen siehe Kapitel 7) erheblicher Koordinationsbedarf gehört, funktionieren

---

[493] Zur ausführlichen Darstellung von Kooperationsverträgen siehe u.a. VDI-Gesellschaft (1991), S. 142 ff. und Morasch (1994), S. 33 ff.; eine detaillierte Erläuterung von Verträgen von Online-Kooperationen im Vertrieb siehe Berengeno (2002), S. 42 ff. und Berengeno (2003), S. 445 ff. Zur Frage, wann sich welche Verträge in Allianzen lohnen, siehe Lewis (1991), S. 118. In Deutschland ist es i.d.R. verboten, Kartelle zu gründen. Daher unterliegen Kooperationsverträgen auch kartellrechtlichen Bestimmungen. Zu den gesetzlichen Grenzen von Kooperationsverträgen siehe Basedow et al. (1993), S. 61 ff., Götz (1996), S. 113 ff. bzw. zu Stellungnahmen des Bundeskartellamtes S. 32 ff. Zu strategischen Allianzen im europäischen Wettbewerbsrecht siehe Basedow et al. (1993), S. 126 ff. Ebenso Blancke (1994), S. 67 ff., der auch eine ausführliche betriebswirtschaftliche Unterscheidung ausführt, S. 43 ff.

[494] Diese Form ist eher eine empirische Ausnahmeerscheinung, vgl. Morschett (2003), S. 394.

[495] Vgl. Sydow 1992, S. 104.

die untersuchten Kooperationen aufgrund der einfacheren Koordination umso besser, je geringer die geografische Distanz zwischen den Kooperationspartnern ist. In der Fallstudie wurde sehr deutlich, dass die Zusammenarbeit mit Unternehmungen am selben Ort am besten klappt.[496] Als Geltungsbereich der Kooperation wird in dieser Arbeit der deutsche Markt betrachtet.

Die unterschiedlichen Ausprägungen der Kriterien haben unmittelbaren Einfluss auf die Konfiguration der Kooperation. In der Literatur haben sich entsprechend verschiedene Konfigurationen von Kooperationen entwickelt, die im Folgenden bezogen auf Kooperationen im Online-Vertrieb dargestellt werden. Dabei wird berücksichtigt, dass das Ergebnis der Fallstudien zeigt, dass im Wesentlichen die Kriterien der Kooperationsrichtung und der damit verbundenen Ressourcenprofile sowie der Bindungsintensität von Bedeutung sind.[497]

6.2 Typische Konfigurationen von Kooperationen als Vorbild für Kooperationen im Online-Vertrieb

Unter der Konfiguration einer Kooperation wird ihre konkrete Erscheinungsform verstanden.[498] Je nach Kontext der Austauschbeziehung haben sich unterschiedliche Kooperationsformen herausgebildet, die einen unterschiedlichen Grad an marktförmigem oder hierarchischem Anteil aufweisen.[499] In der betriebswirtschaftlichen Literatur gibt es eine Vielzahl von Begriffen, die unterschiedliche Formen der unternehmensübergreifenden Zusammenarbeit bezeichnen. Die häufigsten Erscheinungsformen sollen hier entsprechend ihrer Relevanz für die Arbeit vorgestellt und erläutert werden. Als Systematisierungsschema bietet sich dabei die aus der Institutionenökonomik bekannte Einordnung von Kooperationen als Organisationsform zwischen Markt und Hierarchie (siehe

---

[496] Bei räumlicher Distanz spielt es danach auch eine Rolle, ob sich die Partner jeweils in der Nähe der Metropolen Hamburg, Berlin, Köln/Düsseldorf, München und Frankfurt befinden, da diese Städte ohnehin in regelmäßigen Abständen bereist werden und so ein persönlicher Kontakt möglich ist.

[497] Die geografische Ausrichtung spielte ebenfalls eine – wenn auch untergeordnete – Rolle, die aus den genannten Gründen hier jedoch nicht weiter betrachtet wird.

[498] Vgl. Backhaus/Meyer (1993), S. 332.

[499] Vgl. Schreyögg/Papenheim (1988), S. 3.

Abbildung 37) an.[500] In dieser Einordnung besitzen die so genannten „Wiederholten Transaktionen" zwar weitgehend marktförmige Eigenschaften, jedoch keinen diskret-singulären Charakter mehr. Es handelt es sich um längerfristige Beziehungen auf Basis einer Abfolge von Transaktionen zwischen den Austauschpartnern. Sie sind keine kooperativen Organisationsformen, allenfalls marktförmige Beziehungen mit kooperativen Eigenschaften, wie z.B. die dauerhafte Anmietung von Bannerplätzen auf bestimmten Webseiten oder die Listung des Online-Shops in den Shop-Suchseiten der Portale.

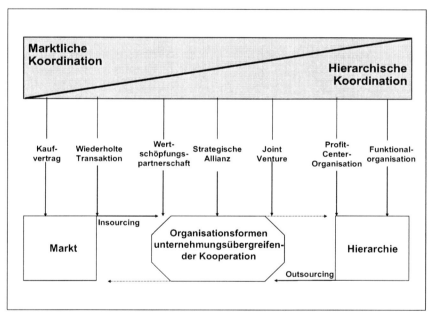

Abbildung 37: Organisationsformen zwischen Markt und Hierarchie.[501]

Eine weitere Stufe in Richtung Hierarchie bilden *Wertschöpfungspartnerschaften*, wie beispielsweise die dauerhafte Buchung einer Rubrik. Sie sind durch ihren dauerhaften

---

[500] Vgl. Sydow (1992), S. 104ff.
[501] Darstellung in Anlehnung an Sydow (1992), S. 104.

Charakter gekennzeichnet und stellen eine Intensivierung langfristig angelegter Geschäftsbeziehungen dar.[502] Gehen diese Beziehungen mit einer sehr engen Verzahnung der gemeinsamen Wertschöpfung der Austauschpartner einher, handelt es sich um eine *strategische Partnerschaft*. Bei dieser Austauschform sind bereits ausgeprägte Abhängigkeiten gegeben, beispielsweise wenn Inhalte abgesprochen und vom Akteur eingebracht werden.[503] Beim *Joint Venture* erfolgt bereits eine gesellschaftsrechtliche Verknüpfung der Unternehmungen. Auch wenn die Partnerunternehmungen selbst unabhängig bleiben, ergibt sich durch die gemeinsam gegründete Unternehmung eine starke Abhängigkeit.[504]

Profit Center und *Strategische Geschäftseinheiten* sind bereits hierarchische Organisationsformen, genießen aber mehr oder weniger weitgehende Freiheiten einer selbstständigen Unternehmung.[505] Dabei sind Profit Center organisatorisch und rechnungstechnisch abgegrenzte betriebliche Teilbereiche, für die gesonderte Erfolgsanalysen als Grundlage einer erfolgsorientierten Steuerung durchgeführt werden. Strategische Geschäftseinheiten sind ebenfalls relativ autonome Teilbereiche der Unternehmung, die durch eigene Marktaufgabe, eigene Wettbewerber und weitgehend unabhängige Entscheidung und Kontrolle im Rahmen der zentral abgestimmten strategischen Unternehmensgesamtpläne ausgezeichnet sind.

Die vorliegende Arbeit analysiert ausschließlich die Organisationsformen der unternehmungsübergreifenden Kooperation mit dem Prinzip, dass aus beiden extremen Organisationsformen entsprechend den Ausführungen von Kapitel 5.1.2 jeweils die Vorteile ausgebaut und die Nachteile minimiert werden.[506] Danach ergeben sich die unterschiedlichen Konfigurationen aus der Art der Funktionszusammenlegung, der Dauer, des damit verbundenen Autonomieverlustes und der Anzahl der Partnerunternehmungen.

Im Folgenden werden die gebräuchlichsten und für diese Arbeit relevanten Kooperationsformen erläutert:

---

[502] Vgl. Webster 1992, S. 7.
[503] Vgl. Wirtz/Vogt (2003), S. 274.
[504] Siehe hierzu Kotler/Bliemel (1992), S. 600.
[505] Vgl. Nieschlag/Dichtl/Hörschgen (1991), S. 1021.
[506] Vgl. dazu Abschnitt 5.1.2.

Ressourcenbasierte Organisation von Kooperationen im Online-Vertrieb 133

- Wertschöpfungspartnerschaft,
- Strategische Partnerschaft/Allianz,
- Joint Venture bzw. die Gemeinschaftsunternehmung und
- Strategisches Netzwerk.

Anschließend werden die Begriffe Franchising, Konsortium und Virtuelle Unternehmung kurz erklärt.

6.2.1 Die Wertschöpfungspartnerschaft

Bei der Wertschöpfungspartnerschaft handelt es sich um eine Intensivierung vertikaler Beziehungen.[507] Diese Art der Kooperation hat zum Ziel, die eigenen Aktivitäten auf bestimmte Stufen der Wertkette zu konzentrieren und fehlende Ressourcen von Partnern zu akquirieren oder die Verantwortung und Risiken der vorgelagerten Wertstufen auf die Zulieferer zu verlagern.[508] Wertschöpfungskooperationen erfordern eine enge Abstimmung der einzelnen Wertkettenstufen. Beispielsweise erfordert die Just-in-Time-Produktion eine sehr enge zeitliche Anpassung zwischen Lieferant und Abnehmer, was eine ausgeprägte gegenseitige Abhängigkeit z.B. in Form einer Integration der IT-Systeme oder durch Qualitätssicherungsmaßnahmen beim Zulieferer zur Folge hat.[509] Wertschöpfungspartnerschaften können sich auch auf (Online-)Marketing und Vertrieb beziehen.

Ein Beispiel für eine Wertschöpfungspartnerschaft ist die Kooperation „Link Safe Coupon" von Alpha 10 mit einer Konsumgütermarke und einer Web Community für mobile Dienste. Bei der Promotion, die zunächst offline kommuniziert und dann online umgesetzt wurde, wurde auf den Packungen des Konsumgutes ein Code aufgedruckt, mit dem der Konsument im Internet mobile Dienste des Partners im Wert von einem Euro einlösen konnte. So konnte dem Konsumenten ein relevanter Mehrwert angeboten werden, den der Partner beisteuerte. Der Partner erhielt dafür als Gegenleistung eine entspre-

---

[507] Vgl. Szyperski et al. (1993), S. 191; Johnston et al. (1989), S. 81. ; Ahrweiler (1991), S. 70.
[508] Vgl. dazu Von Kortzfleisch/Szyperski (2001), S. 408.
[509] Diese Kooperationsform ist auch unter dem japanischen Begriff Kereitsu bekannt, bei dem es sich um die Bezeichnung von strategischen Zuliefererbeziehungen unter (japanischen) Unternehmen handelt. Zur ausführlichen Darstellung japanischer Netzwerkbeziehungen siehe Semlinger (2000), S. 125 ff.

chende Offline-Kommunikationsreichweite von Alpha 10. Ziele der Wertschöpfungspartnerschaft waren eine Steigerung der Bekanntheit des Konsumgutes im Online-Bereich und der Web Community des Partners im Offline-Bereich. Darüber hinaus konnte der Abverkauf des Konsumgutes gesteigert werden. Das Beispiel verdeutlicht, wie gegenseitige Ressourcen genutzt werden konnten. Hätte Alpha 10 selbst entsprechende Dienste anbieten wollen, wären nicht nur Investitionen in eigene Dienste, sondern auch zusätzliche Online-Media-Kosten zur Erreichung der Zielgruppe im Internet erforderlich gewesen. Beta 9 konnte dagegen von der enormen Mediapräsenz des Konsumgüterherstellers profitieren, die man sich sonst nicht hätten leisten können. Zu den Wertschöpfungspartnerschaften zählen auch Affiliate-Programme, bei denen eine Vielzahl „kleiner Kooperationen" in standardisierten Prozessen organisiert wird.[510]

Beta 1 benennt ihre Wertschöpfungspartnerschaften als „Traffic-Partnerschaften", bei denen eine Vielzahl von Kooperationspartnern dafür sorgt, Besucher auf die eigenen Seiten zu bringen. Die Wertschöpfungspartnerschaft unterscheidet sich von Branding-Kooperationen, Produkt-/Content-Kooperationen und Sales-Kooperationen durch die Intensität der Partnerschaft. Für letztere Kooperationen wird deutlich intensivere Koordination erforderlich. Sie werden deshalb auch als strategische Allianzen eingestuft.

6.2.2 Strategische Allianzen

Als strategische Allianzen (strategisches Bündnis, strategische Koalition) werden dagegen enge, längerfristige Kooperationsbeziehungen von mindestens zwei selbstständigen Unternehmungen bezeichnet, bei denen eine gemeinsame strategische Zielsetzung der Partner vorliegt und ein Zugriff auf gemeinsame Ressourcen erfolgt.[511] Sie werden vereinbart, um Skaleneffekte durch höhere Marktanteile zu erreichen oder um die individuellen Stärken in einzelnen Geschäftsfeldern zu vereinen und mangelnde Ressourcen durch Ressourcen anderer Organisationen zu kompensieren.[512] Ziele strategischer Allianzen sind die gemeinsame Bearbeitung von Märkten, der Erhalt oder die Verbesserung

---

[510] Siehe hierzu Albers/Jochims (2003), S. 28.
[511] Vgl. Wirtz/Vogt (2003), S. 274; siehe auch Gahl (1989), S. 4 f., Hellfeier (1999), S. 34 sowie Sydow (1992), S. 63.
[512] Vgl. Sydow (1992), S. 63; Backhaus/Piltz (1990), S. 2.

der Wettbewerbsposition, die Risikoverteilung oder der Ausbau von Kernkompetenzen.[513] Sie sind i.d.R. auf einen konkreten Bereich begrenzt und werden durch eine Funktionsabstimmung der beteiligten Unternehmungen realisiert. Forschung & Entwicklung sowie Marketing und Vertrieb sind bevorzugte Einsatzbereiche strategischer Allianzen.[514] Strategische Allianzen finden bisweilen auch zwischen konkurrierenden Unternehmungen statt und werden z. T. als Vorform für Firmenzusammenschlüsse betrachtet.[515] Manche Autoren begrenzen den Begriff der strategischen Allianz auf horizontale Kooperationen; dieser Ansatz wird hier nicht verfolgt.[516] Heutzutage gehen strategische Allianzen mit einer weit reichenden Integration der IT-Systeme der Partner einher. Es werden individuelle Kooperationsverträge geschlossen, in denen maßgeschneiderte Kooperationslösungen verhandelt werden.[517]

Ein bekanntes Beispiel für eine strategische Allianz ist die Online-Kooperation zwischen Bild und *T-Online*. Auf www.bild.de werden die redaktionellen Ressourcen des Axel Springer Verlages mit den Online-Ressourcen von *T-Online* kombiniert.

6.2.3 Joint Ventures

„Bei einem Joint Venture wickeln Unternehmungen die Kooperation über eine eigens dafür gegründete und rechtlich eigenständige Gesellschaft als Gemeinschaftsunternehmen ab, in das die Kooperationspartner verschiedene Ressourcen einbringen."[518] Joint Ventures basieren somit im Vergleich zu den zuvor vorgestellten Kooperationsarten auf einer rechtlich selbstständigen Organisation, welche die gebündelten Aktivitäten der Kooperationspartner übernimmt und zeitlich unbefristet angelegt ist.[519] Sie erlangen ihre besondere Bedeutung als typische Organisationsform im Rahmen von Internationalisierungsstrategien oder dort, wo technologisch hoch komplexe Aufgaben nicht mehr von

---

[513] Vgl. Ihring (1991), S. 29 f.
[514] Vgl. Hess (2002), S. 11.
[515] Vgl. Szyperski et al. (1993), S. 190.
[516] Vgl. beispielsweise Backhaus/Meyer (1993), S. 332.
[517] Siehe Albers/Jochims (2003), S. 36.
[518] Picot/Reichwald/Wigand (2001), S. 308. Für eine ausführliche Auseinandersetzung des Begriffes „Joint Venture" und für eine umfassende Übersicht zu Studien zu Joint Ventures siehe Desenzani et al. (1994).
[519] Vgl. Hess (2002), S. 10; Dathe (1998), S. 88; Wirtz/Vogt (2003), S. 273.

einer Unternehmung allein bewältigt werden können.[520] Joint Ventures sind nach HESS die traditionellste, nach SYDOW die anspruchvollste Form der zwischenbetrieblichen Kooperation.[521] Ebenso wie bei strategischen Allianzen sind die EDV-Systeme der Partner und des Gemeinschaftsunternehmens eng vernetzt.[522] „Ein weiteres, wichtiges Potential der jungen Unternehmung liegt in ihrer großen Flexibilität, die sich u. a. auch dadurch ergibt, daß die wenigen Mitarbeiter durch den geringen Grad an realisierten Arbeitsteilung breiter eingesetzt werden können und weniger auf Spezialfunktionen begrenzt sind."[523] Joint Ventures sind also auch dann sinnvoll, wenn sehr unterschiedliche Unternehmenskulturen aufeinanderprallen, da beim Joint Venture eine eigene Unternehmenskultur etabliert werden kann und sie von den Chancen junger Unternehmungen, wie die Offenheit für Neues, die losen Strukturen usw., profitieren können.

Ein Beispiel für die Organisationsform Joint Venture ist Alpha 4 als ein Gemeinschaftsunternehmen einer großen Telekommunikationsunternehmung und einer Versicherungsgruppe. Die Telekommunikationsunternehmung stellt dem Joint Venture ihre Online-Ressourcen zur Verfügung, während die Versicherungsgruppe ihr Markt-Know-how einbringt.

6.2.4 Strategische Netzwerke

Multilaterale Bindungen werden auch als Netzwerke bezeichnet, wobei zwischen einfachen und komplexen Netzwerken unterschieden wird (vgl. Abbildung 38). Netzwerke unterscheiden sich in erster Linie durch die Anzahl der Kooperationspartner, sind aber ansonsten in der Literatur bisher weniger exakt definiert als strategische Allianzen und Joint Ventures.[524]

---

[520] Vgl. Picot/Reichwald/Wigand (2001), S. 308.
[521] Siehe hierzu Hess/Anding (2003), S. 139; Sydow (1992), S. 64 Darüber hinaus sind Joint Ventures die am häufigsten gewählte Organisationsform; vgl. Zahlen von 1989 bis 1990 bei Müller-Stewens/Hillig (1992), S. 69 und Schlosser (2001), S. 57.
[522] Vgl. Nathusius (1979), S. 64.
[523] Szyperski (1990), S. 6.
[524] Sydow et al. definieren ein Unternehmensnetzwerk als „eine Organisationsform ökonomischer Aktivitäten, die sich durch komplex-reziproke, eher kooperative denn kompetitive und relativ stabile (Geschäfts-) Beziehungen zwischen rechtlich selbstständigen, wirtschaftlich jedoch zumeist abhängigen Unternehmungen auszeichnet." Sydow et al. (1995), S. 16.

Ressourcenbasierte Organisation von Kooperationen im Online-Vertrieb   137

Netzwerke können als Kooperationsform einer größeren Anzahl von Unternehmungen mit gemeinsamen strategischen Zielen und gemeinsamer Ressourcennutzung charakterisiert werden.[525] Sie sind zeitlich unbefristet und weisen oftmals eine fokale Organisationsform auf, d. h. Netzwerkbeziehungen und Ressourcenkonfiguration des Netzwerkes werden im Wesentlichen von einem oder wenigen Unternehmen gestaltet und geführt.[526]

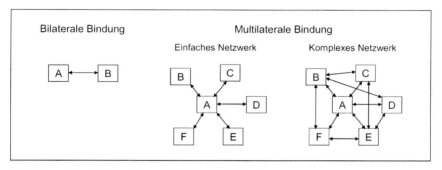

Abbildung 38:   Bilaterale und Multilaterale Bindungen
               Quelle: In Anlehnung an Friese (1998), S. 147 und Kutschker (1994), S. 126.

Strategische Netzwerke unterscheiden sich von anderen Unternehmungsnetzwerken dadurch, dass sie häufiger über explizit formulierte Ziele, über eine formale Struktur und über eine eigene Identität verfügen.[527] Ein Beispiel für ein strategisches Netzwerk ist das „Internet Media Network" von T-Online. Die Tochter der Deutschen Telekom kooperiert mit Content-Anbietern, um in Verbindung mit den eigenen Kompetenzen ein für alle Beteiligten wirtschaftlich attraktives Beziehungsnetzwerk zu knüpfen. Das Geschäftsmodell dieses strategischen Netzwerks basiert auf verschiedenen Geschäftsbeziehungen im Endkunden- und Geschäftskundenbereich mit Content-, E-Commerce- und Werbepartnern. In diesem Netzwerk kooperieren jeweils zwei oder mehr starke Partner mit unterschiedlichen, aber komplementären Kernkompetenzen. Auch hier werden mangelnde

---

[525] Vgl. Müller (1999), S. 15; Wirtz/Vogt (2003), S. 274.
[526] Vgl. Wirtz/Vogt (2003), S. 274; Webster (1992), S. 9.
[527] Siehe hierzu Sydow (1992), S. 82.

Ressourcen durch die der Partner ausgeglichen. *T-Online* stellt den Zugang zu seinen mehr als zehn Millionen Kunden sowie seine Abrechnungskompetenz zur Verfügung. Die Partner leisten Ihren Beitrag mit attraktiven Inhalten.[528]

6.2.5 Sonstige Kooperationsformen

Neben den ausführlicher dargestellten Kooperationsformen werden in der Literatur weitere Kooperationsformen beschrieben, die sich zum Teil aber nur durch die Wahl des Begriffs unterscheiden. Sie werden der Vollständigkeit halber hier kurz vorgestellt:

- Franchise-Partnerschaften,
- Konsortien,
- Lizenzpartnerschaften und
- Virtuelle Unternehmungen.

6.2.5.1 Franchise-Partnerschaften[529]

Franchising ist ein vertikal-kooperativ organisiertes Absatzsystem rechtlich selbstständiger Unternehmungen, die auf dem Markt einheitlich auftreten. Es ist gekennzeichnet durch das arbeitsteilige Leistungsprogramm der Systempartner sowie durch ein Weisungs- und Kontrollsystem, mit dem der Franchisegeber ein systemkonformes Verhalten erreichen möchte.[530] Franchising im Online-Vertrieb würde nur soviel bedeuten, dass der Akteur (Franchisegeber) den selbstständigen Partnern (Franchisenehmern) genaue Vorschriften machen würde, wie und zu welchen Preisen sie vorgegebene Leistungen des Akteurs anbieten würden. Ein Franchisesystem in dem alle Filialen nahezu identisch sind, wie es z.B. bei McDonald's im stationären Handel der Fall ist, macht im Internet

---

[528] Zur ausführlichen Darstellung siehe Holtrop (2003), S. 171.

[529] Zu Franchisesystemen im E-Business siehe Lang (2001), S. 321 ff, zur ausführlichen Darstellung siehe Evanschitzky (2001), S. 297 ff. Zum Fallbeispiel des Franchisesystems von „Der Teeladen" siehe Gschwender (2001), S. 311 ff.

[530] Zur ausführlichen Darstellung der Merkmale von Franchising siehe auch Tietz (1993).

keinen Sinn. Somit könnte man für Kooperationen im Online-Vertrieb auch von Wertschöpfungspartnerschaften mit engen vorgegebenen Regeln durch den Akteur sprechen.

6.2.5.2 Konsortien

Ein Konsortium ist eine Projektgemeinschaft, in der sich die beteiligten unabhängigen Unternehmungen verpflichten, ein oder mehrere genau abgegrenzte Projekte gemeinschaftlich durchzuführen. Ziel eines Konsortiums ist die Verwirklichung ressourcenbedingter Großprojekte beispielsweise beim Bau von Gebäuden oder bei der Emission von Wertpapieren.[531] Ein Beispiel für den Online-Vertrieb könnte ein gemeinsames Projekt zur besseren Vermarktung im Internet im Rahmen eines großen Sportereignisses sein, wie z.B. der Fußballweltmeisterschaft. Da in dieser Arbeit nur die langfristige Zusammenarbeit untersucht wird, spielen Konsortien im Folgenden keine Rolle.

6.2.5.3 Lizenzpartnerschaften

Bei einer Lizenzpartnerschaft stellt eine Unternehmung ihrem Partner gegen eine Kompensation ein Nutzungsrecht z.B. für Patente, Marken, Know-how, Technologien zur Verfügung.[532] Co-Branding (vgl. Abschnitt 5.2.3.1) basiert beispielsweise auf Lizenzpartnerschaften.

6.2.5.4 Virtuelle Unternehmungen[533]

Eine virtuelle Unternehmung ist eine Kooperationsform rechtlich unabhängiger Unternehmungen und Institutionen, die eine Leistung aufgrund eines gemeinsamen Geschäftsverständnisses erbringen.[534] Die kooperierenden Einheiten beteiligen sich an der Zusammenarbeit vorrangig mit ihren Kernkompetenzen und wirken bei der Leistungserstellung gegenüber Dritten als eine einheitliche Unternehmung. Auf Institutionalisierung wird weitgehend verzichtet. Kommunikation wird überwiegend durch geeignete Informations- und Kommunikationssysteme betrieben. Eine virtuelle Unternehmung besteht solange, bis ihr Geschäftszweck erfüllt oder hinfällig geworden ist.[535]

---

[531] Vgl. Picot/Reichwald/Wigand (2001), S. 308 f. sowie Morschett (2003), S. 396.

[532] Siehe Burr (2003), S, 545. Zur ausführlichen Darstellung siehe Burr (2003), S. 545 ff.

[533] Zur ausführlichen Darstellung von virtuellen Unternehmungen siehe Mertens/Faisst (1995), S. 61 ff., Mertens/Faisst (1999), S. 928 ff., Mertens/Griese/Ehrenberg (1998) sowie Albers et al. (2003).

[534] Vgl. von Kortzfleisch (2005), S. 13.

[535] Vgl. Kemmner/Gillessen (2000), S. 11.

6.3 Organisatorische Implementierung der Kooperation

In diesem Abschnitt wird geklärt, welche Implikationen die jeweiligen Einflussfaktoren auf die Konfiguration der Kooperation im Online-Vertrieb haben. In den Fallstudien konnte bei den unterschiedlichen Konfigurationen jedoch kein eindeutiges Muster erkannt werden, nach dem bestimmte Arten von Kooperationen gemäß den Abschnitten 5.2.2 und 5.2.3 grundsätzlich identische Einflussfaktoren besitzen und folglich zu einer genau definierten Konfiguration führen.[536] Dabei zeigte sich jedoch, dass die Unternehmungen diese Konfigurationen zum Teil nicht systematisch und auch nicht konsistent vornehmen. Beispielsweise waren Bindungen, die aufgrund des hohen Ressourcenaustausches für eine Seite mit sehr hohen Kosten verbunden waren, zu lose begründet, was dazu führte, dass die Kooperation zerbrach und die Investitionen nicht amortisiert werden konnten. Andere Partnerschaften wurden zum engsten Kooperationskreis erklärt und sehr intensiv betreut, obwohl nur geringe Synergien bzw. Erträge erreicht werden konnten und eine weniger aufwändige Klassifizierung ausreichend gewesen wäre.

Durch die Fallstudien wurde deutlich, dass die betrachteten Akteure jeweils mehrere Kooperationen mit betrieben, aus verschiedenen Gründen mit unterschiedlicher Intensität. Sie haben sich allesamt als Teil und zumeist auch als Mittelpunkt eines einfachen Netzwerks eingestuft, denn jede untersuchte Unternehmung unterhielt mehr als eine bilaterale Kooperation. ZENTES/MORSCHETT/NEIDHART bezeichnen das Phänomen intensiverer und weniger intensiver Partnerschaften als „konzentrische Kreise" (vgl. Abbildung 39) von Unternehmungen mit mehr oder weniger engen Bindungen, die um die Unternehmung gruppiert werden können.

---

[536] Ursprüngliches Ziel dieses Kapitel war es, eine genaue Folge aus Kooperationsart (z.B. Kooperation mit Content-Webseiten oder Co-Branding-Kooperation) abzuleitenden Einflussfaktoren (z.B. hohe Bindungsintensität) und Konfiguration (z.B. Joint Venture) herzustellen.

Ressourcenbasierte Organisation von Kooperationen im Online-Vertrieb 141

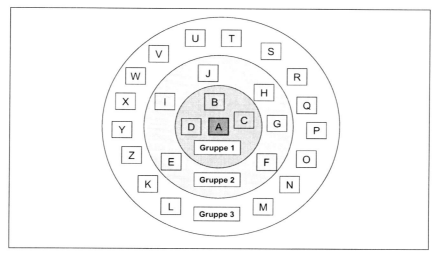

Abbildung 39: Kooperationen mit unterschiedlicher Bindungsintensität.

In der Darstellung der Abbildung 39 pflegt die Unternehmung „A" eine enge Bindung mit wenigen Partnern (B – D), eine weniger enge Bindung mit mehreren Partnern (E – I) und eine relativ lose Beziehung zu einer Vielzahl von Partnern (K – Z).

Die Fallstudie ergab folgende grundsätzliche Regelungen für die Einteilung in Partnergruppen:

- Die Vielzahl der Partner muss in Gruppen klassifiziert werden,
- Die Anzahl der Gruppen muss überschaubar bleiben,
- Je höher die Klassifizierung, desto individueller die Konfiguration und Prozesse der Kooperation,
- Je niedriger die Klassifizierung, desto standardisierter die Konfigurationen und Prozesse,
- Jede Unternehmung muss eigene Kriterien festlegen und gewichten, um eine Einteilung festzulegen.

Die Akteure, die eine Klassifizierung betrieben, waren alle davon überzeugt, dass es die Prozesse vereinfache und transparenter mache. Eine Einteilung in unterschiedliche Partnergruppen erscheint ab einer bestimmten Anzahl von Partnern daher dringend erforderlich. Ebenso einhellig war die Meinung, dass die Anzahl der unterschiedlichen Gruppen jedoch überschaubar bleiben solle, da sonst der Koordinationsaufwand den Nutzen einer weiteren Einteilung übersteige. Die größte Anzahl an unterschiedlichen Gruppen unterhielt Alpha 9 mit fünf Gruppen. Grundsätzlich gibt es wenige sehr wichtige Partner und viele weniger wichtige Partner. Daher sollte die Kooperation umso individueller konfiguriert sein, je „höher" die Klassifizierung bzw. je wichtiger die Partner. Für die Vielzahl der weniger wichtigen Partner müssen die Konigurationen und Prozesse dagegen möglichst standardisiert sein. Da wie in Abbildung 39 dargestellt die Anzahl der Kooperationspartner auf den geringeren Stufen erfahrungsgemäß exponentiell zunimmt, können individuelle Prozesse nicht bewältigt werden.[537] Oder wie es Alpha 5 ausdrückt:

---

[537] Siehe hierzu Albers/Jochims (2003), S. 36: „Bei Affiliate-Programmen wird dagegen ein möglichst hohes Maß an Standardisierung realisiert. Sowohl bei Eigenlösungen als auch bei Fremdlösungen der Programme werden sowohl die Verträge als auch die technische Lösung und Vergütung der Kooperation möglichst einheitlich gestaltet. Die Kommunikation wird gering gehalten, dennoch werden in einem Großteil der Fälle die Kooperationen durch Partner-Newsletter oder individuelle Absprachen unterstützt, was sich positiv auf den Erfolg der Programme auswirkt."

„Die Zeit, die ich bei den weniger wichtigen Partnern einsparen kann, investiere ich in die wichtigen, wo die Anzahl der Nutzer, die wir auf unsere Seite holen, viel größer ist."

Eine für alle untersuchten Unternehmungen einheitliche Einteilung erscheint nicht möglich. Die Zuweisung in Gruppen muss die Unternehmung nach individuellen Kriterien auf Basin der die in Abschnitt 6.1 erläuterten Einflussfaktoren festlegen. Die Kooperationen der jeweiligen Klassifizierungen werden unterschiedlich konfiguriert, wobei die vorgestellten Konfigurationen aus Abschnitt 6.2 als Grundlage dienen. Die Verteilung der Kosten der Kooperation sowie die Gestaltung richten sich nach dem Nutzen, den der Kooperationspartner einbringt aber auch nach seiner Verhandlungsmacht.[538]

Die Klassifizierung eines Partners vor Beginn der Kooperation ist oft sehr schwierig. Daher muss es die Möglichkeit zur Umgruppierung geben. Alpha 5 stellte dabei fest, dass es sinnvoll ist, von „unten nach oben umzugruppieren, um den Partner nicht vor den Kopf zu stoßen und keine Fehlinvestitionen in den Partner zu tätigen".[539]

Im Folgenden wird exemplarisch ebenfalls eine Dreiteilung wie in Abbildung 39 vorgenommen.[540] Durch die Fallstudien ergaben sich als sinnvolle Kriterien für die Einteilung in die verschiedenen Partnergruppen die in Abschnitt 6.1 erläuterten Ressourcenprofile der Kooperationspartner sowie die damit verbundene Kooperationsrichtung und Bindungsintensität. Die Bindungsintensität ist sowohl Ursache als auch Wirkung der Einteilung. Ursache insofern, dass zur Erzielung bestimmter Kooperationsziele (Kooperationserträge) eine mehr oder weniger intensive Bindung dadurch erforderlich ist, dass eine entsprechend große Austauschrate an Ressourcen aneinander bindet. Wirkung insofern, dass eine hohe faktische Bindung mit einer hohen vertraglichen Bindung einhergehen sollte. Die Ressourcenprofile unterscheiden sich in Bezug auf das Geschäftsmodell der Kooperationspartner. Die Festlegung auf die jeweiligen Ressourcenprofile unterliegt,

---

[538] Siehe hierzu Albers/Jochims (2003), S. 36. „Da E-Commerce-Anbieter häufig mit stark frequentierten und etablierten Portalen zusammenarbeiten, für die eine Vertriebspartnerschaft nur geringe Umsatzbedeutung hat, besitzen die Kooperationspartner häufig eine starke Position und können Forderungen nach einer für sie vorteilhaften Vergütung sowie einem hohen Aufwand für die Kooperation auf der Seite des E-Commerce-Anbieters durchsetzen. Trotzdem wird die Zusammenarbeit in der Kooperation in den meisten Fällen positiv beurteilt, wodurch die Realisierung kooperationsunterstützender Maßnahmen begünstigt wird."

[539] Vgl. hierzu das Beispiel aus Abbildung 45.

[540] Im Einzelfall kann natürlich auch eine Einteilung in zwei oder vier Gruppen sinnvoll sein.

wie in Abschnitt 6.1 dargelegt, den Prinzipien des Auf- und Ausbaus von Ressourcen mit positivem Nutzenpotenzial und der Nutzung von Spezialisierungsvorteilen. Die Einteilung in die jeweiligen Gruppen 1 bis drei ist im Wesentlichen abhängig von der Bindungsintensität und unterliegt den Prinzipien des dauerhaften Erhalts der Nutzenstiftung, des Aufbaus/Erhalts eines marktlichen Effizienzdrucks, der Reduzierung von Transaktionskosten und der Nutzung von Größenvorteilen. Abbildung 40 zeigt eine solche Einteilung bezogen auf Kooperationen mit Kooperationspartnern der vier Geschäftsmodelle Commerce, Content, Context und Connection, wobei Gruppe 1 jeweils die wichtigsten/engsten Partner repräsentiert.

Bei Gruppe 3 werden standardisierte Prozesse installiert. Beispielsweise erfolgt bereits die Vereinbarung einer Kooperation nach festgelegten Regeln und meist ohne persönliche Verhandlung. Z. T. handelt es sich dabei um eine zeitlich befristete Zusammenarbeit. Alpha 5, Alpha 8 und Alpha 9 wickeln solche PArtnerschaften über automatisierte Affiliate-Marketing-Systeme wie *Zanox* (www.zanox.de) oder *affilinet* (www.affilinet.de), um die Transaktionskosten möglichst gering zu halten.[541] Denn das Webangebot des Partners wird mit dem Angebot des Akteurs nur verlinkt. Partner werden passend aus dem Pool dieser Anbieter ausgewählt oder rekrutieren sich selbst.[542] Die Kommunikation mit den Partnern erfolgt in der Regel per E-Mail. Kompensationen werden vom System nach vorher festgelegten Regeln automatisch kalkuliert und abgerechnet. Die Systeme sind so ausgelegt, dass eine Vielzahl von Partnern mit möglichst geringem Aufwand betreut werden können.[543]

Während bei Gruppe 3 die Prinzipien der Reduzierung von Transaktionskosten und des Aufbaus/Erhalts eines marktlichen Effizienzdrucks im Vordergrund stehen, wird bei Gruppe 1 in erster Linie das Prinzip der Nutzung von Spezialisierungsvorteilen verfolgt.[544] Solche auf Dauer angelegte Kooperationen bedürfen einer sehr eng abgestimmten Vorgehensweise, die sich am besten in einem Projektteam realisieren lässt und sich auf individuelle, detaillierte Verträge stützt.

---

[541] Siehe Jochims (2006), S. 20 f. Zu weiteren Dienstleistern siehe Mangstl/Dörje (2003), S. 82 f.
[542] Vgl. Kapitel 7.3.3.
[543] Zur ausführlichen Darstellung siehe Heßler (2003), S. 327 ff.
[544] Für diese Gruppe gilt die in einer Studie bestätigte Hypothese, dass je höher der Individualisierungsgrad einer Kooperation ist, desto höher ist der wirtschaftliche Erfolg, vgl. Jochims (2006), S. 189.

Ressourcenbasierte Organisation von Kooperationen im Online-Vertrieb 145

	Gruppe 3	Gruppe 2	Gruppe 1
	Marktliche Koordination		
			Hierarchische Koordination
Commerce-Kooperationen (E-Commerce-Anbieter und Konsumenten-Marktplätze)	• Eigene Leistungen generieren ein Zusatzgeschäft für den Partner • Verlinkung der beiden Online-Shops	• Absatz der Leistung wird durch die Leistung der Partner erheblich gefördert • Integration der Online-Shops	• Absatz der Leistung ist nur in Verbindung mit Leistung des Partners möglich • Integration der Online-Shops • Gemeinsames Leistungsbündel mit dem Partner • Co-Branding • Kooperative Entwicklung von CRM-Lösungen
Content-Kooperationen (Content-Websites)	• Sporadische Lieferung von Content • Verlinkung	• Content des Partners unterstützt Verkauf der Produkte des Akteurs • Dauerhafte Lieferung von Content • Integration des Online-Shops in Content-Bereich des Partners	• Kunden des Partners sind bereit, Geld für Content des Akteurs zu zahlen • Verantwortung für einen Themenbereich des Partners • Integration des Online-Shops • Kooperative Contententwicklung • Co-Branding • Kooperative Entwicklung von CRM-Lösungen
Context-Kooperationen (Shopping-Malls und Suchmaschinen)	• Akteur mietet sich mit Online-Shop in Shopping-Mall ein • Wird als Online-Shop einer bestimmten Kategorie geführt	• Produkte des Partners werden häufig von Kunden der Mall/Suchmaschine gesucht • Integration des Online-Shops • Einzelne Produkte werden in Suchmaschine der Mall aufgenommen • Evt. Anbindung des Warenwirtschaftssystems	• Existenz von Leistungsvorteilen gegenüber der Konkurrenz • Integration des Online-Shops • Kooperative Entwicklung von CRM-Lösungen • Anbindung des Warenwirtschaftssystems, Verfügbarkeitsüberprüfung
Connection-Kooperationen (In-	• Verlinkung	• Integration der Online-Shops	• Hohe Kundenkenntnis ist für den Ab-

ternet Service Provider und Anbieter von E-Mail-Services		• Übergabe der entpersonalisierten Nutzerdaten an Akteur	satz sehr förderlich • Integration der Online-Shops • Kooperative Entwicklung von CRM-Lösungen

Abbildung 40: Beispielhafte Einteilung der Kooperationspartner in Gruppen.[545]

Oft bestehen als Pendant bereits enge Verflechtungen im stationären Vertrieb. Die Einstufung in Gruppe 1 erfolgt bei einigen Unternehmungen aus der Fallstudie erst, wenn bereits gemeinsame (positive) Kooperationserfahrungen gemacht wurden. Die Verhandlung des Kooperationsvertrages erfolgt individuell. Gegebenenfalls wird ein gemeinsames Projektteam gegründet oder ein Kooperationsbeirat eingerichtet.[546] Bei manchen Kooperationen erfolgte sogar eine Kapitalverflechtung beispielsweise in Form eines Joint Ventures.[547]

Die Konfigurationen und Implikationen der Gruppe 2 liegen irgendwo zwischen denen der Gruppe 1 und Gruppe 3. Abbildung 40 zeigt Beispiele jeweils für die verschiedenen Geschäftsmodelle der Kooperationspartner. Die Abgrenzung zu Gruppe 1 und Gruppe 2 erfolgt bei jedem Akteur den Anforderungen entsprechend individuell. Auf eine ausführliche Erläuterung von Gruppe 2 wird im Folgenden verzichtet.

Die Tabelle soll nicht so verstanden werden, dass die Unternehmung ihre Kooperationspartner in jeweils drei unterschiedliche Partnergruppen, bei vier unterschiedlichen Geschäftsmodellen also in insgesamt zwölf Gruppen einteilen soll. Die Unternehmung wird in der Regel nicht mit Partnern aus allen vier Geschäftsfeldern zusammenarbeiten. Vielmehr sollte sie sich basierend auf dem Prinzip der Transaktionskostensenkung auf ein oder zwei Geschäftsmodelle beschränken und nur in Ausnahmen mit drei oder sogar mit allen vier Geschäftsmodellen zusammenarbeiten. Dabei sollte die Unternehmung die einzelnen Gruppen (1, 2 und 3) jeweils möglichst identisch behandeln, d. h. identische Regelungen treffen und möglichst ähnliche Prozesse installieren.[548]

---

[545] Die Konsequenzen erfolgen aus den Entscheidungen in Kapitel 5, Abschnitt 5.2.2 und 5.2.3.
[546] Siehe Staudt et al. (1992), S. 152 ff.
[547] Die Identifikation, Anbahnung, Vereinbarung und Durchführung von Kooperationen ist Gegenstand von Kapitel 7.
[548] Zur ausführlichen Darstellung der Prozesse und Regelungen siehe Kapitel 7.

Die Schwierigkeit der Einteilung in die Gruppen besteht darin, dass es sich bei Ursache und Wirkung der Einteilung oft um einen Kreislauf handelt, wobei nicht immer eindeutig ist, was Ursache und Wirkung ist. Wird eine Kooperation beispielsweise der Gruppe 1 zugeordnet, wird sie fortan intensiv gefördert und vorangetrieben, und es werden gegebenenfalls bessere Technologien eingesetzt. Allein das kann schon dazu führen, dass der Erfolg dieser Kooperationen gemessen etwa am Umsatz größer ausfällt. Nur kann aufgrund des größeren Ressourceneinsatzes nicht jeder Partner der Gruppe 1 zugeteilt werden.

Im Folgenden wird die organisatorische Implementierung der Kooperationen mit den unterschiedlichen Geschäftsmodellen Commerce, Content, Context und Connection erläutert.

6.3.1 Organisatorische Implementierung von Commerce-Kooperationen

Die Kooperation mit einem Commerce-Anbieter hat zum Zweck, einem Kunden ein vollständiges Sortiment anbieten zu können.[549] Um die Kooperationspartner entsprechend einteilen zu können, muss der Akteur genau definieren, wie sehr die beiden Leistungen aus Sicht der Kunden zusammengehören. Im Beispiel in Abbildung 40 wird unterschieden, ob die Leistungen nur gemeinsam vertrieben werden können (Gruppe 1), ob sich der Absatz gegenseitig erheblich fördert oder ob es sich um zusätzliche Angebote handelt, die der Nutzer von Fall zu Fall gemeinsam erwirbt.

Beispielsweise könnte eine Versicherung danach unterscheiden, wie wichtig Versicherungen für den Vertrieb einer Ware oder Dienstleistung sind. Dies wird am Beispiel eines Yachtvercharterers, eines Reiseanbieters und eines Anbieters von Gebrauchtwagen im Internet deutlich: Ein Yachtvercharterer etwa, der Yachten nur mit entsprechender Skipper-Haftpflichtversicherung anbietet, würde der Gruppe 1 zugeordnet. Eine Reiserücktrittsversicherung dagegen ist für den Abschluss eine Reise nicht notwendig, kann ihn aber begünstigen. Anbieter von Reisen würden daher der Gruppe 2 zugerechnet. Wird schließlich eine Haftpflichtversicherung für PKWs nur von Fall zu Fall beim Kauf

---

[549] Vgl. Abschnitt 5.2.2.1.

eines PKWs direkt mit abgeschlossen, werden entsprechende Anbieter der Gruppe 3 zugeordnet. Auf dieser Basis müsste Abbildung 24 auf Seite 96, wie in Abbildung 41 dargestellt, erweitert werden.1

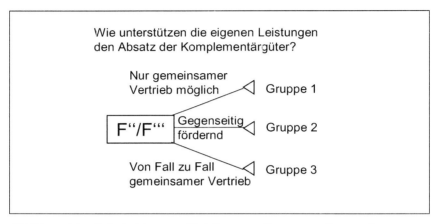

Abbildung 41: Entscheidung zur Einteilung von Commerce-Kooperationen Erweiterung von Abbildung 24.

Die Erträge der Partner aus Gruppe 3 sind entsprechend gering. Daher muss auch der technologische und administrative Aufwand je Partner minimiert werden. Bei Partnern der Gruppe 1 werden hohe Kooperationserträge erwartet. Diese lassen sich nur erreichen bzw. exponentiell steigern, wenn die Kooperation sehr intensiv betrieben wird. Basis einer solchen Commerce-Commerce-Kooperation ist die Integration der beiden Anbieter zu einem aus Sicht des Kunden einheitlichen Angebot, wie die bereits beschriebene Integration des Handyshops in die Webseite von Beta 10. Technische Grundlage der Zusammenarbeit ist zumeist ein gemeinsamer Warenkorb, bei der die Warenwirtschaftssysteme der Partner miteinander gekoppelt werden müssen. Werden darüber hinaus auch die CRM-Systeme der Partner verbunden, lassen sich gemeinsame Leistungsbündel entwickeln, wie im Beispiel Beta 6 und der Online-Versicherung Alpha 1, bei der der Fernseher mit einer speziell auf das Gerät ausgelegten Garantieverlängerung bezogen werden kann. Die Kopplung der CRM-Systeme und die Bündelung von Leistungen ermöglichen darüber hinaus das Ausheben der Preistransparenz im Internet und eine auf den Kunden zugeschnittene Preissetzung.[550]

Eine weitere gemeinsame Nutzung von Ressourcen auf hohem Niveau, zu der es eine Partnerschaft der Gruppe 1 bedarf, ist das Co-Branding, bei dem die beiden Marken der Shopanbieter verbunden werden. Die Co-Marke OBI@OTTO beispielsweise steht für das Sortiment und die Kompetenz im Heimwerkerhandel, gepaart mit der Versandkompetenz von *Otto*.

6.3.2 Organisatorische Implementierung von Content-Kooperationen

Ziel der Kooperation mit einem Content-Anbieter ist es, potenzielle Käufer dann zu erreichen, wenn sie eigentlich gar nicht einkaufen möchten, beispielsweise wenn sie das Internet zur Information, zum Spielen, zum Chatten oder einfach nur zum Surfen nutzen. Für eine Einteilung der Kooperationspartner muss der Akteur ermitteln, wie interessant der Content des Partners für den Verkauf seiner Leistungen ist. Als Anbieter von Reisen bietet sich somit sicherlich die Kooperation mit Webseiten an, die über das jeweilige Urlaubsland informieren.

Als Tauschressourcen könnte der Akteur selbst Content anbieten, der das Interesse der Nutzer des Partners weckt. Gelingt es dem Akteur, das Interesse der Partner und seiner Kunden durch seinen Content für seine Leistungen zu interessieren, erscheint es sogar sinnvoll, speziell dafür Inhalte zu erstellen bzw. zu erwerben. Denn sind die Kunden gar bereit, Geld für den Content an den Partner zu bezahlen, steigt dessen Bereitschaft zur Kooperation. Dieser Kraftakt ist jedoch nur bei einer langfristigen, intensiven Bindung entsprechend der Gruppe 1 sinnvoll. Zur Stärkung des Vertrauens und zur Demonstration der Nähe der beiden Anbieter gegenüber den Nutzern ist es auch hier sinnvoll, den Online-Shop in das Angebot des Partners zu integrieren.

Bei sehr intensiven Partnerschaften kann der Akteur die Verantwortung für eine komplette Rubrik übernehmen oder beide Partner erstellen gemeinsamen Content bzw. ge-

---

[550] Voraussetzung ist der entsprechende Vorrat an Informationen. Zur ausführlichen Darstellung siehe Mehler-Bicher (2003), S. 315 ff.

meinsame CRM-Lösungen, die z.B. den an Börsen und Sport interessierten *Yahoo*-Nutzer zu einem entsprechenden Angebot bei Karstadt.de führt. So hat Alpha 4 etwa den gesamten redaktionellen Versicherungsbereich eines Finanzinformationsdienstleisters übernommen.

Eine solche Kooperation der Gruppe 1 muss natürlich auf Dauer angelegt sein und im Vertrag Regelungen zur technischen Integration, zu Exklusivrechten und zu gemeinsamen Projektteams enthalten. Hier werden weniger finanzielle Ressourcen als Inhalte und Know-how ausgetauscht.

Bei Partnerschaft der Gruppe 3 erfolgt die Anbindung und Abrechnung über einfache Content-Management-Systeme. Im Gegenzug zu Inhalten bekommt der Akteur standardisierte Werbemittel wie Banner oder Pop-Ups zur Verfügung gestellt. Der Übergang zur langfristigen marktlichen Buchung von Bannerplätzen ist fließend. Die Entscheidung zur Gruppeneinteilung ist in Abbildung 42 dargestellt.

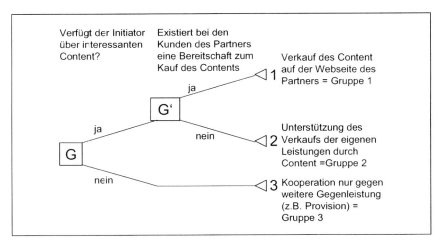

Abbildung 42: Entscheidung zur Einteilung von Content-Kooperationen Erweiterung von Abbildung 25.

6.3.3 Organisatorische Implementierung von Context-Kooperationen

Die Zusammenarbeit mit einem Kontextanbieter zielt darauf ab, eine Zielgruppe zu erreichen, die sich bereits aktiv mit der Suche bestimmter Produkte und Leistungen beschäftigt. Daher sollte der Akteur eine solche Kooperation nur in Betracht ziehen, wenn seine Leistungen auch tatsächlich über das Internet gesucht werden.[551] Allerdings stößt der Akteur dabei auf erheblichen Wettbewerb, denn die potenziellen Kunden suchen die Kontextseiten auch deswegen aus, um verschiedene Angebote miteinander vergleichen zu können. Daher sollt der Akteur die Gruppeneinteilung davon abhängig machen, wie groß und deutlich sein Wettbewerbsvorteil gegenüber den Mitbewerbern ist.

Bei einem klaren Wettbewerbsvorteil sollte der Akteur eine enge Bindung anstreben, um diesen Wettbewerbsvorteil den Kunden besser zu übermitteln. Bei einem Preisvorteil kann er als Preis-Leader dargestellt werden. Bei Leistungsvorteilen können seine Leistungen ausführlicher, evtl. sogar im redaktionellen Bereich herausgehoben werden. Einzelne Produkte des Akteurs werden in die Datenbank des Partners aufgenommen, bzw. es erfolgt direkt eine Anbindung an das Warenwirtschaftssystem, um aktuelle Preise, Verfügbarkeiten und Lieferzeiten darzustellen. Der Kunde gelangt direkt auf die Produktseiten. Sein Shop wird in das Angebot des Partners integriert, um zusätzliches Vertrauen zu schaffen und eine Nähe zu der Context-Webseite zu demonstrieren.

Bei einer sehr engen Kooperation könnten die beiden Partner gemeinsame CRM-Anwendungen entwickeln, wie beispielsweise die schon diskutierten Recommender-Systeme. Auch hier kann ein Datenaustausch zu den entpersonalisierten Kundendaten von Partner und Akteur stattfinden. Den Entscheidungsbaum stellt Abbildung 43 dar.

---

[551] Solche Informationen zu den Suchhäufigkeiten bestimmter Begriffe veröffentlichen verschiedene Suchmaschinen und Marktforschungsinstitute.

152   Geschäftsmodelle für Kooperationen im Online-Vertrieb

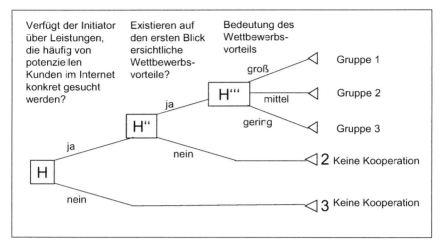

Abbildung 43:   Entscheidung zur Einteilung von Context-Kooperationen
                Erweiterung von Abbildung 27.

Dabei wird wiederum deutlich, dass es sich um eine gegenseitige Beziehung handelt, bei der Ursache und Wirkung nicht einfach voneinander zu trennen sind. Denn möglicherweise entsteht der Wettbewerbsvorteil erst dadurch, dass der Akteur mit dem Context-Anbieter eine enge Bindung eingeht. Er wird besser platziert, deutlicher hervorgehoben; es könnte ein gemeinsames Branding entwickelt werden, das bei den Kunden Vertrauen schafft.

6.3.4 Organisatorische Implementierung von Connection-Kooperationen

In Kapitel 5.2.2.4 wurde bereits erläutert, dass eine Kooperation mit einem Internet Service Provider oder einem Anbieter von E-Mail-Services nur dann infrage kommt, wenn eine hohe Kundenkenntnis für den Akteur von großer Bedeutung ist, so dass entsprechende Angebote platziert oder Forderungsausfälle vermieden werden. Um diese Vorteile auch nutzen zu können, bedarf es einer Anbindung der EDV-Systeme beider Partner und einer engen konzeptionellen Zusammenarbeit, die einer Partnerschaft in Gruppe 1 entspricht. Da speziell hier ein hohes Maß an Vertrauen notwendig ist, sollte das Angebot des Akteurs in die Webseite des Partners integriert werden. Eine Entwicklung der Zusammenarbeit könnte auch hier die gemeinsame Entwicklung von CRM-Lösungen darstellen.

Da solche Connection-Anbieter über eine Vielzahl von Kunden verfügen, kann auch dann eine Zusammenarbeit sinnvoll sein, wenn die Kundenkenntnis nicht von solch großer Bedeutung ist. Entsprechend dem Entscheidungsbaum aus Abbildung 44 sollte die Partnerschaft dann aber loser geknüpft und standardisierter organisiert sein.

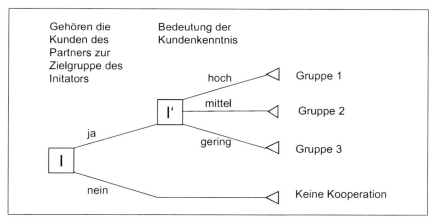

Abbildung 44: Entscheidung zur Einteilung von Connection-Kooperationen Erweiterung von Abbildung 28.

Im Folgenden werden ein Beispiel aus der betrieblichen Praxis einer untersuchten Unternehmung und die Vorgehensweise von WIRTZ/VOGT dargestellt.

6.3.5 Beispiele für die organisatorische Implementierung von Kooperationen

WIRTZ/VOGT sehen unterschiedliche Bindungsintensitäten von Online-Kooperationen als Entwicklungsstufen der Zusammenarbeit an und beschreiben ein Beispiel mit drei Stufen, das in Abbildung 45 dargestellt ist.[552] Die erste Stufe ist die traditionelle Abwicklung von Austauschprozessen in einem elektronischen Format wie z.B. elektronische Bestellformulare oder Auftragsbestätigungen. Die Bindung ist hierbei sehr gering. Um keine Anpassungsinvestitionen vornehmen zu müssen, erfolgt die Verarbeitung hierbei weitgehend auf traditionellem Weg.

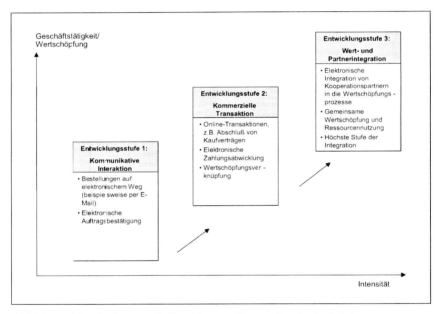

Abbildung 45: Stufen von Online-Kooperationen, Quelle: in Anlehnung an Wirtz/Vogt (2003), S. 272.

Auf der zweiten Entwicklungsstufe findet bereits eine rein elektronische Transaktionsabwicklung statt, wie beispielsweise das automatische Auslösen von Bestellvorgang und Auftragsabwicklung. Hierzu ist eine Verknüpfung der Wertschöpfung von Lieferanten und Abnehmern notwendig, was eine intensivere vertragliche Bindung erfordert.

---

[552] Siehe hierzu Wirtz/Vogt (2003), S. 272 f.

Die dritte Stufe sieht eine weitgehende Integration der Kooperationspartner in die Wertschöpfung der Unternehmung vor. Die Unternehmungen kooperieren in gemeinsamen Projekten und greifen gemeinsam auf Ressourcen zu, was zur engsten Bindung der Unternehmungen führt. In Abbildung 45 sind die verschiedenen Stufen der Online-Kooperation zusammenfassend dargestellt. Das Beispiel von WIRTZ/VOGT verdeutlicht, dass es sich bei der Zunahme der Bindung in aller Regel um einen zeitlichen Prozess handelt, bei dem am Anfang eine lose Bindung steht, die sich im Laufe der Partnerschaft intensiviert.[553]

Gamma 3 berät Kunden bezüglich ihrer Online-Vertriebs-Kooperationen und unterscheidet dabei drei Formen von Partnerschaften: Die strategische Partnerschaft, die Marketing-/Vertriebs-Partnerschaft und das Affiliate Marketing. Die Unterscheidung erfolgt entsprechend der Abbildung 46 bezüglich der Ziele, des Zwecks und der Intensität der Partnerschaft sowie nach der Anzahl der Partner. Dabei haben die Ziele in ihrer Ausprägung Beispielcharakter und können von Projekt zu Projekt bzw. Kunde zu Kunde divergieren. Diese Einteilung wurde durch Gamma 3 für das Partnernetzwerk von Alpha 4 umgesetzt.

Im Auftrag des Versicherungskonzerns Alpha 2 hat der Autor ein Partnersystem mit drei Klassifizierungen errichtet. Das Projekt wird als Fallbeispiel in Abschnitt 7.2.3 auf Seite 172 ausführlich dargestellt, wo auch die Einteilung in Gruppen beschrieben wird.

---

[553] Siehe hierzu Lorange/Roos (1992), S. 344 sowie Zentes (1993), S. 70.

	Strategische Partnerschaft	Marketing-/ Vertriebs-Partner	Affiliate Marketing
Qualitative/ Quantitative Ziele	Know-how-Transfer, weit-reichende Zusammenarbeit, mittelfristiger Gewinn, Synergiepotentiale, neue Märkte, neue Zielgruppen, Joint Venture usw.	Mehr Views, Leads, kurz- Mittelfristige Umsatzgenerierung, positive Imageeffekte durch den Partner, Bekanntheitsgrad steigern, gemeinsame Marketingkampagnen, usw.	Mehr Views, Leads, kurzfristige Umsatzgenerierung, Bekanntheitsgrad steigern, usw.
Intensität der Partnerschaft	Langfristige, intensive Beziehung auf oberer Ebene. Fokus nicht nur auf Umsatz, sondern enge operative und strategische Zusammenarbeit	Mittelfristige Beziehung mit persönlichem Austausch eher auf Fachebene (Projektleiter, Themenverantwortliche), Fokus auf Umsatz und Marketing	Kurz- und mittelfristige Beziehung teilweise ohne direkten Kontakt, reine elektronische Geschäftsbeziehung, Fokus eher nur auf Umsatz
Anzahl der gesuchten Partner	1-2	3-15	>20

Abbildung 46: Unterscheidung der Formen von Partnerschaften
Quelle: In Anlehnung an Neef/Bloch (2003), S. 430.

7. Ressourcenbasierte Realisation und Kontrolle von Kooperationen im Online-Vertrieb

„Der Verlauf von Kooperationen findet konzeptuell betrachtet in einer chronologischen Aneinanderreihung einzelner Phasen statt. Jede Phase repräsentiert bestimmte Aufgaben und Aktivitäten, deren erfolgreicher Abschluss die Beteiligten in die jeweils nächste Phase bringt."[554] Das Vorgehen, den Kooperationsprozess in verschiedene Phasen einzuteilen, resultiert aus der Erkenntnis, dass mit der Größe eines Projekts die Komplexität und damit die Anforderungen an das Management steigen, die in den einzelnen Phasen unterschiedlich sind.[555] Durch eine Einteilung in einzelne Schritte nimmt die Transparenz des gesamten Projektes zu, denn in jeder Phase wird der aktuelle Stand der Tätigkeiten und Ergebnisse klar ersichtlich.[556]

Ziel dieses Kapitels ist es, im Sinne des Kooperations-Engineerings geeignete Verfahren, also standardisierte technische und organisatorische Hilfsmittel zu entwickeln, die die im vierten Kapitel erarbeiteten, auf den Kooperationsprinzipien beruhenden Methoden in Aktion umsetzen. Dazu wird zunächst das Modell des Kooperationslebenszyklus erläutert und anschließend werden für jede einzelne Phase der Kooperation entsprechende Verfahren vorgestellt.

---

[554] Szyperski/von Kortzfleisch (2002), S. 378.
[555] Vgl. Faisst (1998), S. 64. Zur ausführlichen Darstellung von Lebenszyklusmodellen in Bezug auf Kooperationen siehe Liebhart (2002), S. 122 ff. sowie Thomé/von Kortzfleisch/Szyperski (2005b), S. 195 ff.
[556] Vgl. Heck (1999), S.63. Das Lebenszyklusmodell kann und soll die Realität nicht in ihrer vollen Komplexität abbilden in der z.B. häufig Schleifen innerhalb und zwischen den einzelnen Phasen auftreten, vgl. Faisst (1998), S. 64.

7.1 Kooperationslebenszyklus

In der Literatur finden sich zahlreiche Lebenszyklusmodelle von Kooperationen.[557] Allen Modellen gemeinsam sind die drei Kernphasen *Identifikation*, *Anbahnung/Vereinbarung* und die *operative Phase*.[558] Einigen Modellen geht eine *strategische Vorbereitungsphase* voraus, in der die Grundausrichtung und die Vorgehensweise des Kooperationsvorhabens festgelegt werden.[559] In der strategischen Vorbereitungsphase werden u. a. die Ziele definiert, potenzielle Zielgruppen analysiert und Prinzipien und Methoden zur Zielerreichung festgelegt.[560] Die strategische Vorbereitung wird jedoch nicht als Phase einer einzelnen Kooperation begriffen, sondern sollte allgemein dem Kooperationsvorhaben einer Unternehmung vorgeschaltet werden. Sie wurde bereits in den Kapiteln drei bis fünf ausführlich erläutert und wird in diesem Kapitel somit nicht erneut behandelt.

Nicht alle Modelle weisen die *Phase der Auflösung* explizit aus.[561] In mehreren der hier untersuchten Fälle führten einzelne Kooperationen nicht zu einem geplanten Ende. Es trat ein vorzeitiger Abbruch ein, für den nur in zwei Fällen Vorsorge getroffen wurde. Da in den beobachteten Fällen ein geplantes Vorgehen entstandene Probleme vermutlich verhindert hätte, wird hier die Phase der Auflösung berücksichtigt. Das für diese Arbeit zugrunde liegende Phasenmodell stellt Abbildung 47 dar.

In der *Identifikationsphase* erfolgt eine möglichst systematische Suche nach Informationen über potenzielle Kooperationspartner.[562] Ziel dieses als „Environmental Scanning"[563] bezeichneten Verfahrens ist die Erstellung einer so genannten Longlist, die im

---

[557] Siehe u. a. Bronder/Pritzl (1991), S. 27 ff., Bleicher 1992, S. 287, Staudt et al. (1996), S. 1 ff. mit Checklisten der einzelnen Phasen, Faisst (1998), S. 64, Swoboda (2000). S. 112 f., sowie Burr (2003), S. 558. Eine Übersicht stellen Zentes/Soboda/Morschett (2002), S. 827 f. und Liebhart (2002), S. 126 f. zusammen.

[558] In der anglo-amerikanischen Literatur „find, design, manage", vgl. Parise/Sasson (2002), S. 42.

[559] Siehe z.B. Bronder/Pritzl (1991), S. 27 ff. und Bleicher 1992, S. 287.

[560] Vgl. Neef/Bloch (2002), S. 428 ff.

[561] Vgl. z.B. Bleicher 1992, S. 287 und Szyperski/von Kortzfleisch (2002), S. 378.

[562] Vgl. Szyperski/ von Kortzfleisch (2002), S. 378.

[563] Vgl. Graddick/Bassman/Giordano (1990), S. 73

ersten Schritt alle potenziellen Kooperationspartner auflistet.[564] Aus dieser Longlist wird in der *Anbahnungsphase* durch geeignete Recherche- und Selektionsverfahren eine so genannte Shortlist erstellt, eine Liste der Unternehmungen, die tatsächlich angesprochen werden sollen. Wesentlicher Bestandteil der Liste sind für die Anbahnung relevante Informationen, wie beispielsweise der Ansprechpartner, die Leistungen des Partners oder bereits bestehende Kooperationen.[565] Im Rahmen der *Vereinbarungsphase* werden das gemeinsame Kooperationsinteresse festgestellt sowie die Kooperationsdetails ausgestaltet.[566]

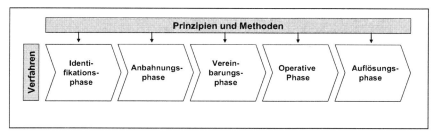

Abbildung 47: Phasen der Entwicklung von Kooperationsvorhaben, Quelle: in Anlehnung an Mertens/Griese/Ehrenberg (1998), S.94 bzw. Faisst (1998), S. 64.

Die laufenden Geschäftsprozesse zwischen den Kooperationspartnern determiniert die *operative Phase*. In diese Phase, zu deren Zweck die Koalition vereinbart wurde, gehört auch die *Kontrolle* der Zusammenarbeit.[567] Schließlich müssen Verfahren für eine geplante oder ungeplante Beendigung der Kooperation installiert werden.[568] Im Folgenden werden für die jeweiligen Phasen der Kooperation entsprechende Verfahren vorgestellt.

---

[564] Die Begriffe Longlist (Alle zunächst infrage kommenden Elemente (Unternehmungen, Personen, Länder usw.) und Shortlist (Shortlist=systematisch erstelltes Extrakt aus der Longlist) werden gebraucht, da sie auch im Unternehmensalltag Verwendung finden. Siehe Neef/Bloch (2003), S. 432.

[565] Siehe Abbildung 51.

[566] Siehe hierzu Szyperski/von Kortzfleisch (2002), S. 378.

[567] Siehe Zentes/Soboda/Morschett (2002), S. 828.

[568] Vgl. hierzu Zentes/Soboda/Morschett (2002), S. 828.

7.2 Verfahren zur Identifikation geeigneter Kooperationspartner

In der ersten Kooperationsphase werden potenzielle Unternehmungen identifiziert. „Grundlage für den Erfolg einer strategischen Kooperation ist der geeignete Partner."[569] Eine *sorgfältige, methodische Vorgehensweise* bei der Auswahl geeigneter Kooperationspartner gilt daher als ein wesentlicher Erfolgsfaktor.[570] Doch gerade zu den wesentlichen, während der Tiefeninterviews geschilderten Kooperationshemmnissen gehört, nicht den oder die richtigen Partner zu finden.[571] Oftmals beruhen die Kontakte der untersuchten Unternehmungen auf persönlichen Verbindungen (sog. „Golfplatzallianzen"[572]), bereits bestehenden Geschäftsbeziehungen oder zufälligen Treffen etwa auf Messen. Dies führte bei den untersuchten Unternehmungen nicht selten dazu, dass mitunter auch aufwändige Verhandlungen mit einem ungeeigneten Partner geführt wurden, die am Ende nicht erfolgreich waren.

Entsprechend der Prinzipien des Kooperations-Engineerings handelt es sich hingegen dann um erfolgreiche Partnerschaften, wenn mit ihnen der Aufbau und dauerhafte Erhalt von Ressourcen mit positivem Nutzeneffekt für den Akteur verbunden ist.[573] Die Identifikation des passenden Kooperationspartners sollte daher auf der Basis einer gründlichen Recherche nach rein sachlichen Aspekten erfolgen.[574] Entsprechend Abbildung 48 befinden sich danach die wertvollsten Partner rechts oben. Bei den so genannten „Starpartnern" ist der Wert der Ressourcen für den Akteur durch die Kooperation sehr hoch. Daher werden sie der Gruppe 1 zugeordnet. Die Abbildung verdeutlicht, dass auch der Wert der Ressourcen des Akteurs als Kooperationsleistung aus der Sicht des potenziellen Ko-

---

[569] Albers/Jochims (2003), S. 21.

[570] Siehe hierzu Kajüter (1994), S. 198; Bleicher (1992), S. 282, Müller (1999), S. 131 sowie Efe (2005), S. 137. Song/Park/Mezias (2002), S. 698 f. sehen belegt durch eine empirische Untersuchung sogar den Unternehmungswert gefährdet, sollte das Management Partnerschaften zu naiv eingehen.

[571] Gerade unter kleineren und mittleren Unternehmungen ist es sogar das wesentliche Kooperationshemmnis.

[572] Raffée/Eisele (1993), S. 18.

[573] Das entspricht den ressourcenbezogenen Prinzipien aus Abschnitt 5.1.1. Die organisationsbezogenen Prinzipien (Kapitel 5.1.2) sind Grundlage der Vereinbarungsphase und operativen Phase.

[574] Vgl. von Kortzfleisch/Szyperski/Thomé (2005) S. 72.

operationspartners (sehr) hoch sein muss, damit der Partner überhaupt Interesse an der Zusammenarbeit zeigt.

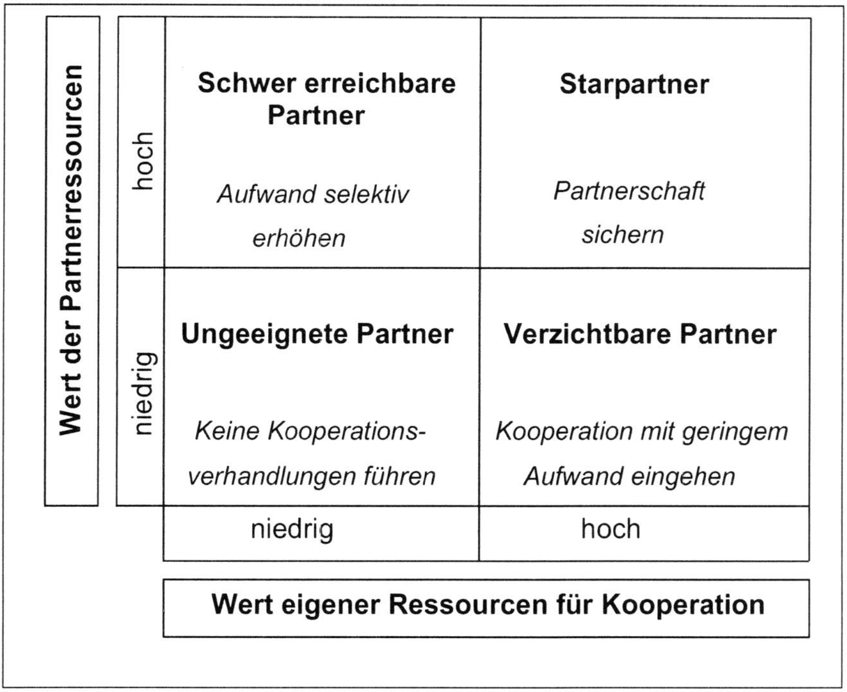

		Wert eigener Ressourcen für Kooperation	
Wert der Partnerressourcen	hoch	**Schwer erreichbare Partner** *Aufwand selektiv erhöhen*	**Starpartner** *Partnerschaft sichern*
	niedrig	**Ungeeignete Partner** *Keine Kooperationsverhandlungen führen*	**Verzichtbare Partner** *Kooperation mit geringem Aufwand eingehen*
		niedrig	hoch

Abbildung 48: Identifikation von Kooperationspartnern
Quelle: in Anlehnung an Büttgen (2003), S. 207.

Je weiter links unten sich die Unternehmung befindet, desto geringer ist die Bedeutung einer Partnerschaft. Entsprechend befinden sich ganz links unten Unternehmungen, mit denen erst gar keine Kooperationsverhandlungen geführt werden sollten, da es für eine Kooperation keine ausreichende gemeinsame Basis gibt. Dazwischen liegende Partnerschaften sind demnach der Gruppe 2 bzw. der Gruppe 3 zuzuordnen.

NEEF/BLOCH beschreiben grundsätzlich zwei Verfahren zur Identifikation von Kooperationspartnern, die bei der Einteilung in Gruppen sinnvoll erscheinen: Partner können aktiv gesucht und angesprochen werden (hier: Gruppe 1 und ggf. Gruppe 2) oder sie rekrutieren sich selbst, wie es beispielsweise im Affiliate Marketing (hier: Gruppe 3) der Fall ist.[575] Auch bei der Selbstrekrutierung sollten Anforderungen festgelegt werden, die ein Partner der Gruppe 3 mindestens zu erfüllen hat.

Gamma 3 beispielsweise grenzt im Fall der aktiven Suche den Markt ein und segmentiert ihn.[576] Anschließend wird eine Longlist von potenziellen Partnern erstellt, deren Auswahl nach vorher definierten Kriterien bewertet und priorisiert wird. Schließlich werden die aus der Longlist selektierten Unternehmungen angesprochen. Im Folgenden wird erläutert, wie solch eine Marktsegmentierung und die Erstellung der Longlist erfolgen. Die Ansprache der erwählten Unternehmungen wird in Abschnitt 7.3 thematisiert.

7.2.1 Bildung von Partnersegmenten und -profilen

Im Absatzmarketing werden im Rahmen einer Marktsegmentierung potenzielle Kunden in homogene Käuferkategorien eingeteilt, um sie jeweils als Segment eines Marktes gezielter und dadurch erfolgreicher ansprechen zu können.[577] Fast alle Interviewpartner gaben an, dass Kooperationspartner zwar individuelle Bedürfnisse und Anforderungen haben. Trotzdem konnten durch die Fallstudien bestimmte Muster identifiziert werden, die eine gleiche bzw. ähnliche Behandlung ermöglichen, um wie bei der Segmentierung im Absatzmarketing, Ressourcen zu schonen. Daher bietet sich an, das Verfahren der Marktsegmentierung auf die Identifikation potenzieller Kooperationspartner zu übertragen. Nach KOTLER beruht ein Segmentierungsverfahren im Absatzmarketing typischerweise auf drei Phasen, die im Folgenden auf die Bildung von Partnersegmenten angepasst werden:[578]

---

[575] Vgl. Neef/Bloch (2003), S. 432. Die Unternehmung Abebooks erreicht auf diese Weise mehr als 20.000 Partner, vgl. Brettel/Heinemann (2002), S. 130.

[576] Siehe hierzu auch Thomé/von Kortzfleisch/Szyperski, N. (2005b), S. 201 f.

[577] Vgl. Köhler (1993), S. 27 f. sowie Meffert (1991), S. 243.

[578] Zur ausführlichen Darstellung siehe Kotler/Bliemel (1992), S. 415 ff. Kotler/Bliemel bezeichnet die erste Phase als *Datenerhebung* in der faktisch Kriterien zur anschließenden Analyse gesammelt werden. Hier wurde ein anderer Begriff aufgrund einer abweichenden jedoch analogen Vorgehensweise gewählt, um

- Kriteriensammlung
- Kriterienanalyse und
- Partnerprofilerstellung.

Zunächst müssen Kriterien ermittelt werden, die erfassbar bzw. messbar sind und auf Dauer dazu beitragen, um innerhalb eines Segments eine einheitliche Ansprache zu ermöglichen.[579] Die Kriterien müssen analysiert werden, um anhand der Kriterien Segmente zu entwickeln, die in sich zwar homogen sind, sich nach außen aber stark von den anderen Segmenten unterscheiden. Aus dem Absatzmarketing ist bekannt, dass statistische Verfahren allerdings nur bei einer sehr großen Stichprobe angewendet werden können, hier also etwa beim Affiliate Marketing.[580] Das Ergebnis ist schließlich eine Mehrzahl an Segmenten mit jeweils einem (Anforderungs-)profil, aufgrund dessen die potenziellen Partner leicht identifiziert werden können.

7.2.1.1 Kriteriensammlung

Bei der Kriteriensammlung muss der Akteur auf die Überlegungen aus Kapitel vier zurückgreifen, in denen thematisiert wird, wie bestimmte Dienste und Produkte von Konsumenten im Internet überhaupt erworben werden und welche Ressourcen dafür benötigt werden. Der Akteur muss das Verhalten seiner Zielgruppe im Internet in Bezug auf sein Produkt kennen. Suchen die Kunden das Produkt auf direktem Wege über Preisvergleiche oder in Shopping-Malls, suchen sie eigentlich Komplementärprodukte und können nur in diesem Zusammenhang angesprochen werden oder sind sie überhaupt nicht auf der Suche und ihr Bedarf muss in einem anderen Zusammenhang geweckt werden. Denn davon hängt ab, wie die Kunden angesprochen werden, welche Ressourcen den Erstkontakt mit den Kunden fördern und welche Unternehmungen über solche Ressourcen verfügen. Abbildung 49 stellt dar, welche Kriterien an potenzielle Partner durch die Fallstudie ermittelt wurden.[581]

---

der deutlich kleineren Stichprobe bei der Segmentierung von Kooperationspartnern im Gegensatz zu Konsumenten gerecht zu werden.

[579] Zur ausführlichen Darstellung der Kriterien zur Marktsegmentierung siehe Meffert (1991), S. 244 f.

[580] Wie etwa die Faktoranalyse bzw. die Clusteranalyse. Zur ausführlichen Darstellung siehe Böhler (1992), S. 221 ff. sowie 230 ff. Um nicht den Eindruck zu erwecken, hierbei handele es sich um statistische Verfahren wurde der Begriff *Cluster* nicht verwendet.

[581] Diese Kriterien wurden nicht etwa systematisch ermittelt und bei der Partnersuche „abgearbeitet", sondern

Kriterien bei der Partnerwahl
Hauptkriterien:
▪ Geschäftsmodell
- Content (Themen, Aktualität)
- Komplementärleistungen
▪ Zielgruppe (Übereinstimmung, Kaufbereitschaft)
▪ Nutzer(-zahl)
▪ Gestaltung (etwa Qualität)
Nebenkriterien:
▪ Marke (Image)
▪ Technische Voraussetzungen
▪ Unternehmungskultur
▪ Organisation
▪ Räumliche Entfernung
▪ Bestehende Partnerschaften in anderen Bereichen der Unternehmung

Abbildung 49: Kriterien bei der Partnerwahl.

Als mögliches aber nicht zwingend notwendiges Kriterium kann das Geschäftsmodell der Partner als Segmentierungskriterium herangezogen werden, denn wie oben erläutert wurde, determiniert es das Kaufverhalten in erheblichem Maße. Weitere Kriterien hängen vom eigenen Geschäftsmodell ab, wie beispielsweise bei Commerce-Anbietern die angebotenen (Komplementär-)Leistungen und bei Content-Anbietern Themen und Aktualität der Inhalte. Als wesentliches Kriterium, da maßgebliche Ressource für den Erstkontakt, gilt auch bei den untersuchten Unternehmungen, welche Zielgruppe in welcher

---

konnten z. T. nur durch die Tiefeninterviews erforscht werden.

Anzahl auf den Webseiten des Partners erreicht werden kann, welche Kaufbereitschaft sie mitbringt und inwiefern sie mit der gewünschten Zielgruppe übereinstimmt. Darüber hinaus formulierten die Gesprächspartner durchweg Anforderungen an die Gestaltung der Webseite und z. T. an die Marke des Partners. Ansprüche an die Technik des Partners bestehen sowohl hinsichtlich der Unterstützung der Kommunikation untereinander als auch im Zusammenspiel der E-Commerce-Technologien.[582] Je enger die Kooperation, desto wichtiger wird die Rolle der Unternehmenskultur der beiden Partner, die miteinander harmonieren müssen.[583]

Darüber hinaus legen einzelne Unternehmungen weitere Kriterien zugrunde, wie die räumliche Entfernung oder bereits bestehende Partnerschaften des Partners. Keine Unternehmung bewertet jedoch systematisch die eigenen Ressourcen als Tauschwährung und damit als Kriterium für eine Kooperation. Im Fallbeispiel in Kapitel 7.2.3 wird auch dieser Faktor bei der Auswahl der Partner berücksichtigt.

7.2.1.2 Kriterienanalyse

Damit bei *der Zielgruppe* keine Streuverluste durch die Ansprache ungeeigneter Nutzer erlitten werden, muss der Akteur Kriterien festlegen, die ein Partner erfüllen muss, um auf seiner Webseite die gewünschte Klientel erreichen zu können.[584] Im einfachsten Fall führt der Partner bereits Zielgruppenanalysen durch und verfügt dadurch über genaue Merkmale seiner Kunden, etwa für einzelne Bereiche seiner Webseite.[585] In diesem Fall muss sich der Akteur allerdings auf die Angaben des Partners verlassen (können).[586] Liegen solche Daten nicht vor oder möchte der Akteur seine eigenen Daten erheben, muss er Indikatoren festlegen. Bei Commerce-Seiten beispielsweise die Produktkategorien, die Preisniveaus der Leistungen, die sonstigen Serviceleistungen und die Aufmachung der Webseite. Ist beispielsweise die Aufmachung eher „marktschreierisch", das

---

[582] Zur ausführlichen Darstellung siehe Faisst (1998), S. 85 ff. Siehe auch Thomé/von Kortzfleisch/Szyperski (2003), S. 53.
[583] Vgl. hierzu auch Thomé/von Kortzfleisch/Szyperski (2003), S. 52.
[584] Siehe Checkliste dazu bei Deutscher Multimedia Verband (dmmv) e.V./HighTextVerlag (Hrsg.) (2002), S. 46 ff.
[585] Siehe hierzu Staudt et al. (1992), S. 39 ff.
[586] Solche Analysen können von unabhängigen Instituten durchgeführt werden. Da sie jedoch sehr aufwändig sind, können sich solche Untersuchungen nur wenige große Betreiber von Content- oder Commerceseiten leisten.

Preisniveau vergleichsweise tief und die sonstigen Serviceleistungen gering bzw. nicht im Preis enthalten, wird der Akteur eher auf eine sehr preisbewusste Käuferschaft treffen, die auch bei seinen Leistungen den Preis als wichtigsten Faktor ansehen wird. Auf Content-Seiten muss etwa aufgrund der Thematik der Inhalte und der Aufmachung auf die Zielgruppe geschlossen werden. Der Akteur muss also die Themengebiete seiner Klientel z.B. aufgrund einer Kundenbefragung erfahren. Neben dem Interesse an der Produktkategorie muss auch die Kaufbereitschaft, die Zahlungsbereitschaft, die Zahlungsfähigkeit und die Loyalität der potenziellen Zielgruppen berücksichtigt werden.

EDER/SCHMID-SCHMIDSFELDEN beschreiben unter dem Begriff „Feasibility Study" ein Verfahren zur Rentabilitätsrechnung, in der die zukünftigen Ertragswerte des beabsichtigten Kooperationsvorhabens prognostiziert werden sollen.[587] Angewendet auf das vorliegende Problem muss der Partner über eine bestimmte *Nutzerzahl* verfügen, damit der Akteur die benötigte Mindestnutzerzahl auf die eigene Webseite überführen kann.[588] Aufgrund seiner Erfahrungen kennt der Akteur die Conversionrate auf seiner eigenen Webseite, also die Zahl derjenigen Besucher seiner Seite, die er tatsächlich als Kunden gewinnen kann. Damit kennt er auch den durchschnittlichen Warenkorb eines Besuchers und seinen Deckungsbeitrag. Vorausgesetzt der Akteur ermittelt die Kosten einer Partnerschaft, so ist er in der Lage zu berechnen, wie viele Nutzer er von einem Partner übermittelt bekommen muss, damit sich die Partnerschaft lohnt. Dies ist die eigentlich relevante Zahl, die aber im Vorfeld nur auf Basis der Nutzerzahlen des Partners geschätzt werden kann.[589] Der Akteur legt aus seinen Berechnungen eine Mindestnutzerzahl bei seinem Partner für die Aufnahme der Vertragsverhandlungen und die Einteilung in die Gruppen fest.[590] Entweder verlässt er sich auch hier auf die Angaben des Partners oder zieht – wenn verfügbar - Zahlen neutraler Instanzen wie z.B. der IVW heran.[591]

Schwieriger gestaltet sich die Bewertung der *Gestaltung*, da sie nicht nummerisch bewertbar ist und Gestaltung unterschiedlich empfunden werden kann. Plausibel erscheint mir die Vorgehensweise von Alpha 6, bei der das für Kooperationen verantwortliche

---

[587] Zur ausführlichen Darstellung der Feasibility Studie siehe Eder/Schmid-Schmidsfelden (1991), S. 56ff.
[588] Vgl. hierzu Abbildung 56.
[589] Zur ausführlichen Darstellung siehe Kapitel 7.5.2.
[590] Diese kann auch auf einen bestimmten Bereich auf der Seite bezogen sein.
[591] IVW - Informationsgemeinschaft zur Feststellung der Verbreitung von Werbeträgern e.V.

Team die Gestaltung der Webseiten potenzieller Partner bewertet. Dafür füllt jeder Teilnehmer einen Bewertungsbogen aus, in dem er das Design nach verschiedenen Kriterien, wie z.B. der Professionalität, Innovativität, Aktualität usw. benotet. Eine Unternehmung wird dann nicht mehr ins Set aufgenommen, wenn die Seite unter ein bestimmtes Niveau fällt, aber auch wenn sie bei einer oder mehreren Einzelbewertungen die Note mangelhaft erhält.

Weiterhin kann auch die *Marke* als ein Kriterium bezeichnet werden, da als eines der Nebenziele der Kooperationen der Imagetransfer vom Partner benannt wurde. Sollte ein Akteur dieses Ziel verfolgen, muss er sich zumindest bei seinen Hauptpartnern über die Imagewirkung einer Kooperation im Klaren sein. Marken werden bestimmte Merkmale (wie z.B. jung, frech, pflegend, mild usw.) zugeordnet, die unter bestimmten Umständen auf die eigene Marke übertragen werden können. Bei den Top-Marken sind solche Charakteristika bekannt.[592] Die Frage, ob der Partner dem Ruf der eigenen Unternehmung schaden könnte, stellen sich aber die meisten der untersuchten Unternhemungen und legen daher Mindestanforderungen fest.

Heutzutage kann von jeder Unternehmung, die das Internet für ihre Wertschöpfung nutzt, erwartet werden, dass sie über die Standardwerkzeuge zur unternehmensübergreifenden Zusammenarbeit verfügt. Sollten allerdings speziellere Technologien zur Distanzkooperation eingesetzt werden wie z.B. die Videokonferenztechnologie, müsste das im Vorfeld geprüft werden. Kooperationen im Online-Vertrieb erfordern entsprechende E-Commerce-Technologien, die bei einer Zusammenarbeit kompatibel sein müssen. Damit die eingesetzte Technik nicht zum Ausschlusskriterium wird, sollte der Akteur von vornherein eine sehr offene, auf Standards beruhende Technologie verwenden. In jedem Fall ist frühzeitig zu prüfen, ob die Technologien beispielsweise bei einer gemeinsamen Datenbankabfrage zusammenpassen bzw. ob Schnittstellen mit einem vertretbaren Aufwand geschaffen werden können.[593]

Schließlich sollten die Partner hinsichtlich der kulturellen, organisationalen und strategischen Übereinstimmung hin untersucht werden.[594] Denn Unterschiede in der Unterneh-

---

[592] Siehe hierzu auch Hillmann (2002), S. 21 sowie Lücke (2002), S. 25 ff.
[593] Vgl. z.B. Riemer/Giesen (2003), S. 126.
[594] Vgl. Mühlhäuser/Gerhard (2001), S. 15.

mungskultur können grundsätzlich zu Verständnisproblemen führen; was zu erschwerter Koordination in der Kooperation beitragen kann.[595] Hierzu gehören nach RAFFÉE/EISELE auch ähnliche Führungsstile und –instrumente.[596] Hinsichtlich der geeigneten Organisation ist eher festzustellen, ob die betreffende Unternehmung bereits eine Kooperationsfähigkeit organisational z.B. in Form von Projektteams verankert hat.[597] Als Indikator dienen dazu bereits bestehende Kooperationen. Alpha 8 arbeitet grundsätzlich nur mit Unternehmungen zusammen, die bereits über Kooperationspartner und eine entsprechende organisationale Einrichtung verfügen. Weitere Indikatoren haben MÜHLHÄUSER/GERHARD in einer Netzgrafik entsprechend Abbildung 50 dargestellt.

7.2.1.3 Partnerprofilbildung

„Für ein planmäßiges Vorgehen bedarf es eines gründlichen Company Profiling. Eine derartig gezielte Analyse potenzieller Kooperationspartner auf dem gewünschten Gebiet ermöglicht die engere Auswahl der besten Kandidaten."[598] Die Partnerprofilbildung dient dazu, Entscheidern eine Übersicht der Kandidaten bezogen auf eine mögliche Kooperation zu ermöglichen. Dabei wird aufgedeckt, wo der potenzielle Partner Stärken und Schwächen hat, wo also die Chancen und Risiken der Kooperation liegen: Chancen liegen dort, wo der Akteur Ressourcen in die Beziehung bringen kann, über die der Partner nicht verfügen kann bzw. Ressourcen des Partners, die die eigenen Ressourcen verbessern oder veredeln.[599] Risiken stellen alle die Kooperation gefährdenden Eigenschaften dar. Das können Inkompatibilitäten in der Technologie oder der Unternehmenskultur sein, aber auch bereits bestehende Partnerschaften mit Wettbewerbern.[600]

---

[595] Siehe hierzu Thomé/von Kortzfleisch/Szyperski (2003), S. 45 sowie Raffée/Eisele (1993), S. 46. Bleicher/Hermann (1991), S. 41 f. sprechen vom „Erfolgsfaktor „strategischer Fit und kulturelle Sympathie". Zur ausführlichen Darstellung der unternehmenskulturellen Voraussetzungen für Kooperationen siehe auch Kasper/Holzmüller/Wilke (2003); S. 849 ff.

[596] Vgl. Raffée/Eisele (1993), S. 46 und Freiling (1998), S. 29.

[597] Siehe hierzu Mühlhäuser/Gerhard (2001), S. 15.

[598] Thomé/von Kortzfleisch/Szyperski (2003), S. 50.

[599] Vgl. Rühli (1994), S. 61.

[600] Vgl. Schlosser (2001), S. 209 ff.

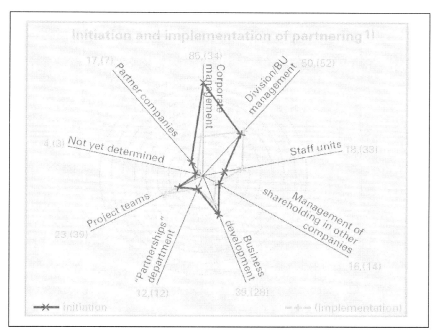

Abbildung 50: Initiation and Implementation of Partnering
Quelle: Mühlhäuser/Gerhard (2001), S. 11.

Nur wenige Unternehmungen speichern solche Informationen systematisch in einer Datenbank. Die Datenbanken, die dem Autor zugänglich gemacht wurden, sind ähnlich wie eine Vertriebsdatenbank aufgebaut. Wie in einer Vertriebsdatenbank wurden zum Teil Daten erfasst, die eine etwaige Ansprache des Kandidaten erleichtern. Das sind neben den Kontaktdaten Informationen, mit denen auf etwaige besondere Bedürfnisse des Gegenübers hinsichtlich des eigenen Geschäftsmodells eingegangen werden kann, um den Verhandlungsverlauf positiv zu beeinflussen. Alpha 8 beispielsweise versucht über Alter, Mitarbeiterzahl, Branche der Unternehmung und weiteren Kriterien Rückschlüsse auf die Unternehmenskultur herzuleiten und damit auf die Kompabilität mit der eigenen

Unternehmung. Ein Verfahren zum Vergleich der Profile der eigenen Unternehmung mit der Partnerunternehmung erörtern STAUDT ET AL.[601]

Die Profilbildung setzt voraus, dass bereits geeignete Unternehmungen gefunden wurden. Im folgenden Kapitel wird dargelegt, wie die Partnersuche zu erfolgen hat.

7.2.2 Partnersuche

Bei der Partnersuche muss sich der Akteur fragen, zu welchen Internetangeboten eine bestimmte Zielgruppe eine hohe Affinität hat.[602] Entweder schaltet er dazu Agenturen ein, wie beispielsweise Gamma 3, die für ihn die Aufgabe des Suchens übernehmen oder er sucht sich die Partner selbst.[603]

Bei der eigenen Suche kann er Marktforschungsinstitute einschalten, die ihm Analysen zumindest der großen Webseiten im Internet anbieten. Beispielsweise liefert das Produkt „Netview" des Instituts Nielsen/Netratings einen umfassenden Einblick in das Verhalten der Online-Nutzer auf verschiedenen Webseiten, dazu Trends sowie detaillierte Demografien. Das Werkzeug liefert Informationen, wo eine Zielgruppe mit spezifischen, demografischen Merkmalen überproportional im Internet anzutreffen ist. Nutzerdemographien können nach Alter und Geschlecht für Marken, Bereiche, Domains und Webseiten analysiert werden. Um beispielsweise eine bestimmte Zielgruppe ansprechen zu können, liefert Netview Informationen und Analysen zur gemeinsamen und zur überschneidungsfreien Nutzerschaft von unterschiedlichen Angeboten oder Kategorien, was insbesondere bei der Evaluierung von Partnerstrategien hilft.[604] Ähnlich arbeitet die AGOF.[605] Neben einer technischen Messung der Grundgesamtheit in den üblichen Einheiten „Visits", „Page Impression" usw. werden zusätzlich Informationen über die Nutzer hinter den

---

[601] Holtbrügge verfeinert das Verfahren mit einer gewichteten Kompatibilität, bei der für jedes Kriterium ein Punktwert und ein Gewicht festgelegt werden, um am Ende anhand einer Zahl zu entscheiden, vgl. Holtbrügge (2003). S. 882. Zur Darstellung der Profile z.B. in Präsentationen vor den Entscheidern kann das in Abbildung 50 dargestellte Netzdiagramm dienen.

[602] Siehe Beck/Dörje (2002), S. 19.

[603] Zur ausführlichen Darstellung der Suche mit einer Multimediaagentur siehe Neef/Bloch (2003), S. 425 ff.

[604] http://www.nielsen-netratings.com/downloads/de/NetView_DE.pdf entnommen am 4.10.2006.

[605] Arbeitsgemeinschaft Online-Forschung e.V

Rechnern generiert. In einer Online-Befragung werden neben personenbeschreibenden, soziodemografischen Größen auch Informationen zur Nutzung des Rechners gewonnen.[606] Diese Daten werden noch anhand einer dritten Säule ergänzt: In einer telefonischen Befragung wird die Grundgesamtheit der Bevölkerung mit den Daten der Internetnutzer aus der Online-Befragung abgeglichen. Ist der Akteur bereit, für solche Daten Geld auszugeben, erhält er eine fundierte Analyse der Zielgruppe auf den Webseiten potenzieller Partner.

Falls dem Akteur solche Dienste jedoch zu teuer sind oder er auch kleinere Webseiten erreichen möchte, die von den Martforschungsinstituten nicht erfasst werden, muss er selbst über Suchmaschinen im Internet entsprechende Webseiten eingeben.[607] Alpha 10 beispielsweise beobachtet einzelne Personen, die der Zielgruppe angehören, wie sie im Internet entsprechende Leistungen aus der Kategorie von Alpha 10 suchen, welche Suchstrategien sie sich angeeignet haben und ob sie dabei eher über Suchmaschinen, Marktplätze oder Shopping-Malls suchen. Ein besonderes Gewicht legen sie dabei auf die jeweiligen Suchwörter, die bei der Online-Suche eingegeben werden. Potenzielle Partner sind die Unternehmungen, deren Webseiten bei den angegebenen Suchwörtern erscheinen.

Die Suche über entsprechende Datenbanken bzw. Kooperationsbörsen, wie es in der Literatur häufig vorgeschlagen wird, ist hier nicht sinnvoll, da ein notwendiges Kriterium eine gute Webseite ist, die sich in jedem Fall über Suchmaschinen, Marktplätze oder Shopping-Malls finden lassen muss.[608]

---

[606] http://www.agof.de/methode.363.html, entnommen am 4.10.2006.
[607] Vgl. Beck/Dörje (2002), S. 19.
[608] Einen ausführlichen Überblick zu deutschen und internationalen Kooperationsbörsen leistet Schaude (1991), S. 11 ff.

7.2.3 Fallbeispiel: Sondierung potenzieller Kooperationspartner

Im vorliegenden Fallbeispiel geht es um ein Projekt, das der Autor im Rahmen der Dissertation gemeinsam mit einem Teilnehmer der Fallstudie durchgeführt hat. Alpha 2 ist eine Versicherung und versteht sich als Vollsortimentler für Privatpersonen und kleinere bis mittlere Unternehmungen.

Die Versicherung möchte sich über die Qualität und ein umfassendes Angebot vom Wettbewerb differenzieren. Als Folge dieser Ausrichtung wird das Internet nicht zum direkten Vertrieb, sondern als Informationsplattform für bestehende Kunden und potenzielle Neukunden genutzt.[609] Die Generierung von qualifizierten Kundenkontakten (Leads) zur Ansprache über den Außendienst ist dabei ein zentraler Aspekt. Auch Alpha 2 steht vor der Herausforderung, Interessenten zu vernünftigen Kosten auf die eigene Webseite zu locken. Die Schaltung von Werbebannern erfolgt nur in Ausnahmen und nur bei speziellen Angeboten, da Erfahrungen mit herkömmlichen Bannern gezeigt haben, dass die Kosten pro Lead, die für das Projekt vorgegeben sind, zu hoch sind. Ein großer Teil der Werbebanner wird auf Webseiten geschaltet, mit denen strategische Vertriebs- und Sponsoringkooperationen bestehen. Suchmaschinenmarketing besteht vorwiegend in einer Optimierung der Webseiten.[610]

Als Online-Marketing-Instrument setzt die Versicherung auf Online-Kooperationen. Die Unternehmung strebt langfristige Kooperationen in einem vertraulichen Verhältnis an. Partnermanager sollen sich intensiv um die Beziehungen kümmern.[611] Kooperationspartnern soll Content angeboten werden, der in die Webseite der Partner integriert wird. Der Content hat Versicherungsbezug und bietet dem Nutzer an verschiedenen Stellen

---

[609] Aussagen beruhen auf Interviews mit Mitarbeitern der Versicherung.

[610] Der Kauf von Suchbegriffen beispielsweise bei Google konnte nicht zu den Preisvorstellungen der Unternehmung realisiert werden, denn Begriffe aus dem Versicherungsbereich gehören zu den teuersten der so genannten sponsored Links, bei denen der Sponsor für jeden Klick auf den Link zahlt.

[611] So kann die Versicherung beispielsweise auf eine langjährige Partnerschaft mit einer Bank zurückblicken, die gegenüber neuen Partnern als Beweis für angestrebte langfristige Beziehungen kommuniziert wird. Die Bank integriert bestimmte Produkte der Versicherung in die eigenen Seiten und vertreibt sie an ihre Kunden, wobei sie eine erfolgsabhängige Provision bezieht.

den Kontakt zur Unternehmung.[612] Neben dem Content soll als Ressource auch das Vertrauen einer als seriös und etabliert geltenden Versicherung genutzt werden. Zu Beginn des Projektes wurden Kriterien festgelegt, welche Inhalte den Partnern zur Verfügung gestellt werden sollen.

Danach sollen die Inhalte
- bereits bestehen oder leicht zu erstellen sein,
- gleichzeitig mehreren Partnern angeboten werden können, um Skaleneffekte zu erzielen,
- für Partner und deren Zielgruppen einen Mehrwert bieten und dabei möglichst nicht substituierbar und imitierbar sein und
- einen direkten Bezug zu Versicherungen aus dem Leistungsportfolio haben.

Solche Inhalte sind beispielsweise das Versicherungslexikon, ein Jagdkalender oder das Bordtagebuch einer von der Versicherung gesponserten Segelyacht. Durch die Online-Kooperation werden Inhalte der Versicherung einfach und flexibel in die Webseiten der Partner integriert. Die Partner können sich aus einem Katalog an Inhalten selbst aussuchen, was sie in ihre Webseite integrieren wollen, wobei der Akteur ihnen dabei beratend zur Seite steht. Außerdem können sich die Partner jederzeit über den Erfolg der Kooperation, also über Besucherzahlen, Besuchsdauer und Leads informieren.

Bei der Profilbildung konzentriert sich der Anbieter zunächst auf Zielgruppen, bei denen er eine Spezialisierung und Kernkompetenz besitzt. Dazu gehören z.B. Segler, Bootseigner und -charterer, Jäger, Schützen und Eigentümer von Oldtimern. Um nicht mit den Versicherungsdiscountern zu konkurrieren, wird bei den Kooperationen aufgrund des sehr gut aufgestellten Vertriebsnetzes der Schwerpunkt auf beratungsintensive Produkte gelegt, die nicht direkt im Internet abgeschlossen werden (können), sondern einer persönlichen Beratung bedürfen. Zunächst werden Partnerschaften mit Strahlkraft für weitere Kooperationen geschlossen, so beispielsweise mit Verbänden. Eine solche Zusammenarbeit existiert bereits mit dem Deutschen Schützenbund, dem deutschen Jagdverband und dem DLRG. Innerhalb der Zielgruppen sind Kooperationen der Schwerpunkt, bei denen der Partner ein starkes Interesse daran hat, dass seine Kunden

---

[612] Die Versicherung hat dazu eine Technologie lizenziert, mit der sie Content und Applikationen auf einfache und schnelle Art und Weise in das Look&Feel der Partner integrieren kann.

versichert sind. Dazu gehören Vercharterer von Segelyachten oder Bauunternehmungen, die von ihren Kunden eine Absicherung gegen Zahlungsunfähigkeit verlangen.[613]

Partner wurden in diesem Projekt in drei Gruppen eingeteilt. Zur Gruppe 1 zählen Partner, mit denen bereits im traditionellen Geschäft Kooperationen bestehen: Das sind die besagten Multiplikatoren und Unternehmungen, über die signifikant Interessenten für Versicherungen gewonnen werden. Durch das Internet soll mit diesen Unternehmungen die Zusammenarbeit vertieft werden. Dabei steht vor allem die Prozessvereinfachung im Vordergrund. Solche Partner haben bereits ihre festen Ansprechpartner im Unternehmen. Durch aktive Ansprache sollen Partner der Gruppe 2 neu hinzugewonnen werden. Dies sind Unternehmungen, auf deren Webseiten die oben beschriebene Zielgruppe erreicht werden soll, die thematisch zu den angebotenen Inhalten passen und vom Erscheinungsbild festgelegten Ansprüchen genügen. Zu den Partnern der Gruppe 3 gehören Unternehmungen, die von sich aus die Versicherung kontaktieren, um Inhalte zu erlangen, und die vom Erscheinungsbild her festgelegten Mindeststandards genügen. Im Folgenden wird das Vorgehen bei der Akquisition von Partnern der Gruppe 2 beschrieben.

Innerhalb der Gruppe 2 gibt es die Untergruppen Segeln, Jagd/Schützen, Eigenheim, Wohnen und Auto. Da vermutet wird, dass die Partner nicht von den Marktforschungsinstituten erfasst werden, müssen sie über Suchmaschinen mit Hilfe von Suchwörtern wie Charter, Gebrauchtboote usw. identifiziert werden. In einem Profilbogen, wie in Abbildung 51 dargestellt, werden die Profildaten des potenziellen Partners eingetragen. Zunächst wird dabei differenziert, welches Geschäftsfeld zugrunde liegt und wie im vorliegenden Beispiel welche Leistungen der Partner anbietet und welche Inhalte wir ihm vorschlagen können. Daneben werden Informationen zu den Nutzern und zur Qualität der Webseite erhoben. Soweit ersichtlich werden Hinweise zur eingesetzten Technik, zur Unternehmenskultur, zur Organisation und zur Strategie eingestellt.[614] Zur vereinfachten Ansprache werden Kontaktdaten und der aktuelle Gesprächsstatus festgehalten.

---

[613] Hier wird die unterschiedliche Positionierung der Versicherung beispielsweise im Vergleich zu der bereits erwähnten Alpha 1 deutlich: Im Gegensatz zu Alpha 1, die solche Kooperationen mit standardisierten Produkten, wie etwa der Garantieverlängerung, durchführt, beziehen sich die Kooperationen bei Unternehmung Alpha 2 auf beratungsintensive Produkte, bei denen eine Vertriebsperson eingeschaltet wird.

[614] Diese Daten können zum Teil erst im Laufe der Verhandlungen erhoben werden.

Profil:	Rentabo	www.rentabo.com		
Geschäftsmodell	Commerce ☒	Content ☐	Context ☐	Connection ☐
Commerce	Zielgruppe: Segler, Yachtbesitzer			
Komplementär-leistungen	fördernd ja nein	ermöglichend ja nein	Qualität	Bemerkungen
Segelreisen	x	x	++	Hochpreisig
...				
...				
Content				
Content des Partners	dauerhaft ja nein	aktuell ja nein	Qualität	Bemerkungen
Törntagebücher	x	xx	++	Unsere Checkliste
...				
Eigener Content				
Regattakalender				
Checkliste für Törns				Evtl. zahlungsbereitschaft
Context				
				Bemerkungen
...				
Connection				
				Bemerkungen
...				
Nutzer	Visits	Zahlungsbereit-schaft	Zielgruppen-übereinstimmung	Bemerkungen
	70000	+	++	nach AGOF
Qualität der Webseite	Gestaltung	Aktualität	Nutzbarkeit	Bemerkungen
	+	++	+/-	
Marke	Charakteristika		Bekanntheit	Bemerkungen
	Jung, frisch,		gering	Wird derzeit aufgebaut durch hohes Budget
Technische Voraus-setzungen	E-Commerce-Technologie		Kommunikations-technologien	Bemerkungen
	kompatibel		Keine Videokonferenztechn.	Überzeugen Cookies einzusetzen
Sonstiges	Unternehmenskultur		Organisation	Strategie
	Problematisch, da sehr jung und unorganisiert		Unorganisiert, aber immerhin Projektgruppe	Benötigt dringend Versicherung
Kontaktdaten	**Rubriken**		**Status**	**Weitere Kooperationen**
Herr Müller ...	Charter, Revierinformationen, Gebrauchtboote...		Termin am 31.04...	Mit Motorenhersteller „Volvo"
FAZIT Priorität	Zielgruppe kann hier in ausreichend großer Zahl vermutet werden, gute Qualität der Webseite, unsere Inhalte passen gut; Priorität 2!			

Abbildung 51:   Profil eines potenziellen Partners
              Quelle: in Anlehnung an Staudt et al. (1996), S. 41.

Fazit und Priorität sollen dem Auftraggeber dazu dienen, schnell einen Überblick über den Partner zu bekommen.[615] Ziel ist es, eine Longlist aus 100 potenziellen Partnern zu erstellen, von denen im ersten Schritt 30 bis 50 zur Zusammenarbeit gewonnen werden sollen.

Es ist weiterhin geplant, neue Inhalte zu erstellen bzw. zu lizenzieren,
- um gegenüber Wettbewerbern/Nachahmern eine bessere Position einzunehmen,
- um weitere Partnergruppen ansprechen zu können und
- um Partner weiter von der eigenen Erstellung/Lizenzierung von Inhalten zu entlasten, um dadurch die Bindung zu stärken.

Dazu gehören beispielsweise Segelrevierinformationen und Musterverträge für Vercharterer. In Zukunft sollen mit den Kooperationspartnern gemeinsam Ressourcen entwickelt werden. In Planung befinden sich beispielsweise
- gemeinsam entwickelte Leistungen, etwa spezielle Konditionen oder Leistungsdreingaben für bestimmte Produkte der Partner (z.B. Bootscharter)[616] und
- kooperative Content-Entwicklungen wie etwa der Ausbau des Jagdkalenders mit Informationen bzw. Terminen von Partnern oder Checklisten für Charterer.

Mithilfe des Partnerprogramms konnten bestehende Prozesse erheblich vereinfacht und verbessert werden. Es konnten zahlreiche Partner gewonnen werden, die der Versicherung als Gegenleistung zu Inhalten und zur Ressource „Vertrauen" Kontaktdaten zu Interessenten vermittelten.

Im Folgenden wird dargelegt, wie mit potenziellen Kooperationspartnern eine funktionierende Zusammenarbeit entsteht. Dazu muss aus der bestehenden Longlist von ca. 100 Unternehmungen eine Shortlist von in diesem Projekt 30 – 50 Unternehmungen extrahiert werden. Das Verfahren wird im folgenden Kapitel erläutert.

---

[615] Die Priorität ergibt sich in Absprache mit dem Auftraggeber nicht rechnerisch sondern als Gesamteindruck desjenigen, der die Analyse durchführt. Ein wesentlicher Faktor dabei war die Einschätzung des Wertes des eigenen Contents als Kooperationswährung. Anspruchsniveaus bestehen hinsichtlich Aktualität, Nutzerzahlen und Gestaltung.

[616] Es gibt unabhängig vom Internet bereits spezielle Konditionen für Mitglieder des Schützenbundes und des DLRGs (Deutsche Lebensrettungsgesellschaft).

Ressourcenbasierte Realisation und Kontrolle von Kooperationen im Online-Vertrieb 177

7.3 Verfahren zur Anbahnung von Kooperationen

Grundsätzlich bietet sich dem Akteur die Möglichkeit, selbst die Initiative zur Anbahnung der Kooperation zu übernehmen oder dies dem Partner zu überlassen. Da der Akteur, wie im vorangegangenen Abschnitt erläutert, genaue Vorstellungen über potenzielle Kooperationspartner haben sollte, kann er durch eine eigene Initiative sein Partnerportfolio besser gestalten. Dazu muss er zunächst aus der von ihm erstellten Longlist eine Shortlist extrahieren und anschließend mit Hilfe geeigneter Verfahren die potenziellen Partner ansprechen. Dieses Vorgehen bietet sich vor allem für Partner der Gruppen 1 und 2 an und wird in den kommenden beiden Abschnitten dargelegt. Darüber hinaus eröffnen auf dem Internet basierende Verfahren die Selbstrekrutierung von Partnern. Mit Hilfe von standardisierten Prozessen kann der Akteur mit geringem Personaleinsatz eine große Anzahl von Partnern gewinnen. Dieses Verfahren, das eher für Partner der Gruppe 3 geeignet ist, wird in Abschnitt 7.3.3 beschrieben.

7.3.1 Extraktion der Longlist

Bei der Priorisierung, welche Unternehmungen anzusprechen sind, dient die Longlist als Basis. Aus den Kriterien sind jene zu filtern, deren Bewertung ohne die Ansprache des Partners möglich ist. Die Akteure aus den Fallstudien ziehen dabei folgende Merkmale heran: Aktualität und Qualität der Webseite, angebotene Produktkategorien, Preisniveaus, behandelte Themen, Bekanntheit und Image der Marke, ggf. vorhandene Partnerschaften sowie die eingesetzte E-Commerce-Technologie. Anhand der Produktkategorien und der behandelten Themen kann beurteilt werden, inwiefern die eigenen Ressourcen einen Nutzen für die Partner haben und eine Ansprache bzw. Kooperationsvereinbarung erleichtern. Manche Unternehmungen geben bei ihren Mediadaten neben den Nutzer-, bzw. Besucherzahlen auch die Zielgruppe an. Gegebenenfalls können von externen Informationsanbietern weitere Daten z. B. bezüglich der Nutzung oder der Kreditwürdigkeit beschafft werden. Nach Erfahrung von NEEF/BLOCH kann eine geschulte Person bereits vom Eindruck der Website relativ sicher einen Schluss auf das grundsätzliche Potenzial als möglicher Partner schließen.[617] Kriterien wie die Unternehmenskultur, organisatorische Voraussetzungen sowie vorhandene Kommunikationstechnologien können aber erst mit Kontaktaufnahme ermittelt werden und werden daher erst später in die Entscheidung zur Kooperation aufgenommen.

Alpha 4 geht beispielsweise bei der Extraktion in zwei Schritten vor: Zunächst werden Anspruchsniveaus formuliert. Dabei handelt es sich um ein Vorauswahlkriterium, mit dem potenzielle Partner eliminiert werden, die dieses Niveau nicht erreichen.[618] Wird beispielsweise bei Alpha 4 die Aktualität und die Qualität der Webseite eines Partners nicht mindestens mit der Note „befriedigend" bewertet, wird der Anbieter aus der Liste gestrichen. Ebenso, wenn die Anzahl der Nutzer nicht wenigstens 10.000 Visits/Monat erreicht. Im zweiten Schritt erfolgt die Gesamtbeurteilung anhand des Scoringverfahrens. Solche Verfahren dienen allgemein dazu, aus einer großen Menge mit Hilfe von nachvollziehbaren Kriterien eine Vorauswahl zu treffen, indem die Kriterien bewertet und gewichtet werden.[619] Abbildung 52 stellt ein solches Verfahren dar, mit dem Gamma 3 einen Sportartikelhersteller untersucht hat.

Mit diesem Verfahren kann sogar eine Rangfolge aufgestellt werden, die die Reihenfolge der Kontaktaufnahme der potenziellen Partner vorgibt. Die Fallstudien haben jedoch gezeigt, dass ein solches Verfahren zu aufwändig ist, wenn überwiegend qualitative Kriterien herangezogen werden, die bei einem Scoringverfahren zunächst quantifiziert werden müssten. Zudem hielt keiner der Gesprächspartner eine exakte Rangfolge für wichtig. Es bedarf lediglich der Entscheidung, ob eine Partnerschaft infrage kommt oder nicht. Daher sprechen sich die meisten Gesprächspartner für eine wohl überlegte Formulierung von Anspruchsniveaus aus. Auch die Einteilung der Partner in Gruppe 1 bis 3 hielten die Gesprächspartner nicht durch den Einsatz mathematischer Verfahren für realisierbar. In der Regel gibt es bestimmte Kriterien, die zu einer solchen Einteilung führen, etwa wie in Abschnitt 7.2.3 die bereits bestehenden strategischen Partner. Oder Partner werden im Laufe einer Kooperation hoch gestuft, wie es Alpha 4 und Alpha 5 praktizieren.

---

[617] Vgl. Neef/Block (2003), S. 434.
[618] Zur ausführlichen Darstellung siehe Eisenführ/Weber (1994), S. 82 f. Allerdings führen Anspruchsniveaus dazu, dass möglicherweise gute Partner aufgrund eines Kriteriums eliminiert werden.
[619] Zur ausführlicheren Darstellung siehe u. a. Meffert (1991), S. 385 f.

Criteria	Factor EC Sports Retailer	Factor EC Retailer from different industries
Congruence of core product range	0,15	0
Internationality of market presence	0,1	0,1
Presence of major brands	0,05	0
Pureness of EC-Business Model	0,05	0,05
Strength of Retail Brand	0,1	0,1
EC-Performance		
EC Front-End Performance	0,15	0,25
EC-Back-End-Performance	0,15	0,25
Amount of financial burden	0,1	0,1
Match of Target Group	0,15	0,15
Total	1	1

Abbildung 52: Scoringverfahren bei der Partnerauswahl für einen Sportartikelhersteller
Quelle: Gamma 3.

7.3.2 Kontaktaufnahme

Den tatsächlichen Prozess der Kontaktaufnahme hat die Kooperationsliteratur bisher kaum berücksichtigt. Wie bei einem Verkaufsgespräch ist nach STAUDT ET AL. eine sorgfältige Vorbereitung vor dem Erstkontakt von wesentlicher Bedeutung.[620] Für die Ansprache müssen danach folgende Punkte geklärt werden:
- Ziel der Ansprache (Telefontermin, persönliches Gespräch, zusenden von Materialien usw.),
- Ziel der Kooperation,

---

[620] Siehe Staudt et al. (1996), S. 34 ff. sowie Vgl. Neef/Bloch (2003), S. 434.

- Ressourcen, die dem Partner geboten werden können, und
- Ressourcen, die vom Partner verlangt werden.

Vor Ansprache des potenziellen Partners muss klar sein, was konkret mit der Ansprache erreicht werden soll. Die Art und Weise der Ansprache handhaben die untersuchten Unternehmungen unterschiedlich, z. T. sogar innerhalb der Unternehmung. In der Regel erfolgt sie differenziert nach der Gruppeneinteilung der Partner. Wichtige Partner werden zumeist telefonisch kontaktiert mit dem Ziel, einen persönlichen Gesprächstermin zu vereinbaren und bereits erste Informationen zum Partner zu erhalten. Mit weniger wichtigen Partnern werden Telefonkonferenzen vereinbart. In einigen Fällen erfolgt die Kontaktaufnahme per E-Mail. Alpha 4 versendet Briefe, da gedrucktes Informationsmaterial hinzugepackt wird.

Der Partner kann umso leichter überzeugt werden, je besser ihm der Akteur das Ziel der Kooperation darlegt und je mehr die Ressourcen, die ihm geboten werden, für ihn ein klar erkennbares Nutzenpotenzial haben. Deshalb ist es bei der Identifikation der Partner bereits wichtig, dass ihre Webangebote auch danach analysiert werden, welche der vorhandenen Ressourcen individuell passen und wie wichtig sie dem Partner sein könnten.[621] Diese Informationen müssen für die Ansprachen im Profil des Partners festgehalten werden.[622]

Ebenso muss der Akteur dem Partner verdeutlichen, was er von ihm möchte. Denn ein weiteres Gespräch ggf. sogar vor Ort kann sich der Akteur ersparen, wenn der Partner nicht Willens oder in der Lage ist, die erwünschten Ressourcen bereitzustellen.[623]

Staudt et al. empfehlen darüber hinaus, die aktuelle und zukünftige Marktsituation zu diskutieren, um eine Kooperation auch perspektivisch zu betrachten.[624] Selbst im Fall eines Abbruchs der Gespräche könnte der Akteur auf diese Weise vom Partner etwas lernen.

---

[621] Siehe hierzu Gratl (2002), S. 55.

[622] Vgl. Abbildung 51.

[623] Hier gibt es bei den untersuchten Unternehmungen stark abweichende Verfahren. Einige Unternehmen sehen das Erstgespräch ähnlich einem Verkaufsgespräch, in dem der Partner auch von der Zusammenarbeit und damit von der Bereitstellung seiner Ressourcen überzeugt werden muss. Dafür nehmen die Akteure auch in Kauf, ein Gespräch vor Ort vergebens geführt zu haben.

[624] Staudt et al. (1992), S. 110.

Das Problem der Kontaktaufnahme stellt sich nicht, wenn die Initiative vom Partner ausgeht. Verfahren zur Selbstrekrutierung werden im folgenden Abschnitt thematisiert.

7.3.3 Selbstrekrutierung von Kooperationspartnern

Das Internet ermöglicht bei entsprechender technologischer Vorraussetzung, dass sich Partner selbst rekrutieren können. Entweder investiert der Akteur selbst in die Technologie oder er kooperiert mit einem der Affiliate-Netzwerke, zu denen u. a. Affilinet, Zanox oder Tradedoubler gehören. Dann muss er allerdings für jeden Besuch oder Verkaufserfolg auch Provisionen an den Dienstleister bezahlen. Im Gegenzug profitiert er von dem bereits vorhanden Bestand an potenziellen Partnern aus verschiedenen Branchen.[625]

Interessierte Unternehmungen sollten sich direkt auf der Webseite des Akteurs anmelden können und ggf. nach einer Prüfung vom Akteur angebotene Werbemittel auf ihrer Webseite einbinden. Die Vergütung erfolgt nach übermittelten Kaufinteressenten oder als Provision am tatsächlich erzielten Umsatz. Der Akteur hat wie im Fall des Partnerprogramms von *Amazon* (siehe Abbildung 53) standardisierte Prozesse und dadurch nur sehr geringen bis gar keinen Aufwand. Die Abbildung zeigt das Backend für Teilnehmer am *Amazon*-Partnerprogramm. Der Partner bekommt bei der Anmeldung eine Partner-ID und den Zugang zum Backend. Dort kann er aus einer Vielzahl von Werbemitteln, wie beispielsweise einem thematisch passenden Produktlink (Reiseführer zur Reisebeschreibung), Einzeltitellinks wie in der Grafik, einem Suchfeld zur Produktsuche oder aus bestimmten Sonderangeboten von *Amazon* wählen.

Das Werbemittel integriert der Partner selbstständig in seine Webseite und markiert es mit seiner ID. Jeden Kunden, den er über seine Webseite an *Amazon* vermittelt, kann *Amazon* anhand der ID genau zuordnen und Umsätze entsprechend automatisiert vergüten. Über Mailings informiert *Amazon* die Partner, Kontakt kann der Partner nur über ein Webformular aufnehmen. Eine telefonische Kontaktmöglichkeit gibt es nicht. Alpha 5, Alpha 7 und Alpha 9 haben über solch ein Anbahnungsverfahren eine Vielzahl von Partnern akquiriert und erzielen signifikante Umsätze. Gamma 2 konnte für einen Markenar-

---

[625] Siehe hierzu Mangstl/Dörje (2003), S. 90.

tikler tausende von Kundenkontakten herstellen, an die Produktproben versendet wurden.

Abbildung 53: Backend des Partnernetzwerkes von *Amazon*
Quelle: http://partnernet.amazon.de/gp/associates/network/build-links/main.html/303-2297527-8195448.

7.4 Verfahren zur Vereinbarung von Kooperationen

Die Vereinbarungsphase der Kooperation wird auch Gründungsphase genannt und beinhaltet die Verhandlung und den Vertragsabschluss.[626] In dieser Phase erfolgt die Erörterung der näheren Umstände der potenziellen Kooperation, die Vereinbarung über das gemeinsame Kooperationsinteresse sowie die Ausgestaltung der Kooperationsdetails.[627]

Diese Phase ist Richtung weisend für die jeweiligen Partnerschaften, da gemeinsam getroffene Entscheidungen schwer revidierbar sind. Das Problem besteht darin, dass kollektive Entscheidungen getroffen werden müssen, ohne dass formale, einseitige Weisungsrechte bestehen.[628] Ziel der Vereinbarungsphase ist der Abschluss eines gemeinsamen Kooperationsvertrages. Dieser beinhaltet im Wesentlichen den Zweck der Kooperation, die Regelung der Organisation und der Beiträge sowie der Ergebnisverteilung.[629] Nach BALLING handelt es sich bei Verträgen um Ex-ante-Regelungen für den weitgehenden Ausschluss von Konflikten und deren effiziente, reibungsarme Lösung.[630] Daher sollte der Kooperationsvertrag auch Regelungen zu Vertrauen bildenden Maßnahmen, zur Konflikthandhabung und zur Beendigung der Zusammenarbeit enthalten.[631] Die Inhalte des Kooperationsvertrages stellt Abbildung 54 dar.

Bestandteile der Vereinbarungsphase sind Verfahren
- zum Ablauf der Vereinbarungsphase, der sog. „Letter of Intent",
- zur Bestimmung von Ressourcenbeiträgen und Ergebnisregelungen und
- zur technischen Umsetzung.

Diese werden im anschließenden Abschnitt erläutert.

---

[626] Siehe Staudt et al. (1996); S. 46.
[627] Vgl. Szyperski/Von Kortzfleisch (2003), S. 378.
[628] Vgl. Tröndle (1987), S. 6.
[629] Vgl. Staudt et al. (1992), S. 145 f.
[630] Siehe Balling (1997), S. 109.
[631] Eine ausführliche Darstellung mit Formulierungshilfen für die vertragliche Regelung der Auflösung leisten Staudt et al. (1992), S. 146. sowie S. 160 f. Bleicher/Hermann schlagen im Fall von Joint Ventures vor, bereits bei Vertragsgestaltung eine Kaufoption für eine Seite einzuplanen, vgl. Bleicher/Hermann (1991), S. 44 f.

Inhalte des Kooperationsvertrags	
Zielregelung	Zweck der Kooperation
Beitragsregelung	Einzubringende Ressourcen und Kompetenzen
Ergebnisregelung	Aufteilung der Kooperationsgewinne und -verluste
Koordinationsregelung	Gesellschaftsform, Leitung, Teammitglieder, Entscheidungsfindung, Kontrolle
Vertrauensregelung	Geheimhaltung, Wettbewerbsverbot, Vertragsstrafen
Konfliktregelungen	Regelungen im Konfliktfall, Schlichter
Auflösungsregelung	Regelungen zur Beendigung der Kooperation

Abbildung 54: Inhalte des Kooperationsvertrages
Quelle: Staudt et al. (1992), S. 145 ff.

7.4.1 Letter of Intent und Kooperationsvertrag

Zu Beginn der Verhandlungen treffen sich Vertreter von Unternehmungen, die sich womöglich sehr fremd sind. Trotzdem müssen in dieser Atmosphäre sehr vertrauensvolle Informationen zu Strategien, Zielgruppen, Reichweiten usw. ausgetauscht werden. Alpha 2 und Alpha 6 lösen dieses Problem, indem sie mit den Partnern zunächst einen „Letter of Intent" vereinbaren.

Der „Letter of Intent" ist ein Verfahren, mit dem beide Verhandlungspartner ihrem grundsätzlichen Interesse an der Verhandlungsführung Ausdruck verleihen und sich verpflichten, zu einer gemeinsamen Vereinbarung zu kommen. [632] Die frühzeitige Abstimmung und Formulierung klarer gemeinsamer Zielvorstellungen beider Partner ist die Grundlage für den Kooperationsvertrag und bereits Vorbereitung des Kooperationspro-

---

[632] Vgl. Eder/Schmid-Schmidfelden (1991), S. 26. Ergebnis kann aber auch der Abbruch der Verhandlungen sein.

jekts.[633] Somit ist der Letter of Intent bezogen auf den Kooperationsvertrag zwar nur eine Absichtserklärung, denn der Fall des Scheiterns der Kooperationsverhandlung ist ein mögliches Szenario. Er ist aber trotzdem sehr wichtig, denn er regelt die Geheimhaltung der vertraulichen Informationen, die während der Verhandlungen ausgetauscht werden müssen. Darüber hinaus beinhaltet er Regelungen zum Ablauf der Gespräche und den rechtlichen Rahmen der Abwicklung der Projektvorbereitung.[634] Sollten die Verhandlungen scheitern, so regelt der Letter of Intent, wie die Kosten der Verhandlung aufzuteilen sind. Dazu gehören beispielsweise Kosten für ein Marktforschungsprojekt, für eine Due-Diligence-Prüfung oder Feasibility Study (Renatbilitätsrechnung) sowie für Rechtsanwalts- und Beratungskosten.[635]

Kooperationsverträge haben mehrere Aufgaben. Insbesondere wenn Konflikte zwischen den Parteien entstehen, erleichtern eindeutige Regelungen der jeweiligen Rechte und Pflichten eine schnelle und sachgerechte Konfliktlösung.[636] Vereinbarungen sollten nicht zu detailliert aber eindeutig sein und klar kommuniziert werden.[637] Denn bis zu einem bestimmten Maß muss berücksichtigt werden, dass sich Ziele und Ressourcen im Laufe der Verhandlungen und der Kooperation ändern können.[638] Ziel ist eine flexible und möglichst leicht handhabbare Organisation mit ausreichender Absicherung gegen Opportunismus aber größtmöglichem Maß an Flexibilität.[639] Dabei müssen die folgenden Punkte vereinbart und fixiert werden:[640]

- Anfang und mögliches Ende des Projekts,
- Budgetvereinbarungen,
- Namen und Positionen der Teammitglieder und der Projektleitung,
- Regelungen zur Weitergabe von (vertraulichen) Informationen,
- Vereinbarte (Zwischen-)Ziele und Termine,

---

[633] Vgl. Balling, R. (1997), S. 105.
[634] Vgl. Staudt et al. (1996), S. 44 f.
[635] Zur ausführlichen Darstellung von Due Diligence- und Feasibility-Prüfung mit Checklisten siehe Eder/Schmid-Schmidfelden (1991), S. 37 ff.
[636] Siehe Holtbrügge (2003), S. 882 f.
[637] Vgl. Zentes/Swoboda/Morschett (2003) S. 826f.
[638] Vgl. Bleeke/Ernst (1991), S. 131 Rühli (1994), S. 58.
[639] Vgl. Zielke (1992), S. 200 und Harrigan (1985), S. 95.
[640] Siehe Staudt et al. (1992), S. 145 ff. mit konkreten Vertragsformulierungen, Thomé/von Kortzfleisch/Szyperski (2005a), S. 164 f. sowie S. 168 f.

- Mögliche Risiken und Abhilfen,
- Regelungen und Dokumentationen und
- Verhaltensregeln im Konfliktfall.

Die beteiligten Unternehmungen müssen organisatorische Abläufe, die für die Mitglieder der jeweiligen Organisation bindend sind, festlegen und bestimmen, in welcher Art und Weise derartige Prozesse und Abläufe stattfinden sollen. THOMÉ/VON KORTZFLEISCH/SZYPERSKI bezeichnen solche Abläufe als „Standard Operating Procedures (SOPs). Sie entwickeln sich aus der Analyse, Anpassung und Dokumentation bestehender (gewachsener) Prozesse.[641] Ebenso müssen Konfliktpotenziale im Vorfeld identifiziert und entsprechende Gegenmaßnahmen entwickelt werden.[642]

Da jede Partnerschaft und jeder Partner unterschiedlich ist, räumt Alpha 9 den verantwortlichen Mitarbeitern Freiräume bei der Vertragsgestaltung ein. Dazu wurden im Vorfeld Regelungen getroffen, die den Mitarbeitern zwar den nötigen Freiraum schaffen, jedoch insofern feste Vorgaben enthalten, damit Verhandlung, Abschluss und Umsetzung im Sinne der Unternehmensziele erfolgen. Gelingt es den Unternehmungen nicht, im Rahmen der Vertragsverhandlungen ein Vertrauensverhältnis aufzubauen, welches als tragfähiges Fundament einer Kooperation dienen kann, ist nach EISELE von einer Kooperation dringend abzuraten.[643] OHMAE konstatiert: „Once signed, the contract should be put away. If you refer to it, something is wrong with the relationship."[644]

7.4.2 Ressourcenbeiträge und Ergebnisregelung

Nach der von MARCH und SIMON entwickelten *Anreiz-Beitrags-Theorie* erhält jeder Teilnehmer einer Kooperation Anreize und liefert im Gegenzug Beiträge. Nur solange er seinen Ressourcenbeitrag subjektiv niedriger einschätzt als die empfangenen Anreize, wird er die Partnerschaft aufrechterhalten.[645] Damit die Zusammenarbeit von Dauer ist,

---

[641] Vgl. Thome/von Kortzfleisch/Szyperski (2005a), S. 164.

[642] Siehe hierzu Thomé/von Kortzfleisch/Szyperski (2005a), S. 171.

[643] Vgl. Eisele (1995), S. 172 f.

[644] Ohmae (1989), S. 149.

[645] Zur ausführlichen Darstellung siehe March, J.G./Simon, H.A. (1958) und Laurent, M. (1996).

muss der Partner den Eindruck haben, besser dazustehen als ohne die Kooperation.[646] Daher ist dafür zu sorgen, dass der Vertrag ein Anreiz-/Beitrags-Gleichgewicht enthält.[647]

Alpha 2 und Alpha 3 bieten ihren Partnern daher Beiträge, die für die Partner einen Anreiz bieten, bei den Akteuren aber keine zusätzlichen Kosten verursachen, wie beispielsweise Inhalte, die ohnehin zur Verfügung stehen, oder das Image einer großen Versicherung. In einigen Fällen wird es den Akteuren jedoch nur gelingen, die Partner zu überzeugen, wenn sie als Gegenleistung Geld anbieten. Wichtig ist dann, den Partner mit dem richtigen Anreizsystem dazu zu bringen, die Ziele, die der Akteur mit der Kooperation verfolgt, optimal zu unterstützen.[648] Abrechnungsverfahren ermöglichen die Vergütung

- als Anteil vom Umsatz (pay per sale),
- pauschal für jeden neuen Kunden (pay per lead),
- für jeden Interessenten, den der Partner auf die Webseite des Akteurs leitet (pay per click) oder
- bereits für Sichtkontakte auf der Webseite des Partners (pay per view).[649]

In den Gesprächen wurde bestätigt, dass die Akteure i.d.R. bevorzugen, nach tatsächlich realisierten Umsätzen zu bezahlen, während die Partner eine Bezahlung nach Views oder Clicks vorziehen. Durch die Kombination mehrerer Abrechnungsverfahren zu einem Konditionsmodell wird die Vergütung für beide Seiten attraktiver, das Risiko gerecht verteilt und trotzdem leistungsorientiert abgerechnet. Dabei sollte jede Abrechnungsmethode für eine direkte Leistung, die sich dahinter verbirgt, stehen. JOCHIMS belegt, dass sich eine rein erfolgsabhängige Vergütung gegenüber einem Hybridmodell aus erfolgsabhängiger und fixer Vergütung vorteilhaft auf den wirtschaftlichen Erfolg einer Online-

---

[646] Vgl. Balling (1997), S. 107.

[647] Wobei unter einem Gleichgewicht nicht umbedingt zu verstehen ist, dass der Wert genau identisch ist, sondern im Gelichgewicht mit den eingebrachten Ressourcen steht. Die Realität sieht aber anders aus. Jochims (2006) hat für Online-Marketing-Kooperationen belegt, dass je schwächer die Machtstellung des E-Commerce-Anbieters innerhalb der Kooperation ist, umso nachteiliger wird für ihn die Verteilung des Kooperationsaufwandes ausfallen, vgl. Jochims (2006), S. 188. Vgl. Backhaus/Piltz (1990), S. 9.

[648] Siehe Heßler (2003), S. 330.

[649] Zur ausführlichen Darstellung Abrechnungsverfahren siehe Heßler (2003); S. 331 ff. Es gibt auch die pauschale Abrechnung für einen bestimmten Zeitraum, beispielsweise für einen Monat (pay per period).

Marketing-Kooperation auswirkt.[650] Zum Beispiel hebt die Anzeige eines Banners den Bekanntheitsgrad des Akteurs, verhilft jeder Click zu einem neuen Kundenkontakt und jeder Lead oder Sale bringt tatsächlich einen neuen Kunden bzw. Umsatz.[651] Die Unternehmungen Gamma 1 und Gamma 2 bestätigen die Erfahrung aus einer Vielzahl von Partnerprogrammen, die sie analysiert haben, so dass sich Verknüpfungen aus Umsatz- und Click-Vergütungen als besonders erfolgreich erwiesen haben. „Ein gutes Konditionsmodell motiviert beide Kooperationspartner und sichert damit dauerhafte Partnerschaften."[652]

BLEICHER/HERMANN empfehlen, die Anreizsysteme sogar auf die Entlohnung der Mitarbeiter auszuweiten. Allerdings sehen sie die Gefahr, dass Mitarbeiter, wie bei allen monetären Anreizsystemen, weniger im Sinne der Kooperation als im Sinne der Gehaltsabrechnung agieren.[653]

7.4.3 Pflichtenheft zur technischen Realisierung

Das Pflichtenheft (auch Sollkonzept, Fachfeinkonzept oder fachliche Spezifikation) ist die vertraglich bindende, detaillierte Beschreibung einer zu erfüllenden Leistung, in diesem Fall der konkreten technischen Umsetzung einer Kooperation.[654] Im Gegensatz zu einem Lastenheft, das die Anforderungen des Partners enthält, sind die Inhalte des Pflichtenheftes präzise, vollständig und nachvollziehbar, sowie mit technischen Festlegungen der Strukturen, Prozesse und Schnittstellen versehen. Sobald individuelle Anpassungen für den Partner vorgenommen werden, sollte ein Pflichtenheft als Gesprächs-, Verhandlungs- und Vertragsgrundlage erstellt werden. Abbildung 55 stellt einen Ausschnitt eines Pflichtenheftes von Alpha 2 für einen Premiumpartner dar. Es spezifiziert die Integration von Produktinformationen der Versicherung in die Webseite des Partners.[655]

---

[650] Vgl. Jochims (2006), S. 188.
[651] Siehe Heßler (2003), S. 331.
[652] Heßler (2003), S. 331 vgl. auch Kapitel 7.2.2.
[653] Vgl. Bleicher/Hermann (1991), S. 43.
[654] Vgl. http://de.wikipedia.org/wiki/Pflichtenheft entnommen am 12. Oktober 2006.
[655] Der in Abbildung 55 gezeigte Ausschnitt beschreibt die Integration von Formularseiten der Versicherung

Alle Onlineformulare folgen dem gleichen Gestaltungsraster wie im Folgenden dargestellt:

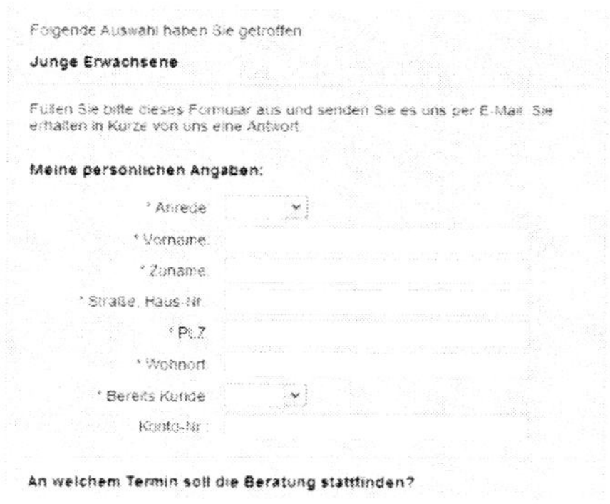

Folgende Auswahl haben Sie getroffen:
Junge Erwachsene

Füllen Sie bitte dieses Formular aus und senden Sie es uns per E-Mail. Sie erhalten in Kürze von uns eine Antwort.

Meine persönlichen Angaben:

* Anrede
* Vorname
* Zuname
* Straße, Haus-Nr.
* PLZ
* Wohnort
* Bereits Kunde
  Konto-Nr.

An welchem Termin soll die Beratung stattfinden?

3.1 Regelungen für das Design von Formularen

Formulare besitzen eine 1 Pixel starke Outline C6 und haben eine gelbliche Hintergrundfarbe **(Gelb C5)**.

Alle Feldbezeichnungen wie z.B. "Name:", "Vorname:" und "PLZ:" werden rechtsbündig neben den Eingabefeldern mit einem Abstand von 10 Pixeln dargestellt. **(Schriftart: F4, Schriftfarbe: C7)**

Die Formfelder sind dabei linksbündig angeordnet **(Schriftart: F4, Schriftfarbe: C7)**

Die Themenblöcke werden optisch mit einer 1 Pixel-Linie (C6) von einander getrennt. Den Abschluss des Formulars bildet der Formularspezifische Button der XXXXX (Absenden, Eingabe löschen, siehe unten).

Die Breite des Formulars beträgt 500 Pixel.
Die Höhe der Formulare ist natürlich abhängig von der Menge der Felder.

Im Vergleich dazu die Formulare der XXXXX-Versicherungen bereits mit Anweisungen, welche Änderungen vorzunehmen sind.

Abbildung 55: Ausschnitte aus einem Pflichtenheft von Alpha 2.

---

in die Webseite des Partners.

In Projektgesprächen, Telefonaten oder per E-Mail wird sich mit Hilfe unterschiedlicher Versionen des Pflichtenheftes angenähert, d.h. „das Machbare mit dem gewünschten vereinbart".[656] Erst nach dieser Bestätigung darf die eigentliche Programmierungs-/Implementierungsarbeit beginnen. Nach Umsetzung der Programmierungs-/Implementierungsarbeit wird über einen Akzeptanztest festgestellt, ob die Spezifikationen des Pflichtenheftes auch tatsächlich erfüllt wurden.[657]

Die in den Abschnitten 7.4.1 bis 7.4.3 beschriebenen Verfahren beziehen sich auf die Verhandlungen mit Partnern der Gruppe 1. Partner der Gruppe 3 erhalten in der Regel einen standardisierten Vertrag, bei dem es auch nicht sinnvoll ist, Änderungen vorzunehmen. Auch der Ressourcenbeitrag und die Ergebnisverteilung werden vom Akteur verbindlich vorgegeben. Ein Pflichtenheft gibt es nicht, da keine individuellen Anpassungen realisiert werden. Mehrere Gesprächspartner betonten, dass Anpassungen bei dieser Art von Partnern auf keinen Fall angeboten werden dürften. Eine Anpassung ist nach Meinung der Experten gleichzusetzen mit einer Höherstufung des Partners.

Nachdem die Vereinbarungen getroffen wurden, kann die Kooperation beginnen. Verfahren zur operativen Phase der Partnerschaft werden im kommenden Abschnitt vorgestellt.

7.5 Verfahren der operativen Phase von Kooperationen

Das Ziel der operativen Phase ist es, den Nutzen der Partnerschaft im Sinne der Erreichung der Kooperationsziele möglichst voll auszuschöpfen und dabei den Einsatz personeller, finanzieller und technischer Ressourcen möglichst gering zu halten.[658] „In dieser Phase wird die Mission, zu deren Zweck die Kooperation initialisiert wurde, dadurch erfüllt, dass verschiedene Teams der beteiligten Unternehmungen räumlich und/oder zeitlich verteilt beziehungsweise unverteilt zusammenarbeiten."[659] Daher darf die Aufmerksamkeit des Managements jetzt nicht nachlassen und Mitarbeiter müssen eindeutig

---

[656] Zitat des Gesprächspartners bei Unternehmung Alpha 2.
[657] Vgl. http://de.wikipedia.org/wiki/Pflichtenheft entnommen am 12. Oktober 2006.
[658] Vgl. Neef/Bloch (2003), S. 437.
[659] Szyperski/Von Kortzfleisch (2003), S. 378.

instruiert werden, denn Online-Kooperationen können auf Dauer nur dann erfolgreich sein, wenn das Management bereit ist, nicht nur in die Errichtung, sondern auch in die täglichen Aufgaben zu investieren. [660] Die „intensive Analyse zahlreicher konkreter Kooperationen läßt den Schluß zu, daß das Management der Kooperation als evolutionärer Prozeß der einzige langfristig erfolgversprechende Weg ist. Schlüssel dazu ist die beiderseitige ständige Sensibilität und Bereitschaft zur Anpassung und Revision der Beziehungen an die Entwicklung der strategischen Interessen und Beiträge der Partner"[661]

Im Folgenden werden Verfahren

- zum Aufbau gegenseitigen Vertrauens,
- zur Kontrolle und Steuerung sowie
- zur Lösung von Konflikten

erläutert. [662]

7.5.1 Aufbau von gegenseitigem Vertrauen

„Trust is probably the sinlge most important ingredient"[663] Generell wird Vertrauen als bedeutender Wettbewerbsfaktor betrachtet und gilt als effizientes Führungssystem[664], da es als informaler Steuerungsmechanismus detailliertes Vertragswerk und aufwändige Kontrollinstrumente ersetzt.[665] Vertrauen zwischen den Partnern entsteht durch positive Erfahrungen mit dem Partner, das bestätigen die Interviewpartner.[666] Es verringert op-

---

[660] Vgl. Heck (1999), S. 56.

[661] Doz (1992), S. 62. Dieses Fazit zieht Doz aus der mehrjährigen Untersuchung von mehr als 20 Kooperationen.

[662] Der begrenzte Rahmen einer solchen Arbeit zwingt auch hier dazu, thematisch einzugrenzen. Sicherlich kann man ein ganzes Dissertationsthema den Verfahren der operativen Phase widmen. Hier erfolgt die Begrenzung in Bezug auf die Verfahren, die sich auf die Atmosphäre zwischen den Kooperationspartnern beziehen.

[663] Houghton (1994), S. 31.

[664] Vgl. Albach (1997), S. 1276.

[665] Siehe Jarillo (1993), S. 135 sowie Zentes/Swoboda/Morschett (2003), S. 837. Von Kortzfleisch/Szyperski (2001), S. 408 bezeichnen Vertrauen als den wichtigsten Erfolgsfaktor von Kooperationen von wissensintensiven Unternehmungen.

[666] Jochims (2006) belegt, dass der Grad der losen Kopplung steigt, je höher das Vertrauen zwischen den Kooperationspartnern ist, vgl. Jochims (2006), S. 189.

portunistisches Verhalten und verlängert die Dauer einer Beziehung.[667] Die durch Vertrauen gewonnen Freiräume konkretisieren sich in einer höheren Flexibilität, die eine Kooperation aufgrund der stetig auftretenden Unwägbarkeiten dringend benötigt.[668] Auftretende Schwierigkeiten haben sogar, wie im Fall von Alpha 9, das Vertrauensverhältnis zum Partner intensiviert, nachdem das Problem gemeinsam gelöst werden konnte. Somit besteht das Dilemma, dass Vertrauen sowohl Ergebnis als auch Voraussetzung für eine erfolgreiche Zusammenarbeit ist.[669] Dieser Kreislauf muss positiv in Gang gesetzt werden, um eine erfolgreiche Partnerschaft zu errichten.

Auf der Grundlage der vier Faktoren, die nach ZENTES/SWOBODA/MORSCHETT zur Vertrauensbildung der Partner eine Rolle spielen, soll in einer Partnerschaft mit folgendem Verfahren Vertrauen aufgebaut werden:[670]

1. Überprüfung der Reputation anhand von Referenzen,
2. Vertragliche Selbstverpflichtung der beteiligten Unternehmungen,
3. Aufbau der persönlichen Beziehung der beteiligten Personen sowie
4. Förderung der Kommunikation innerhalb der Unternehmung, unter den Partnern und nach außen.

Die Reputation einer Unternehmung wird von den meisten Gesprächspartnern als ein Indiz für die Vertrauenswürdigkeit bewertet. Daher werden mögliche Kooperationspartner (zumindest der Gruppe 1) systematisch überprüft, indem Referenzen gezielt befragt werden. „Der Ruf des Anbieters spielt für uns eine große Rolle. Er gibt mir ein besseres Gefühl, wenn ich weiß, dass jemand einen guten Ruf zu verlieren hat. Die Branche ist sehr klein und man kennt eigentlich immer Referenzen in seinem Netzwerk, die man zu einem Partner befragen kann;" so der Gesprächspartner aus Beta 2. „Daher schau ich auch immer erst, welche Referenzen das Unternehmen zu bieten hat." Umgekehrt schlägt sich die Redlichkeit eines Partners in der Reputation der Unternehmung nieder.[671] Während die Reputation sozusagen als Vertrauensvorschuss beurteilt werden kann, sollen mit Selbstverpflichtungen der Unternehmungen im Vorfeld Fakten geschaffen werden. Das

---

[667] Siehe auch Zentes/Swoboda/Morschett (2003), S. 837.
[668] Siehe hierzu Oechsler (2003); S. 972.
[669] Vgl. Schneider (2003), S. 997.
[670] Siehe Zentes/Swoboda/Morschett (2003), S. 836 ff. sowie Kutschker (2003), S. 1072.
[671] Siehe Zentes/Swoboda/Morschett (2003), S. 837.

kann beispielsweise durch die Bildung homogener Werte und Normen, die eine primäre Voraussetzung für den Aufbau von Vertrauen darstellen, in Gang gesetzt werden.[672] Weiterhin kommt der persönlichen Beziehung zwischen den Kooperationspartnern eine kritische Rolle zu.[673] Nicht zur Betrugsverhinderung, sondern auch zur konstruktiven Zusammenarbeit ist das persönliche Verhältnis von großer Bedeutung. Dabei basiert interorganisationales Vertrauen vorwiegend auf interpersonalem Vertrauen zwischen den Partnern.[674] Hierzu gehören auch das Respektieren des Partners und seiner Mitarbeiter und die Fähigkeit, sich in seine Rolle zu versetzen.[675]

Die untersuchten Unternehmungen schlagen verschiedene Wege ein, um das persönliche Verhältnis der beteiligten Mitarbeiter zu verbessern. Dazu gehören u. a. gemeinsame Sportveranstaltungen und Ausflüge, Betriebsfeiern bis hin zu Wochenendtrips.

Schließlich muss als Vertrauen bildende Maßnahme die richtige Kommunikation auf drei Ebenen etabliert werden:
- Innerhalb der Unternehmung,
- zwischen den Partnern,
- mit dem außerhalb der Partnerschaft liegenden Umfeld.

Nach Aussagen der Gesprächspartner, die in den Kooperationen keine leitenden Funktionen haben, wird gerade die Kommunikation innerhalb der Unternehmungen im Zusammenhang mit der Kooperation in mehreren Fällen mäßig bis mangelhaft bewertet. Beispielsweise werden die Implikationen für die Mitarbeiter selten kommuniziert und sie erfahren von bedeutenden Kooperationen erst aus der Presse.[676] Die Bereitschaft zur Kooperation muss anschließend umso aufwändiger hergestellt werden. Hier wünschen sich die Betroffenen eine frühzeitige Einbindung, die sie auch erhalten sollten, wenn es kein Insiderwissen und damit aktienrechtlich bedenklich ist.[677]

---

[672] Siehe Oechsler (2003), S. 972.
[673] Siehe Kronen (1993), S. 225.
[674] Oechsler (2003); S. 972.
[675] Vgl. Balling (1997), S. 121.
[676] Siehe Gerhard (2003), S. 68.
[677] Das Argument, die Geschäftsleitung wolle möglicherweise verhindern, dass Informationen zur Kooperatiuon nach außen sickern noch bevor die Kooperation besiegelt ist, werden nicht geteilt.Die Mitarbeiter würden so viele Geheimnisse tragen, die Sie auch nicht nach außen brächten.

Weiterhin muss die Kommunikation zwischen den Partnern über die Sacharbeit hinausgehen. Die Interviewpartner bemängelten die Unregelmäßigkeit der Kommunikation und vor allem mangelnde Kommunikation, wenn etwas schief gelaufen war. So bestätigte der Vertreter von Beta 8, dass entdeckte Fehler des Partners, die vorher nicht kommuniziert wurden, zu erheblichen Vertrauensverlusten führten, während kommunizierte Fehler das Vertrauen eher stärkten. Im Hinblick auf weitere Partnerschaften ist auch die Kommunikation mit dem außerhalb der Partnerschaft liegenden Umfeld sehr wichtig.[678]

Das beschriebene Verfahren bezieht sich auf Partner der Gruppe 1. Für Partner der Gruppe 3 steht der dargestellte Aufwand nicht im Verhältnis zum Ertrag mit diesen Kooperationen. Für Kooperationen mit Partnern der Gruppe 3 ist eine solch vertrauensvolle Bindung auch nicht erforderlich, denn hier wird Vertrauen durch Kontrolle ersetzt.[679] Die dazugehörigen Verfahren werden im folgenden Abschnitt erörtert.

7.5.2 Kontrolle und Steuerung

Besonders zu Beginn einer Kooperation, in einer Phase, in der sich die beiden Partner noch nicht so gut kennen und eine Vertrauensbasis noch nicht entstanden ist, besteht grundsätzlich die Gefahr, dass sich einer oder beide Kooperationspartner opportunistisch verhalten. Die *Principal-Agent-Theorie* führt dieses Verhalten auf Informationsasym-

---

[678] Vertrauen ist auch die Basis für Lernen vom Partner, weil keiner etwas von sich preis gibt, wenn Misstrauen vorhanden ist. Nicht nur für den individuellen Nutzen der Beteiligten, sondern auch für den erfolgreichen Fortbestand der Kooperation sowie für weitere Kooperationen ist jedoch die Bereitschaft und die Realisierung eines kontinuierlichen Lernens ein wesentlicher Erfolgsfaktor; vgl. Balling (1997), S. 108. Denn nicht die Menge an Erfahrung sondern die Nutzung der Erfahrung also die Fähigkeit aus Erfahrung zu lernen, ist entscheidend; siehe hierzu Rühli (1994), S. 48, sowie Hamel/Prahalad (1993), S. 80. Dagegen gehören nach LORANGE/ROOS die Unfähigkeit zum Wandel und zur Innovation und die mangelnde Lernbereitschaft zu den Stolpersteinen einer Kooperation, zur ausführlichen Darstellung siehe Lorange/Roos (1992), S. 343 ff. Dem interorganisationalen Lernen, also dem Lernen von und mit dem Kooperationspartner, sollte ursprünglich ein eigenes Kapitel gewidmet werden. Hier traf der Verfasser die Entscheidung, dieses Thema auszuklammern, da es hier nur sehr kurz zusammengefasst dargestellt werden könnte, was der komplexen Thematik nicht gerecht geworden wäre. Stattdessen soll auf andere Literatur verwiesen werden. Zunächst auf die Arbeit meines geschätzten Doktorandenkollegen Thomé (2006a bzw. b), weiterhin Schneider (2003), S. 985 ff., Adobor/McMullen (2002), S. 67 ff., Freiling (1998), S. 29, Bogaschefsky (1995), S. 159 ff., Rasche/Wolfrum (1994), S. 507, Rühli (1994), S. 48, Hamel/Prahalad (1993), S. 80 sowie Backhaus/Piltz (1990), S. 9.

[679] Zur ausführlichen Darstellung der Rolle von Vertrauen in Online-Vertriebskooperationen siehe Brettel/Heinemann (2003), S. 407-422.

metrien zwischen den Partnern und von einander abweichende Ziele und damit Motivationen für die Partnerschaft zurück.[680] Als Konsequenz gilt es also, die Ziele der Kooperationspartner anzugleichen und Informationsasymmetrien abzubauen.[681]

Eine Lösung des Problems würde darin liegen, die Ziele der beide Partner im Vorfeld, also bereits bei der Fixierung von Letter of Intent bzw. Kooperationsvertrag (vgl. Abschnitt 7.4.1), anzugleichen: Beispielsweise soll bei einer Vertriebskooperation ein Portal Besucherströme in den Online-Shop des Akteurs leiten. Dabei verfolgt der E-Commerce-Anbieter das Ziel, möglichst wenig für einen Visit im Shop zu bezahlen, während der Portalbetreiber einen möglichst hohen Preis für einen übermittelten Visit erzielen möchte. Sowohl E-Commerce-Anbieter als auch Portalbetreiber können in diesem Beispiel die Rolle des „Agent" bzw. des „Principal" annehmen. Wenn eine reine Umsatzprovision vereinbart wurde, kann der Portalbetreiber nicht erkennen, welche provisionsverursachenden Umsätze auf Shopseite getätigt wurden. Verhält sich der Akteur also opportunistisch, wird er den Umsatz geringer angeben, als er tatsächlich ist. Wird dagegen nur auf der Basis von Sichtkontakten abgerechnet, schlüpft der E-Commerce-

---

[680] „Opportunismus oder gar Böswilligkeit stellen für jede Kooperation eine potentielle Bedrohung dar."; Szyperski, N./Klein, S. (1993), S. 201. Die *Principal-Agent-Theorie* problematisiert Informationsasymmetrie zwischen den Partnern und von einander abweichende Ziele, wodurch opportunistisches Verhalten begünstigt wird. Inhaltlicher Schwerpunkt ist die bei einer Transaktion entstehende Auftraggeber-Auftragnehmerbeziehung, die beim vorliegenden Forschungsprojekt auf den E-Commerce-Anbieter und seinen Partner übertragen werden kann. Die *Principal Agent Theorie* wurde ursprünglich von Jensen und Meckling entwickelt und basiert auf den gleichen Prämissen wie die Transaktionskostentheorie; siehe hierzu Jensen/Meckling (1976), S. 5f. Der Ansatz unterstellt, dass die beteiligten Unternehmen mit der Kooperation voneinander abweichende Ziele verfolgen. Das der *Principal-Agent-Theorie* zu Grunde liegende Kernproblem ist Informationsasymmetrie zwischen den Partnern. Von einander abweichende Ziele und Informationsasymmetrie können schließlich zu opportunistischem Verhalten führen. Erstens kann der Auftraggeber („principal") die Handlungen des „agent" nicht vollständig bzw. nur zu gewissen Kosten beobachten. Zudem kann die Leistung des „agent" nicht eindeutig bzw. nicht ausschließlich aus dem Ergebnis abgeleitet werden, da externe Umwelteinflüsse ebenfalls auf das Ergebnis einwirken können; vgl. Jost (1998), S. 282f. Zweitens kann der „principal" die Leistungen des „agent" zwar beobachten, aber nicht abschließend beurteilen, siehe hierzu Jost (2001), S. 30ff. Drittens bestehen Wissensdefizite hinsichtlich wesentlicher Eigenschaften des „agent" vor Vertragsabschluss, da sich die beiden Partner noch nicht kennen; zur ausführlichen Darstellung siehe Brettl/Heinemann (2003), S. 412 f. Die Folge von antizipiertem opportunistischem Verhalten sind so genannte „agency costs", die die Kosten einer Kooperation in die Höhe treiben und daher gemäß der Theorie die Vorteile der Partnerschaft reduzieren, vgl. Borchert/Ursprung (2003), S. 45 ff. Diese Kosten summieren sich aus Kontrollkosten des Auftraggebers, Garantiekosten des Auftragnehmers, bestimmte Handlungen zu unterlassen und einem Residualverlust bzw. verbleibendem Wohlfahrtsverlust. Die Prinzipal-Agenten-Theorie versucht nun, die Ursachen dieser Kosten zu ergründen und darüber hinaus für das Management Lösungsansätze zu finden, die Agency-Kosten möglichst weitgehend zu reduzieren; vgl. Brettel/Heinemann (2003), S. 413.

[681] Zur ausführlichen Darstellung der Ziele von Kooperationen im Online-Vedrtrieb siehe Kapitel 4.

Anbieter in die Rolle des „Principal". Verhält sich der Portalbetreiber opportunistisch, wird er versuchen, eine möglichst hohe Anzahl an Besuchern über die Webseite zu lenken, ohne auf die Qualität der Besucher im Hinblick auf die Kaufbereitschaft Rücksicht zu nehmen. Eine Angleichung der Ziele würde in der gemeinsamen Absicht resultieren, einen möglichst hohen Umsatz mit jedem Nutzer zu generieren. Hierzu leistet jeder seinen entsprechenden Beitrag: der Partner schickt kaufwillige und kaufkräftige Kundschaft und der Akteur optimiert seinen Shop. Anschließend werden die Erlöse nach einem zuvor festgelegtem Schema verteilt. Das gelingt nur, wenn auch die Informationsasymmetrien zwischen den Geschäftspartnern abgebaut werden können. Sobald es gelingt, Erfolge im Online-Vertrieb mit geringem Aufwand zu überprüfen, wird die Principal-Agent-Problematik für Kooperationen im Online-Vertrieb als nicht gravierend angesehen.[682]

Diese Einschätzung hat sich auch in Gesprächen mit Betroffenen bestätigt. Alpha 9 beispielsweise setzt sich daher fast ausschließlich Ziele, für die sie eindeutig bestimmbare Messgrößen festlegen und überprüfen kann. Für Alpha 9 ist die zentrale Messgröße die Conversionrate, also die Rate der tatsächlich gewonnen Kunden auf der Basis aller Nutzer, die beim Partner mit einem Werbemittel von Alpha 9 konfrontiert werden.

Diese Kontrolle bzw. Steuerung erfolgt analog dem in Kapitel 5.2.1 erläuterten und dort in Abbildung 12 dargestellten AIDA-Modell:

- Attention: Auf der Webseite des Partners soll mit Hilfe eines Werbemittels die Aufmerksamkeit des Besuchers („Visit") erzeugt werden. Jeder Aufruf einer Seite, bei der das Werbemittel mit aufgerufen wird, wird als „Page impression" gezählt. [683]
- Interest: Die Aufgabe des Partners besteht nun darin, das Interesse des Besuchers mit den entsprechenden Ressourcen (Informationen, Bildern usw.) zu wecken und auf das Werbemittel zu leiten.

---

[682] Denn bei Kooperationen im Online-Vertrieb sind „agency costs" sehr gering: zur Kontrolle dienen beispielsweise Logfile-Analysen oder die Einschaltung von neutralen Dritten wie Banner-Dienstleister bzw. Affiliate-Marketing-Network-Dienstleister; vgl. Brettel/Heinemann (2003), S. 417.

[683] Die wesentlichen Messgrößen von Online Vertriebskooperationen siond „Page Impressions" = aufgerufene Webseiten; „Visits" = Besuche auf einer Website, „Unique User" = Besucher einer Website; „Clicks" = Mausclicks auf ein Werbemittel, einen Textlink o. Ä, was dazu führt, dass der Besucher auf die andere Webseite umgeleitet wird; „Leads" = generierter Kundenkontakt aufgrund einer Aktion eines Online-Kunden, die einem direkten oder indirekten Vertriebsziel folgen; „Sales" = Umsatzerlöse als monetäre Größe oder Anzahl der Abverkäufe/Vertragsabschlüsse; zur ausführlichen Darstellung siehe Mangstl/Dörje (2003), S. 77 ff. sowie Heßler (2003), S. 330 ff.

- Desire: Besteht der Kaufwunsch, kann der Kunde durch einen Klick („Click") auf das Werbemittel einfach vom Partner zum Akteur wechseln.
- Action: Auf der Seite des Akteurs angekommen, hinterlässt er seine Daten beispielsweise im Rahmen eines Gewinnspiels oder um einen Newsletter zu erhalten („Lead"). Im Idealfall wird er tatsächlich zum Kunden („Sale").

Die einzelnen Schritte zum Erfolg (vgl. Abbildung 56), wie z.B. die Anzahl der Visits, Clicks und Leads, können von beiden eingesehen und einfach sowie zeitnah überprüft werden.

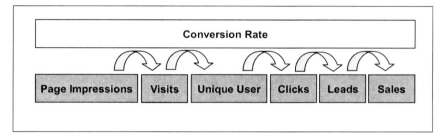

Abbildung 56: Erfolgskenngrößen von Online-Kooperationen
Quelle: Mangstl/Dörje (2003), S. 77.

„Messgrößen helfen, den Erfolg oder Misserfolg einer Online-Partnerschaft beurteilen zu können. Zudem sind Messgrößen die Basis des Online Marketing Controlling. Diese Kennzahlen (bezogen auf die Kennzahlen der Abbildung 56) geben dem Verantwortlichen sehr schnell Informationen über den Erfolg und den Misserfolg einzelner Partnerschaften innerhalb des gesamten Marketing Mix im Online-Bereich und können von beiden Partnern eingesehen werden."[684] Die klare Messbarkeit ermöglicht eine für beide Seiten einsichtige und eindeutige Zuordnung von Aufwendungen zu Erträgen.[685]

---

[684] So der Gesprächspartner von Alpha 9. Inwieweit das Markenguthaben, d. h. Markensympathie, Markenloyalität und Markenvertrauen einer Unternehmung gestärkt wird, lässt sich allerdings so nicht feststellen. Hierzu bedarf es klassische Untersuchungen wie Tests und Umfragen.

[685] Häufig wird zwischen Portalbetreibern, die eine Abrechnung nach TKP präferieren, und E-Commerce-Anbietern, die lieber erfolgsabhängig vergüten, eine Auseinandersetzung nach der Vergütungsart geführt. Diese Debatte ist jedoch bei einer langfristigen Zusammenarbeit überflüssig, denn es kommt nicht auf die Art, sondern nur auf die Höhe der Vergütung an, die in Bezug zur Qualität der Kunden stehen sollte.

Die Erfolgskontrolle im Online-Vertrieb erfolgt nach heutigem Stand in Echtzeit und mit genauen Kennziffern.[686] Das standardisierte Verfahren der Zusammenarbeit wird bei solchen Vertriebskooperationen durch entsprechende Trackingverfahren komplett überwacht.[687] Die Messung erfolgt durch die Implementierung von so genannten Tracking Codes in den Werbemitteln (Banner, Grafiken, Links usw.). Beide Partner können auf diese Weise durch offene Standards permanent die Entwicklung der Kooperation verfolgen (vgl. Abbildung 57).[688]

Vergütungen gibt es beispielsweise nur, wenn tatsächlich Klicks, Webseitenbesuche oder Umsätze getätigt werden. Selbst wenn ein Kunde nach längerer Zeit wiederkehrt, kann er unter bestimmten Umständen dem Partner wieder zugeordnet werden, was wichtig ist, wenn auch die langfristigen Umsätze vergütet werden sollen.[689]

Durch die beschriebenen Verfahren zur Kontrolle würde opportunistisches Verhalten einer Partei aufgedeckt und zum Abbruch der Beziehungen führen, was nicht im Interesse der Partner sein kann.[690] Um Zahlen zu verifizieren und damit das Vertrauen noch zu erhöhen, kann eine neutrale Clearingstelle eingeschaltet werden.[691] Die Gefahr von Betrug wird so weitgehend gebannt.[692] Zu solchen unabhängigen dritten Instanzen, die On-

---

Denn wird nach TKP abgerechnet, sieht der E-Commerce-Betreiber, was er langfristig im Durchschnitt für einen Kunden eines bestimmten Partners bezahlt und welchen durchschnittlichen Umsatz diese Kunden erwirtschaften. Stehen die Kosten nicht in einem wirtschaftlichen Verhältnis, muss er nachverhandeln oder die Kooperation abbrechen. Wird dagegen erfolgsabhängig bezahlt, sieht entsprechend der Partner, welche Vergütungen ihm seine Nutzer einbringen und er kann ggf. intervenieren.

[686] Vgl. Heßler (2003), S. 330 ff sowie Hanson (2000), S. 283 und Krafft/Liftin (2002), S. 295.

[687] Das Monitoring und die stete Überprüfung der Kundenbindungskosten, die sich im Internet sehr einfach und absolut genau durchführen lässt, gehören beispielsweise auch zu den wichtigsten Themen bei eBay, vgl. Rheinboldt/Guentert (2002), S. 65, 67.

[688] Siehe hierzu Mangstl/Dörje (2003), S. 77.

[689] Hierzu muss der Nutzer sogenannte Cookies zulassen, kleine Textdateien, die auf seinem Rechner gespeichert werden und bestimmte Informationen enthalten, die eine spätere Identifizierung ermöglichen.

[690] Vgl. Sydow, J. (1992), S. 171ff. Zur ausführlichen Darstellung der Principal-Agent-Theorie in Kooperationen siehe Woratschek/Roth (2003), S. 152 ff.

[691] Solche Services übernehmen beispielsweise Mediaagenturen oder ein Affiliate-Netzwerkbertreiber, siehe Mangstl/Dörje (2003), S. 90 f.

[692] Vgl. Brettel/Heinemann (2003), S. 421.

line-Vertriebskooperationen überwachen, gehören beispielsweise die Affiliate-Marketing-Anbieter.[693]

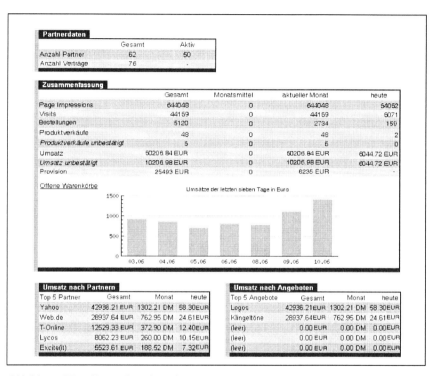

Abbildung 57: Reporting eines Partnerprogramms
Quelle: Sevenval AG.

Eingangs wurde bereits dargelegt, dass eine Kooperation nur dann sinnvoll ist, wenn die Leistung der Kooperation größer ist als die Summe der individuellen Leistungen der Partner ohne Kooperation, zuzüglich der Kosten der Kooperation.[694] Die Gesprächspart-

---

[693] Vgl. Heßler (2003), S. 334 ff.
[694] Siehe hierzu Balling (1997), S. 106.

ner beklagen, dass sie das mit den herkömmlichen Reportingtools nicht direkt überprüfen können. Aus der Sicht des Akteurs muss der durchschnittliche Umsatz je Kunden mit der Conversionrate und den Kosten für das Erscheinen auf der Partnerseite ins Verhältnis gesetzt werden. Der Partner muss dagegen ermitteln, welche Kosten er im Durchschnitt aufwenden muss, um einen Nutzer auf seine Seite zu holen und ins Verhältnis zu seinen Provisionen setzen, die er vom Akteur bekommt. So muss überprüft werden, ob für beide Partner ein günstiges Verhältnis von eingesetzten zu erhaltenen Ressourcen besteht. Entsprechend muss das oben beschriebene Kontrollverfahren so erweitert werden, dass beide Partner die Möglichkeit haben, es mit ihren jeweiligen Daten zu erweitern.

Das beschriebene Verfahren wird dem defensiven Begriff „Kontrolle" im Sinne von „Überwachung" gerecht, d.h. die beiden Partner überwachen sich gegenseitig, um opportunistisches Verhalten des anderen zu verhindern. Neben einer solchen rückblickenden Kontrolle müssen die beiden Partner ihre Kooperation, wie in Abschnitt 5.2.3.4 dargestellt, langfristig steuern und gemeinsam Informationen über den Kunden bzw. die Kunden auswerten, um für die Zukunft entsprechende Entscheidungen zu treffen. Denn nur durch eine etablierte und stetige Erfolgskontrolle wird gewährleistet, dass Ressourcen vollständig genutzt und Gegenmaßnahmen eingeleitet werden, falls sich die Kooperationsziele nicht erreichen lassen. Mit anderen Worten muss unter Kontrolle auch die offensive Bedeutung „Steuerung" verstanden werden, hinter der sich das proaktive Führen eines Partnerprogramms verbirgt.[695]

Genau hier liegt aber das Problem, das bereits zu Beginn des Kapitels geschildert wurde. Die Auswahl von Partnern erfolgt oftmals als eine wahllose Aneinanderreihung, die eine klare Ausrichtung vermissen lässt.[696] In Abschnitt 7.2 wurden bereits geeignete Verfahren dargestellt, Partner zu identifizieren. Hier soll ein Verfahren vorgestellt werden, das bestehende Portfolio an Partnern zu kontrollieren und zu steuern.

GERHARD schlägt das Verfahren vor, Kooperationen als Portfolio zu führen. Dabei überträgt er das Konzept der Portfolio-Matrix der Boston Consulting Group (BCG-Matrix)

---

[695] Vgl. hierzu Gerhard (2003), S. 69 f.
[696] Dies bestätigt auch eine Studie von Arthur D. Little aus dem Jahr 2001, die auf den Aussagen von Führungskräften der ersten (Mitglieder des Vorstands bzw. Geschäftsführung) und der zweiten Ebene (Geschäftsbereichsleiter) von weltweit 1253 Unternehmen aller wesentlichen Industrien zu ihren strategischen Kooperationen, bei denen eine Kapitalverflechtung keine Rolle spielt, basiert.

auf die Gesamtheit der Kooperationen eines Unternehmens.[697] Auf das Management von Kooperationen abgebildet, wären zu beantwortende Fragen beispielsweise, ob das Unternehmen über genügend junge Partnerschaften mit Wertsteigerungspotenzial verfügt oder nur über so genannte Cash Cows zwar mit hohem Wertbeitrag, jedoch auch mit hohem Reifegrad. Der zu erwartende Rückgang müsste Anpassungen des Portfolios nach sich ziehen. Die Dimensionen der von GERHARD vorgeschlagenen Matrix sind der Vergleich des Wertbeitrags und die Reife der Partnerschaft.[698]

Für das Führen von Partnerschaften als Portfolio spricht der in Abschnitt 5.1.2.2 postulierte Aufbau bzw. Erhalt eines marktlichen Effizienzdrucks. Grundsätzlich fand die Idee des Portfolios bei den Experten Anklang. Mit der Übernahme der Dimensionen aus der BCG-Matrix waren die Gesprächspartner jedoch einhellig nicht einverstanden, da sie den bei Produkten aus dem Produktlebenszyklus bekannten Reifegrad bei ihren Kooperationen nicht als Regel feststellen können. Das Interesse an einer Portfolio-Analyse mit anderen Dimensionen wurde dagegen bekundet.

Mit Abbildung 48 wurde bereits einer möglichen Lösung vorgegriffen, die an dieser Stelle weiter ausgearbeitet wird. In der Abbildung wird auf der Abszisse der Wert der Partnerressourcen abgebildet, der in erster Linie in einer kaufkräftigen und kaufwilligen Kundschaft besteht. Solche Daten können zwar erhoben werden, die Experten waren sich jedoch weitgehend einig darin, dass eine solche Erhebung zu aufwändig sei. Manche Partner erheben solche Daten als Beleg für die Qualität ihrer Nutzer um so die Kompensationen für übermittelte Nutzer zu steigern. Problematisch ist, dass man diesen Angaben vertrauen muss und sie nur die Kaufkraft aber nicht die Kaufwilligkeit repräsentieren. Als bester Indikator für den Wert der Partnerressourcen stellte sich die Conversionrate heraus, entweder als Verkäufe oder als Umsatz pro übermittelten Kunden.[699] Dieser Indikator repräsentiert auch die Kaufwilligkeit und kann vom Akteur bei

---

[697] Vgl. Gerhard (2003), S. 69 f. Die BCG-Matrix stellt die strategischen Geschäftsfelder eines Unternehmens als Vierfeldermatrix anhand der Schlüsselfaktoren „Marktwachstum" und „Marktanteil", jeweils in den Ausprägungen „hoch" und „niedrig" dar, vgl. Szyperski et al. (1980), S. 80. Dadurch gestattet die Matrix einen übersichtlichen Überblick über die (zukünftige) Ertragskraft der Produkt-Markt-Kombinationen einer Unternehmung; vgl. Köhler 1993, S. 31.f.

[698] Zur ausführlichen Darstellung siehe Gerhard (2003), S. 67 ff. Weitere Ausführungen zum Management von Kooperationen in Portfolios siehe Heck (1999) S. 65; Freiling (1998), S. 24, Susen (1995), S.118. sowie ausführlich Schwamborn (1993).

[699] Verkäufe: von 100 Nutzern, die der Partner übermittelt hat, haben x Nutzer etwas bestellt. Umsatz: 100

bereits bestehenden Partnerschaften einfach ermittelt werden. Die Protfolio-Analyse zeigt Abbildung 58.

Die Ordinate repräsentiert den Wert der eigenen Ressourcen, die für die Kooperation aufgewendet werden müssen. Hier sollen die durchschnittlichen Kosten für einen Nutzer, den man über den Partner bekommt, angesetzt werden. Diese Kosten entstehen durch direkte Kompensationszahlungen und müssen je nach Abrechnungsmodus auf jeden übermittelten Nutzer verteilt werden. Oder sie ergeben sich durch die Kosten der Erstellung von Ressourcen, die dem Partner zur Verfügung gestellt werden. Die Größe der Kreise verkörpert die Anzahl der Nutzer, über die der Partner verfügt oder die tatsächlich verlinkt werden.

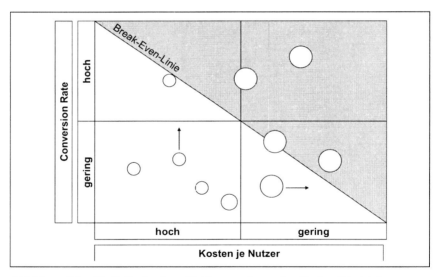

Abbildung 58: Portfolio-Analyse für Kooperationen im (Online-)Vertrieb.

Eine Diagonale von links oben nach rechts unten ist die Break Even Diagonale, wobei sie auch parallel zur hier eingezeichneten verlaufen kann. Die Strategie besteht nun dar-

---

Nutzer, die der Partner übermittelt hat, haben insgesamt für für Y € eingekauft.

in, die Partner, die durch Kreise dargestellt sind, in den grauen Bereich „zu schieben", bei dem die Kosten der Nutzer gering, ihre Conversionrate aber hoch ist. Das passiert in den zwei, durch Pfeile gezeichnete Richtungen.

In horizontaler Richtung, indem man die Kosten je Nutzer senkt durch
- Herabsetzen der Vergütung beim Partner[700]
- Senkung der Erstellung von Tauschressourcen
- Verteilung der Kosten der Erstellung von Tauschressourcen auf mehr Partner
- Steigerung der Akzeptanz der Ressourcen beim Partner.

In vertikaler Richtung, indem man die Conversion-Rate erhöht durch
- Optimierung des eigenen Shops für die entsprechende Zielgruppe
- Verbesserung der Qualität der Nutzer beim Partner z.B. durch Austausch von Informationen oder durch Bereitstellung von entsprechenden Ressourcen wie Informationen etc.

Eine weitere Strategie, die sich aus dieser Darstellung ablesen lässt, ist, die Blasen, die sich im grauen Bereich befinden, zu vergrößern, indem man die entsprechenden Partner ermuntert, mehr Nutzer auf die Webseite des Akteurs zu leiten. Eine andere Möglichkeit, die in den Gesprächen diskutiert wurde, ist die Darstellung eines Portfolios in Bezug auf „Critical Mass Alliances". Sofern es strategisch bedeutend ist, sogenannte als „asset mass efficiencies" bezeichnete Effekte zu erzielen, beispielsweise um Standards durchzusetzen, müssen die dazu notwendigen Allianzen ebenfalls mit Hilfe einer Portfolio-Analyse gesteuert werden.[701]

Die ständigen Begleitung und Überwachung muss wesentlicher Bestandteil des fortlaufenden Managements von strategischen Partnerschaften sein und ist Grundvoraussetzung für die Steuerung von Kooperationen.

---

[700] Auch nach Verhandlung des Kooperationsvertrages ist das möglich, durch das Druckmittel, die Kooperation zu beenden, da sie sich nicht trägt.
[701] Vgl. Abschnitt 5.1.2.4.

7.5.3 Konflikthandhabung

Das Management von Krisen gehört nach BRONDER/PRITZL zu den wesentlichen Fähigkeiten in Kooperationen.[702] Denn anders als in Unternehmungen, wo die Konfliktlösung im Notfall diktiert werden kann, müssen in Kooperationen Konflikte partnerschaftlich gelöst werden. Die Konflikthandhabung bezieht sich für die Experten auf drei Dimensionen:
- Konfliktvermeidung
- Vorbereitung auf Konflikte
- Lösen von Konflikten

Eine Partnerschaft hat die besten Aussichten auf *Konfliktvermeidung*, wenn sie über eine eigene starke Führung verfügt, die autorisiert ist, Entscheidungen selbst herbeizuführen.[703] Es werden willensstarke Promotoren benötigt, die über Führungserfahrung verfügen, sich mit dem Projekt identifizieren und ausreichende Kenntnisse über Markt und Technik verfügen, um von den anderen Gruppenmitgliedern, vor allen denen des Partners, akzeptiert zu werden.[704] Diese sog. „Kooperationstreiber" müssen dauerhaft für die Kooperation zur Verfügung stehen und dem Team unternehmerischen Freiraum schaffen.[705] Entsprechende Managementkapazitäten müssen daher zu Beginn eingeplant und festgeschrieben werden.

Um Konflikte zu vermeiden müssen die Ziele der Kooperation bekannt sein und, wie im vorangegangenen Abschnitt dargelegt, von den Partnern miteinander in Einklang gebracht werden. Schon bei der Auswahl der Partner sollte der Akteur darauf achten, dass die Überschneidung der Angebote nicht zu groß ist. Denn während eine Ähnlichkeiten bei der Zielgruppe unter den Gesichtspunkten der Senkung gemeinsamer Kundengewinnungskosten positiv zu sehen sind, führt eine Homogenität der Angebote zu einem Wettbewerb der Partner, bei dem Konflikte vorprogrammiert sind. Der Erfolg einer Koopera-

---

[702] Vgl. Bronder/Pritzl (1991), S. 31 f. Heck betrachtet den Willen zur aktiven und dauerhaften Kooperation als Erfolgsfaktor für Kooperationen, vgl. Heck (1999), S.61.
[703] Vgl. Bleeke/Ernst (1991), S. 131.
[704] Vgl. Bleicher/Hermann (1991), S. 41.
[705] Siehe hierzu Stern/Jaberg (2003), S. 15.

tion ist deshalb am aussichtsreichsten, wenn identische Zielgruppen mit unterschiedlichen, aber kontextuellen Leistungen angesprochen werden.[706]

Konflikte werden nach Aussage von Experten vermieden, wenn im Letter of Intent bzw. im Kooperationsvertrag bereits feste Vereinbarungen zu technischen und visuellen Belangen der Kooperation festgeschrieben werden. BÜTTGEN zählt dazu beispielsweise Designrichtlinien wie den Umgang mit dem Logo, die Vorschriften für Schriftarten und -typen sowie verwendete Farben.[707] Laut Aussage der Experten funktionieren Kooperationen reibungsloser, wenn die Partner über eine ähnliche Unternehmenskultur verfügen und eine gemeinsame Vertrauensbasis aufgebaut haben.[708]

THOMÉ/VON KORTZFLEISCH/SZYPERSKI empfehlen die Entwicklung eines präventiven Krisenmanagements als Verfahren zur *Vorbereitung auf Konflikte* in der Kooperation.[709] Bereits in der kooperationsbezogenen Organisationsentwicklung müssen präventive Routinen und Institutionen eingerichtet werden, um auf den Konfliktfall angemessen reagieren zu können. Dazu gehören folgende Maßnahmen:[710]

- Identifikation kritischer Bereiche,[711]
- Zuordnung der Problembereiche zu bestimmten Stabsstellen, die sich überwiegend mit dem Kooperationsmanagement befassen,[712]

---

[706] Siehe Lücke/Webering (2003), S. 8.

[707] Vgl. Büttgen (2003), S. 215.

[708] Die Unternehmenskultur machten Vertreter von jungen Unternehmungen davon abhängig, ob ihre Partner ebenfalls zu den jungen Unternehmungen gehörten oder etablierte Anbieter waren. Umgekehrt konnte diese Unterscheidung von den etablierten Unternehmungen nicht festgestellt werden. Eine Vertrauensbasis sah einInterviewpartner zum Beispiel darin gegeben, in wiefern auftretende Konflikte schnell zum gemeinsamen Handeln führten oder zunächst Schuldzuweisungen getätigt wurden.

[709] Vgl. Thomé/von Kortzfleisch/Szyperski (2003); S. 55.

[710] Vgl. Thomé/von Kortzfleisch/Szyperski (2003); S. 55.

[711] Kritische Bereiche sind in der Regel aus der Erfahrung mit anderen Kooperationspartnern bekannt. Typische Konfliktfälle sind aus den Erfahrungen der Experten Nachbesserungen bei den Kompensationsmodellen, Kosten die während der Kooperation z.B. durch Änderungen an der Webseite des Akteurs entstehen.

[712] Stabsstellen können sowohl auf institutioneller Ebene als auch auf personeller Ebene eingerichtet werden. In der Regel sind dies die Promotoren, die aufgrund ihrer Befugnisse oder aufgrund ihrer fachlichen Kompetenz hierfür besonders geeignet sind, vgl. Thomé/von Kortzfleisch/Szyperski (2003); S. 55. Einige Interviewpartner befürworten allerdings neutrale Personen, die nicht dem Kooperationsteam angehören und somit sachlich und emotional nicht involviert sind. Bei ernsten Krisen könnten sogar neutrale Schlichter eingeschaltet werden, die keiner der beiden Unternehmungen angehören, sondern beispielsweise der Gruppe der Dienstleister.

- Bereitstellung von zuvor abgestimmten Lösungsrahmen für potenzielle Problembereiche[713] sowie
- Festlegung eines Abschlussprozederes, bei dem Problempotenziale durch vorweg genommene Routinen reduziert werden.

Tritt der *Konfliktfall* ein, kommt es nur noch auf die Fähigkeiten der verantwortlichen Personen an, ob und wie gut sich Konflikte lösen lassen.[714] Sollte es den betreffenden Personen nicht gelingen, die Konflikte zu lösen, muss sich als letzte Instanz das Management einschalten.[715] Doch die betriebswirtschaftliche Praxis und auch die Erfahrungen der Experten zeigen, dass sich nicht alle Konflikte lösen lassen und darüber Partnerschaften zerbrechen. Daher sollte bereits zum Kooperationsbeginn ein Abschlussprozedere für die Beendigung der Kooperation feststehen. „Sofortige Klarheit über die Bedingungen der Beendigung einerKooperation z.B. [..] im Konfliktfall können dazu beitragen, schwierige, ggf. auch juristische Auseinandersetzung einfach zu lösen bzw. durch vorherige Signalwirkung von vorneherein zu vermeiden."[716]

7.6 Verfahren zur Auflösung von Kooperationen

Eine Kooperation ist zwar gemäß den Definitionen aus Kapitel 3.1 eine dauerhafte Beziehung. Bei unternehmerischen Entscheidungen können jedoch nicht alle Eventualitäten präzise vorhergesagt werden. Dadurch kann es bei Kooperationen dazu kommen, dass ein oder mehrere Partner mit der Entwicklung unzufrieden sind, weil die angestrebten Ziele nicht erreicht wurden. Die Partnerschaft kann ein planmäßiges oder unplanmäßiges Ende finden, wenn nicht mehr davon ausgegangen wird, dass diese Ziele auch trotz einer Rekonfiguration noch erreicht werden können.[717] Dieser Abschnitt stellt erstens ein Ver-

---

[713] Da nicht jedes Problem prognostiziert und somit im Vorfeld präzise Lösungen entwickelt werden können. Dies gilt besonders für überwiegend mit elektronischen Medien kommunizierende, räumlich verteilt operierende Kooperationspartner, bei denen auftretende Probleme zwangsläufig zu zeit- und kostenintensiven Abstimmungsvorgängen führen, vgl. Thomé/von Kortzfleisch/Szyperski (2003); S. 55.

[714] Zur ausführlichen Darstellung von Konfliktmanagement in Organisationen siehe Jost (1998). Zu Instrumenten des Konfliktmanagements siehe Raffée/Eisele (1993), S. 49 f.

[715] Siehe Mangstl/Dörje (2003), S. 92 ff. sowie Bronder (1993), S. 105 ff.

[716] Thomé/von Kortzfleisch/Szyperski (2003), S. 50 f.

[717] Siehe hierzu Szyperski/Von Kortzfleisch (2003), S. 378 sowie Staudt et al. (1996), aS. 70. Als weitere Gründe nennen Staudt et al. eine unternehmungsbedrohende Krise, die die Unternehmung zwingt, sich

fahren vor, wie ein drohender Abbruch der Beziehung erkannt werden kann. Wird eine solche Gefahr erkannt, muss ein entsprechendes Krisenmanagement eingeleitet werden, dass in Abschnitt 7.5.3 erläutert wurde. Zweitens wird dargelegt, wie eine Beziehung planmäßig zu Ende geführt wird, wenn aus Sicht des Akteurs ein Ende gewünscht wird bzw. der Abbruch nicht mehr abzuwenden ist.

Kooperationen können von jeweils einem Partner oder in gegenseitigem Einvernehmen gelöst werden. Damit der Akteur von einem plötzlichen Abbruch der Beziehungen durch den Partner nicht überrascht wird und auch um eine mögliche ungewollte Beendigung abzuwenden, sollte der Akteur ein Frühwarnsystem installieren. Durch Aussagen der interviewten Personen wie beispielsweise „Wir haben irgendwie damit gerechnet, dass uns der Partner [...] die Zusammenarbeit aufkündigt;" oder „Die Aussage von Frau [...] hat mich schon stutzig gemacht. Leider habe ich dem zu wenig Beachtung geschenkt;" wird deutlich, dass zumindest Anzeichen für einen drohenden Abbruch vorhanden sind. Diese Anzeichen müssen systematisch genutzt werden, um Krisen zu erkennen und ein entsprechendes Krisenmanagement einzuleiten.

Als Anzeichen für einen drohenden Abbruch des Partners unterscheiden STAUDT ET AL. zwischen ökonomischen und psychologischen Indikatoren. Sie sind in Abbildung 59 dargestellt.

Als einfaches Verfahren für ein Frühwarnsystem sprachen sich Experten dafür aus, diese Indikatorenliste allen an der Kooperation beteiligten Personen zugänglich zu machen und aufzufordern, Vorkommnisse in einem dafür speziell eingerichteten Blog, wie in Abbildung 60, festzuhalten.[718] Die für die Kooperation verantwortliche Person wertet den Blog regelmäßig aus und trifft ggf. in Absprache mit anderen beteiligten Personen eine Entscheidung. In dem Beispiel aus Abbildung 60 haben die beteiligten Personen zudem die Möglichkeit, sich über drohende Konflikte auszutauschen.

über einen längeren Zeitraum mit sich selbst zu beschäftigen. Zur ausführlichen Darstellung mit einer grafischen Übersicht der Beendigungsgründe siehe Staudt et al. (1992), S. 246 ff. Der Grund, dass die Mission erfüllt wurde, kann im vorliegenden Fall nur im Fall des Branding zur Beendigung führen. Neue Kunden bzw. die Senkung der Kundenbindungskosten werden ja immer wieder erwünscht.

[718] Ein Blog bzw. Weblog ist ein digitales Tagebuch, das für alle Beteiligten im Intranet zugänglich ist. Es ist ein einfach zu handhabendes Medium zur Darstellung von Aspekten spezifischer Themengruppen, hier den Indikatoren. Es kann sowohl dem Austausch von Informationen, Gedanken und Erfahrung als auch der Kommunikation dienen und ist insofern mit dem Internetforum sehr verwandt Siehe hierzu http://de.wikipedia.org/wiki/Weblog entnommen am 18. April 2007.

Ein aufwändigeres Verfahren ist, Indikatoren in Kategorien einzuteilen und mit Punkten zu bewerten. Alle Beteiligten müssen entsprechende Vorkommnisse den Kategorien zuweisen und kommentieren. Bei einer festgelegten Punktzahl werden Handlungsvorschläge für den Projektleiter ausgegeben. Allerdings waren die meisten Interviewpartner skeptisch, ob dieses Verfahren allein funktionieren kann. Eher überwog die Überzeugung, dass es das erste Verfahren allenfalls unterstützen könnte.

Ökonomische Indikatoren:
- Sinkende Erträge für den Partner
- Gefahr der zunehmenden Abhängigkeit
- Erhöhte Reaktionszeiten
- Technische Weiterentwicklung des Partners passt nicht zum Initiator
- Restrukturierungen, Personalabbau
- Strategische Neuausrichtung
- Nichteinhalten von Milestones
- Partner ist in anderen Bereichen erfolgreich

Psychologische Indikatoren
- Konflikte, Streitigkeiten
- Sinkende Zuverlässigkeit
- Divergierende Zielvorstellungen
- Verstärkte Machtentscheidungen des stärkeren Partners
- Absagen von Meetings

Abbildung 59: Indikatoren, die einen Abbruch der Beziehung durch den Partner signalisieren
Quelle: In Anlehnung an Staudt et al. (1992), S. 242 ff.[719]

Nach Meinung der Experten ist dabei wichtig, dass die verantwortliche Person regelmäßig Einträge überprüft und zeitnah darauf reagiert. Mitarbeiter müssen erfahren, wie auf

---

[719] Hierbei handelt es sich eine Auswahl der Indikatoren von Staudt et al., die gemeinsam mit betroffenen Experten erstellt wurde.

ihre Hinweise reagiert wird, damit sie auch in Zukunft motiviert sind, ihre Hinweise einzustellen.

Abbildung 60: Blog: Frühwarnsystem für Konflikte und mögliche Kooperationsabbrüche.

Kann das Krisenmanagement den Abbruch der Beziehung nicht verhindern, muss dafür gesorgt werden, dass die „Zusammenarbeit ein würdiges Ende findet."[720] Wichtig ist allerdings, dass bereits in der Phase der Vereinbarung die Kriterien festgelegt werden, unter denen eine Kooperation zu beenden ist und Verfahren bestimmt werden, wie dieser letzte Schritt zu erfolgen hat.[721] Einerseits ist es gerade in dieser Phase sehr schwierig, darüber zu sprechen, da man sich in einer positiven Gründungsstimmung befindet und diese Stimmung durch die Trennungsthematik nicht belastet werden soll. Andererseits gibt es zu diesem Zeitpunkt noch die Gelegenheit, in einer positiven Gesprächsatmo-

---

[720] So der Gesprächspartner von Unternehmung Alpha 4.
[721] Siehe hierzu Abschnitt 7.4.

sphäre zu sachlichen Ergebnissen zu kommen, während es in der Phase der Trennung in der Regel zu spät dafür ist. Diese Gespräche im Verlaufe der Kooperation zu führen, hatten sich zwar mehrere Gesprächspartner vorgenommen, im Alltag der Kooperation ist es aber nach Aussagen der Experten zu keinem Dialog bezüglich der Trennung nach der erfolgten Gründung der Kooperation gekommen.

Als Verfahren für den Ausstieg eignet sich nach Ansicht einiger Gesprächspartner eine Checkliste, die in einer bestimmten Reihenfolge abzuarbeiten ist. Folgende Punkte müssen in eine solche Checkliste aufgenommen werden:
- Information betroffener Personen: Sind die Mitarbeiter über die Entscheidung informiert worden, z.B. um Gerüchten zuvorzukommen; wie werden Außenstehende informiert, so dass es für diese nicht konzeptlos wirkt.
- Aufteilung der Ressourcen (z.B. Server usw.)[722]
- Schutz vor Verlust von Betriebsgeheimnissen[723]: z.B. Ändern von Passwörtern, Geheimhaltungsvereinbarungen (Non Disclosure Agreements).
- Bestmöglicher Ersatz wegfallender Ressourcen bzw. Streichung der Ressourcen aus dem Angebot.[724]

Inwiefern Kooperationen konsequent genutzt werden sollen, um Ressourcen von Partnern zu adaptieren und dann systematisch die Zusammenarbeit wieder zu beenden, wird zur moralischen Frage, wenn das Vorgehen nicht von vornherein kommuniziert wird und auch im Interesse beider Parteien liegt. Eine solche Strategie wird hier nicht weiter ausgeführt. Allerdings kann es auch aus Sicht des Akteurs irgendwann dazu kommen, dass eine Partnerschaft keinen Mehrwert mehr bringt, sondern nur Ressourcen verschlingt. Aus Fairness aber auch im eigenen Interesse, sich einen guten Ruf nicht zu verderben, sollte ein Rückzug dem Partner möglichst frühzeitig bekannt gegeben werden.

---

[722] Bei den untersuchten Fällen gab es nach Beendigung im Prinzip nichts aufzuteilen. Gemeinsame Ressourcen gab es in der Regel nicht. Wurden Investitionen beispielsweise für die Anpassung von IT-Systeme extra für die Kooperation getätigt, wurden die Kosten meist bereits vor bzw. zu Beginn der Kooperation verteilt. Bei Beendigung der Kooperation hatten diese Ressourcen selten noch einen Wert, der verteilt hätte werden können.

[723] Siehe hierzu Hamel/Doz/Prahalad (1989), S.134.

[724] Werden beispielsweise Inhalte/Angebote des Partners in die eigene Webseite integriert, muss für entsprechenden Ersatz gesorgt werden. Ist das nicht möglich, müssen diese Angebote aus dem Programm entfernt werden.

8. Zusammenfassung, Schlussbetrachtung und weiterer Forschungsbedarf

8.1 Zusammenfassung der Ergebnisse

Der E-Commerce erlebt zurzeit einen Aufschwung wie zuletzt nach der Jahrtausendwende. Dadurch entstehen für Anbieter sehr große Ertragschancen, die sie jedoch nur dann voll ausschöpfen, wenn es ihnen besser als der Konkurrenz gelingt, Kunden auf kostengünstige Art und Weise auf die eigene Webseite zu locken. Durch die Rückbesinnung auf die Ursachen wirtschaftlicher Erfolge wird der Kunde wieder ins Zentrum der Marketingaktivitäten gerückt. Es zählen nicht mehr bloße Besucher von Webseiten, sondern qualifizierte, zufriedene und zahlende Kunden. Im E-Commerce scheint sich daher ein Paradigmen-Wechsel durchzusetzen. Konzepte werden nicht mehr durch vorhandene Technologien bestimmt, sondern umgekehrt determinieren immer bessere Erkenntnisse über das Verhalten und die Bedürfnisse der Nutzer und Kunden die Umsetzung der Geschäftsmodelle. Wie in dieser Arbeit dargestellt wurde, spielen Vertriebskooperationen dabei eine wichtige Rolle, denn die gemeinsame Akquisition von Kunden, der Imagetransfer und Austausch von Kundendaten unter den Anbietern und die gemeinsame Investition in die dafür erforderliche technologische Infrastruktur gelingen nur in einer partnerschaftlichen, langfristigen Zusammenarbeit. Zumindest die für diese Arbeit untersuchten Unternehmungen bestätigten, dass Kooperationen im Online-Vertrieb zu den erfolgreichsten Kunden-Akquise-Instrumenten zählen.[725] Zu beobachten sind allerdings Probleme bei der *Identifikation* geeigneter Kooperationspartner ein sowie bei der *Anbahnung*, *Vereinbarung* und *Realisation* von Kooperationen im Online-Vertrieb. An ein systematisches Vorgehen bei der *Auflösung* dachte kaum eines der Unternehmungen.

---

[725] Damit soll hier nicht der Beweis geführt worden sein, dass das tatsächlich so ist. Es ist eine Meinung von einigen Vertretern der Branche.

Daraus folgerte der Autor, dass Kooperationen zwar derzeit und in Zukunft eine große Bedeutung für den Online-Vertrieb besitzen, es aber erhebliche Mängle in der Umsetzung gibt, die auf Mängel in der Planung, Organisation und Realisation von Kooperationen zurückzuführen sind. Aus dieser Problematik resultierte als Ziel dieser Dissertation:

> Die Entwicklung eines in der Praxis umsetzbaren Gestaltungsmodells in Form eines Entscheidungsprogramms für ein erfolgreiches Kooperationsmanagement im Online-Vertrieb aus der Sicht eines E-Commerce-Anbieters.

Als Basis für ein solches Entscheidungsprogramm dient das von SZYPERSKI/VON KORTZFLEISCH eingeführte *Konzept des Kooperations-Engineerings*, das einleitend vorgestellt wurde. Durch den Einsatz des Kooperations-Engineerings soll einem verfahrensorientertem Vorgehen in allen Phasen einer Kooperation der Weg bereitet werden.[726] Mit Hilfe des Konzepts soll durch entsprechende Anpassungsprozesse die Dynamik in Kooperationen unterstützt und bewältigt werden, wobei es grundsätzlich die Vorteile eines planmäßigen, methodischen Vorgehens in den verschiedenen Phasen einer Kooperation umzusetzen sucht.[727] Kooperations-Engineering beruht, wie in Abbildung 61 dargestellt, auf dem Zusammenspiel von *Prinzipien*, *Methoden* und *Verfahren* des Kooperationsmanagements.

Weil die Bündelung von Ressourcen allgemein zu den häufigsten Kooperationszielen gezählt wird, wurden die *ressourcenbasierten Ansätze* als theoretisches Fundament der Arbeit gewählt.[728] Im dritten Kapitel wurden somit zunächst der Kooperationsbegriff und anschließend die ressourcenorientierten Ansätze in Bezug auf Kooperationen im Online-Vertrieb kurz vorgestellt.

Im vierten Kapitel wurden die Ziele von Online-Kooperationen identifiziert. Hier ergab sich eine sehr große Übereinstimmung zwischen den Aussagen der Interviewpartner und sonstigen im Kapitel vorgestellten empirischen Untersuchungen zu diesem Thema. Zu den wesentlichen Zielen von Kooperationen im Online-Vertrieb gehören die *Gewinnung*

---

[726] Vgl. Szyperski/von Kortzfleisch (2001) S. 4, Szyperski/von Kortzfleisch (2002), S. 387 ff. von Kortzfleisch/Szyperski(2003), S. 159 ff. und Thomé/von Kortzfleisch/Szyperski (2003), S. 46.

[727] Vgl. Szyperski/ von Kortzfleisch (2001), S. 4.

[728] Für die Kundengewinnung ist beispielsweise die Ressource Kundenkontakt notwendig, die im E-Commerce häufig über einen Partner bezogen wird.

neuer Kunden und *die Senkung der Kundengewinnungskosten.* Darüber hinaus streben E-Commerce-Betreiber die *Steigerung ihrer Bekanntheit* und einen *positiven Imagetransfer* vom Partner an sowie die Verdrängung von Wettbewerbern.

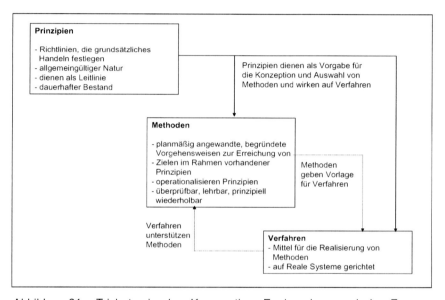

Abbildung 61: Trichotomie des Kooperations-Engineerings und der Zusammenhang von Prinzipien, Methoden und Verfahren
Quelle: In Anlehnung an Thomé (2006a), S. 274.

Der weitere Aufbau der Arbeit folgte der Systematik der Managementaufgaben *Planung, Organisation, Realisation* und *Kontrolle.* Im fünften Kapitel wurden zunächst die *Prinzipien einer ressourcenorientierten Planung* von Kooperationen im Online-Vertrieb erarbeitet. Dabei kam heraus, dass sich zwei Prinzipien auf die Ressourcen beziehen. So gilt grundsätzlich, dass nur *Ressourcen mit positivem Nutzenpotenzial auf- und ausgebaut* werden dürfen und für den *dauerhaften Erhalt der Nutzenstiftung* gesorgt werden muss. Weitere vier Prinzipien beziehen sich auf die Organisation der Kooperation. So muss der Akteur seine *Spezialisierungsvorteile nutzen* und gegenüber seinen Partnern und auf die Organisation der Kooperation einen *Effizienzdruck* ausüben. Gemeinsam müssen die Partner für die *Reduzierung von Transaktionskosten* sorgen und sich gegenüber Drittanbietern *Größenvorteile* durch die Zusammenlegung von Ressourcen erarbeiten.

Prinzipien einer ressourcenorientierten Planung von Kooperationen im Online-Vertrieb

▪ Ressourcenbezogene Prinzipien
    a. Auf- und Ausbau von Ressourcen mit positivem Nutzenpotenzial
    b. Dauerhafter Erhalt der Nutzenstiftung von Ressourcen
▪ Organisationsbezogene Prinzipien
    c. Nutzung von Spezialisierungsvorteilen
    d. Aufbau eines marktlichen Effizienzdrucks
    e. Reduzierung von Transaktionskosten
    f. Nutzung von Größenvorteilen

Abbildung 62: Prinzipien einer ressourcenorientierten Planung von Kooperationen im Online-Vertrieb

Im zweiten Teil des fünften Kapitels wurden Methoden zur Identifikation, Beschaffung und Entwicklung von Ressourcen erarbeitet. Denn das Entscheidungsprogramm muss für den Akteur einen Weg aufzeigen, fehlende Ressourcen im Online-Vertrieb zu ermitteln und muss weiterhin darlegen, wie diese Ressourcen für den gegenwärtigen und zukünftigen Erfolg der Unternehmung beschafft oder erstellt werden können.

Gemäß der ressourcenbezogenen Prinzipien waren solche Ressourcen zu identifizieren, die über ein positives Nutzenpotenzial im Hinblick auf die Neukundengewinnung und Senkung der Kundengewinnungskosten im Online-Vertrieb verfügen und über die der Akteur dauerhaft verfügen kann. Solche Ressourcen sind Kontakte zu Personen, die zu den potenziellen Käufern der Unternehmung gezählt werden können und solche Ressourcen, mit denen potenzielle Käufer (dauerhaft) zu tatsächlichen Kunden gewandelt werden können. Um Ressourcen hinsichtlich ihres positiven Nutzenpotenzials für die Gewinnung von Neukunden zu bewerten, wurde das AIDA-Modell herangezogen, da es die Wirkungskette vom ersten Kontakt einer Person bis zum Kauf analysiert. Gemäß dem AIDA-Modell wird das Ziel der Neukundengewinnung nur dann erreicht, wenn der Prozess vom Erstkontakt bis zum Kauf lückenlos durchlaufen wird. Auf dieser Basis wurde das Entscheidungsprogramm erarbeitet, das in seiner Zusammenfassung durch Abbildung 63 repräsentiert wird. Eine Kooperation ist dann angezeigt, wenn die erste Konsequenz des dargestellten Entscheidungsbaums erreicht wird.

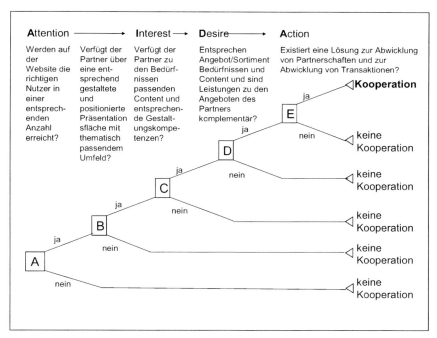

Abbildung 63: Entscheidungsbaum zur Identifikation von Ressourcen im Online-Vertrieb.

Das bedeutet, dass der Akteur über Ressourcen für die einzelnen Phasen des Prozesses *Aufmerksamkeit, Interesse, Kaufwunsch, Kaufhandlung* verfügen muss. In Abbildung 21 auf Seite 91 ist der Ressourcenbedarf des Akteurs für die einzelnen Phasen beispielhaft dargestellt, wobei sich die Ressourcen im Konkreten unterscheiden können, je nachdem welches der Geschäftsmodelle *Commerce*, *Content*, *Context* und *Connection* der Akteur betreibt.[729]

Danach wurde analysiert, wie sich die identifizierten Ressourcen beschaffen lassen. Bei Kooperationen im Online-Vertrieb erhält der Akteur den Kontakt zu potenziellen Kunden auf den Webseiten seiner Partner. Auch die weiteren Ressourcen zu den Phasen Aufmerksamkeit, Interesse, Kaufwunsch kann der Akteur über den Partner beziehen.[730]

Da die Wahrscheinlichkeit einer Transaktion umso höher ist, je größer der Nutzen der Ressourcen jeder einzelnen Phase ist, steigert der Akteur den Nutzen für sich (höhere Verkaufszahlen oder niedrigere Kompensationen an seine Partner), indem er den Nutzenanteil, den er selbst beisteuert, erhöht. Daher muss der Akteur sich nicht nur um die Beschaffung fremder Ressourcen in Kooperationen kümmern, sondern auch eigene Ressourcen vorhalten können, die er dem Partner als Gegenleistung anbieten kann. Als solche Ressourcen eines E-Commerce-Anbieters wurden beispielsweise identifiziert:

- Inhalte, die dem Partner zur Verfügung gestellt werden können, damit dieser sie nicht selbst erstellen muss,
- Komplementäre Leistungen, die den Abverkauf von Leistungen des Partners unterstützen bzw. ermöglichen,
- Informationen über Nutzer, die durch eine zielgruppenspezifischere Ansprache den Verkaufserfolg erhöhen u. a.

Je nach Geschäftsfeld des Partners, mit dem kooperiert wird, unterscheiden sich die Entscheidungsbäume. Beispielhaft wird in Abbildung 64 der Entscheidungsbaum für das Geschäftsfeld *Commerce* dargestellt.

---

[729] Vgl. Wirtz/Kleineicken (2000), S. 629 ff.

[730] Ressource zur Kaufhandlung wird er i.d.R. jedoch selbst beitragen.

Zusammenfassung, Schlussbetrachtung und weiterer Forschungsbedarf 217

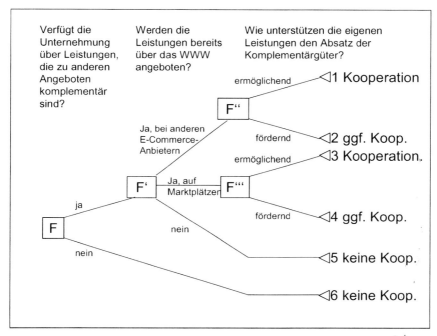

Abbildung 64: Entscheidungsbaum zur Commerce-Commerce-Partnerschaft.

Die Konsequenzen zwei und vier bedeuten die besten Vorraussetzungen für eine Kooperation und legen eine *Commerce-Commerce-Partnerschaft* nahe.

In etablierten Partnerschaften werden nicht nur Ressourcen ausgetauscht, sondern auch gemeinsam entwickelt. Abbildung 29 auf Seite 107 stellt Möglichkeiten zur kooperativen Entwicklung von Ressourcen dar, die im Rahmen der Fallstudie ermittelt wurden. Bei der gemeinsamen Entwicklung unterscheiden sich die Entscheidungsbäume wiederum in Bezug auf die jeweilige Phase. Abbildung 65 zeigt beispielhaft den Entscheidungsbaum der Phase *Aufmerksamkeit*.

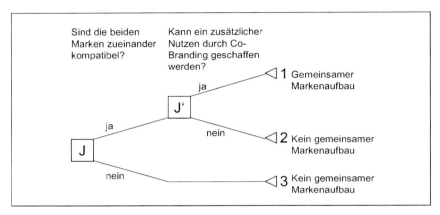

Abbildung 65: Entscheidungsbaum zum Co-Branding.

In einem Fallbeispiel, in dem der Autor Erkenntnisse aus der Fallstudienanalyse anwenden und überprüfen konnte, werden die Identifikation, Beschaffung und gemeinsame Entwicklung von Ressourcen im Online-Vertrieb an einem konkreten Beispiel gezeigt.

Das sechste Kapitel thematisiert die *organisatorische Implementierung* von Kooperationen im Online-Vertrieb. Es zeigte sich, dass eine Einteilung von zwei bis drei Gruppen von Partnern sinnvoll ist, wobei die Einteilung die Intensität der Partnerschaft repräsentiert. Abbildung 40 auf Seite 145 zeigt die Einteilung in drei Gruppen jeweils für die verschiedenen Geschäftsmodelle. Grundlage der Entscheidung sind Einflussfaktoren für Kooperationen, wie sie regelmäßig in der Literatur erörtert werden sowie typische Konfigurationen von Kooperationen. Als Ergebnis des Kapitels erhält der Akteur Entscheidungshilfe, wie er ein Partnersystem mit unterschiedlichen Partnergruppen etabliert, welche Kriterien festzulegen sind, um Partner verschiedenen Gruppen zuzuordnen und schließlich wie die konkrete Entscheidung zu treffen ist, einen bestimmten Partner in seine entsprechende Gruppe einzuteilen. Abbildung 66 stellt den Entscheidungsbaum beispielhaft für die Zuordnung der Commerce-Kooperationen dar.

Zusammenfassung, Schlussbetrachtung und weiterer Forschungsbedarf 219

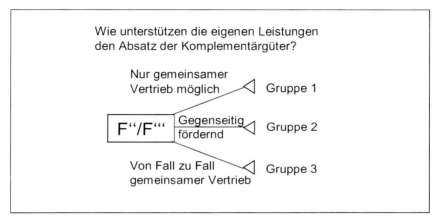

Abbildung 66: Entscheidung zur Klassifizierung von Commerce-Kooperationen.

Zur Verdeutlichung werden abschließend konkrete Beispiele für die organisatorische Implementierung von Kooperationen vorgestellt.

Das siebte Kapitel stellt geeignete Verfahren vor, die das Management von Kooperationen im Online-Vertrieb erleichtern und verbessern sollen. Zum Teil werden (Ansätze) diese(r) Verfahren bereits von einigen der untersuchten Akteure durchgeführt, keines der Unternehmungen jedoch praktiziert ein planmäßiges methodisches Vorgehen systematisch in allen Phasen *Identifikation*, *Anbahnung*, *Vereinbahnung*, *Realisation* und *Auflösung* der Kooperation. Die vorgestellten Verfahren wurden im ständigen Dialog mit einzelnen Gesprächspartnern entwickelt bzw. auf deren Anforderungen angepasst.

Zur *Identifikation* der geeigneten Partner müssen *Partnersegmente* nach individuell festzulegenden Kriterien gebildet werden. Eine beispielhafte Auswahl solcher Kriterien stellt Abbildung 49 auf Seite 164 dar. Zur konkreten Partnersuche muss der Akteur Webangebote potenzieller Partner analysieren und solche Partner auswählen, zu denen seine Zielgruppe eine hohe Affinität hat bzw. haben könnte. Dieses Vorgehen wurde anhand eines Fallbeispiels verdeutlicht. Ergebnis dieser Suche ist eine *Longlist* von potenziellen Partnern aus der in der *Anbahnungsphase* eine *Shortlist* von Unternehmungen extrahiert wird, die aktiv vom Akteur angesprochen werden sollen. Für weniger wichtige Partner bietet sich eine Selbstrekrutierung der Partner an, entweder über eine eigene Software-Lösung oder über spezielle Affiliate-Marketing-Plattformen.

Ziel der *Vereinbahrungsphase* ist der Abschluss eines Kooperationsvertrages. Dieser enthält u. a. das Pflichtenheft, in dem die technische Einbindung geregelt wird. Der Kooperationsvertrag legt die jeweiligen Ressourcenbeiträge der beiden Parteien fest. Diese Beiträge müssen in einem Verfahren messbar gemacht werden. Beispielsweise können als Messgrößen der Anteil vom Umsatz (pay per sale), pauschal jeder neue Kunde (pay per lead), jeder Interessent, den der Partner auf die Webseite des Akteurs leitet (pay per click) oder bereits Sichtkontakte eines Werbemittels des Akteurs auf der Webseite des Partners (pay per view) herangezogen werden. Da bereits vor Vertragsschluss Betriebsgeheimnisse ausgetauscht werden, bietet sich an, zu Beginn der Anbahungsphase einen *Letter of Intent* zu vereinbaren, u. a. um sich zu gegenseitiger Geheimhaltung zu verpflichten.

Für die Phase der Realisation von Kooperationen wurden beispielhaft Verfahren zum *Aufbau von Vertrauen*, zur *Kontrolle* und *Steuerung* sowie zur *Konflikthandhabung* erarbeitet.[731] Hier wird beispielsweise ein Verfahren zum Aufbau von Vertrauen in vier Schritten vorgeschlagen. Vor Vertragsschluss wird die Reputation des Partners anhand von Referenzen überprüft. Vertraglich werden Selbstverpflichtungen der beteiligten Unternehmungen festgelegt. Nach Vertragsschluss müssen persönliche Beziehungen der beteiligten Personen und die Kommunikation innerhalb der Unternehmung, unter den Partnern sowie nach außen gefördert werden. Zur Kontrolle und Steuerung der Partnerschaft bzw. des Partnerprogramms muss ein Reporting installiert werden, das beiden Seiten permanent Informationen über den Erfolg der Partnerschaft zur Verfügung stellt.

Zur Unterstützung der *Auflösung einer Partnerschaft* wird eine *Checkliste* empfohlen, die Schritt für Schritt abzuarbeiten ist, wenn die Kooperation nicht mehr aufrecht zu erhalten ist. Jedoch sollte im Vorfeld ein *Frühwarnsystem* installiert werden, mit dem zei-

---

[731] Hier soll noch einmal angemerkt werden, dass es sich dabei nur um eine beispielhafte Auswahl von Verfahren handelt, die der Autor im Rahmen der Fallstudie mit den Partnern entwickelt hat und zum Teil in Beratungsprojekten angewendet hat. Sicherlich gibt es weitere Verfahren zu den Aspekten genauso wie es weitere Aspekte von Kooperationen gibt wie z. B. dem Lernen in Kooperationen, die aber aus Platzgründen nicht näher analysiert werden konnten.

tig erkannt wird, ob sich das Ende der Beziehung anbahnt und ggf. ausreichend Gelegenheit bietet dem Abbruch entgegenzusteuern.

8.2 Schlussbetrachtung und weiterer Forschungsbedarf

Ziel dieser Dissertation war die Entwicklung eines in der Praxis umsetzbaren Gestaltungsmodells in Form eines Entscheidungsprogramms für ein erfolgreiches Kooperationsmanagement im Online-Vertrieb unter Berücksichtigung der aktuellen und zukünftig absehbaren Entwicklungen im Internet. Es wurde für Akteure auf dem deutschen B2C-E-Commerce-Markt eine Entscheidungsprogramm erarbeitet, das mit dem ressourcenbasierten Ansätzen auf einer etablierten Theorie der Betriebswirtschaftslehre basiert und in das praktische Erfahrungen von mehr als 25 Experten aus unterschiedlichen Unternehmungen und Organisationen eingeflossen sind. Dieses Entscheidungsprogramm umfasst den Aufbau des Partnerprogramms mit seinen grundsätzlichen Entscheidungen zur Planung und zur Organisation der Kooperationen sowie Verfahren zur Durchführung von Kooperationen in allen Lebensphasen einer Partnerschaft.

Nun kann festgehalten werden: Das Entscheidungsprogramm konnte entwickelt werden. Nun muss sich zeigen, ob es in der Praxis eingesetzt werden kann und ob die Anwendung tatsächlich die Wettbewerbsfähigkeit der einsetzenden Unternehmung auf- bzw. ausbauen kann.

In zwei Beratungsprojekten des Autors wurden Teile des Entscheidungsprogramms eingesetzt. Beide Projekte wurden zwar zur Zufriedenheit des Auftraggebers ausgeführt, über die Steigerung der Wettbewerbsfähigkeit sind jedoch keine Aussagen zu treffen, weil der Dienst noch zu jung war oder die dazu notwendigen Informationen dem Autor aus Vertraulichkeitsgründen nicht zur Verfügung gestellt wurden.

Aus verständlichen Gründen konnte den Interviewpartnern das gesamte Entscheidungsprogramm vor Fertigstellung der Dissertation nicht zur Verfügung gestellt werden. Vielmehr konnten nur jeweils Auszüge vorgestellt werden, vor allem um Feedback wieder in die Arbeit einfließen zu lassen. Selbstverständlich können im Rahmen einer Dissertation nicht alle Ergebnisse im Anwendungszusammenhang geprüft werden, zumal sich in manchen Bereichen der Erfolg erst nach einer längeren Zeit einstellen wird. Dennoch gelang es dem Autor in Zusammenarbeit mit einzelnen Experten theoretische Erkenntnisse in der Praxis umzusetzen. Der hier durch den Autor und die Experten beobachtete Erfolg ist allerdings nicht wissenschaftlich bewiesen, sondern subjektiv von einigen Personen empfunden. Über diesen Tatbestand muss sich der praxisorientierte Leser im Klaren sein, wenn die Erkenntnisse aus dieser Dissertation in seine Arbeit einfließen. Genauso muss berücksichtigt werden, dass ein solches Forschungsprojekt einige Zeit benötigt. Die Aktualität der Informationen genoss sehr hohe Priorität, kann aber, wie bei solch einer Arbeit üblich, nicht unengeschränkt garagntiert werden.

Dafür erhält der Leser mit dieser Arbeit einen Einblick in das Expertenwissen von Personen, die in verschiednen Unternehmungen für Kooperationen im Online-Vertrieb verantwortlich sind oder waren, der so einzigartig ist.

Dem wissenschaftlich orientierten Leser eröffnet der in dieser Arbeit angewendete Forschungsansatz sowie die erreichten Ergebnisse Raum für weiteren Forschungsbedarf. So wurde mehrfach ausgeführt, dass ein exploratives Vorgehen Ergebnisse liefert, die in ihrer Wirksamkeit in der Praxis nicht zweifelsfrei erwiesen sind. In einem weiteren Forschungsschritt müssten daher die hier geleisteten Ergebnisse an den Erfolgen in der Praxis gemessen werden.

Als Grundlage der Arbeit dienten die ressourcenorientierten Ansätze. Dabei wurde in Kauf genommen, weitere Sichtweisen, die durch andere Theorien der Betriebswirtschaftslehre hätten eingenommen werden können, auszublenden, um der Perspektive die sich durch die ressourcenorientierten Ansätze ergeben haben, eine größere Bedeutung und Gewichtung beizumessen. Möglicherweise könnte hier ein Perspektivwechsel weitere Erkenntnisse hervorbringen und so die Entscheidungsgrundlage für die Praxis weiter verbessern.

Schließlich beziehen sich die Ergebnisse dieser Arbeit auf den E-Commerce-Markt in Deutschland. Spannend wäre es auch zu überprüfen, ob (Teil-)Ergebnisse auch auf andere Bereiche, etwa dem B2B-E-Commerce-Bereich oder dem E-Supply-Chain-Management, zu übertragen sind. Sicherlich sind Vertriebskooperationen nicht nur in Deutschland ein veritables Instrument, Kunden zu gewinnen bzw. Kundengewinnungskosten zu senken. Eine Untersuchung dieser Märkte könnte auch umgekehrt möglicherweise neue Erkenntnisse für den hier untersuchten Deutschen Markt hervorbringen. Für eine wissenschaftliche Untersuchung des gleichen Forschungsgegenstandes auf einem anderen regionalen Markt soll diese Arbeit als hilfreiche Grundlage dienen.

Anhang A: Interviewpartner

Insgesamt wurden 25 Leitfadeninterviews (die Interviewleitfäden sind in Anhang B zu finden) geführt, davon zehn mit Personen aus dem Kreis der E-Commerce-Betreiber, die in dieser Arbeit als „Akteure" bezeichnet werden. Weitere zehn Interviews führte ich mit den in dieser Arbei als Partnern benannten Unternehmungen. Schließlich befragte ich fünf Experten, die den Netzwerk- und Softwareanbietern zuzuordnen sind. Vor den Interviews wurde sämtlichen Interviewpartnern zugesagt, sowohl wörtliche als auch sinngemäße Zitate sowie überlassene Informationen ausschließlich in anonymisierter Form in die Ergebnisdarstellung einfließen zu lassen.

Der besseren Lesbarkeit habe ich den Unternehmungen anonymisierte Namen gegeben, die ihre Zugehörigkeit zu den untersuchten Gruppen erkennen lassen. Die Unternehmungen Alpha 1 bis Alpha 10 gehören zur Gruppe der Akteure. Die Unternehmungen Beta 1 bis Beta 10 gehören zu den Partnern, also denjenigen Unternehmungen, mit denen die Akteure eine Zusammenarbeit zur Erreichung der (Online-)Vertriebsziele anstreben. Gamma 1 bis Gamma 5 sind die Netzwerk- und Softwareanbieter. Sie sind nur in sofern anonymisiert, sofern es um Geschäftsgeheimnisse im eigenen Geschäftsfeld geht. Bei der Funtion des interviewten Experten wird die Position (grundsätzlich in männlicher Form) angezeigt, welche die Person zum Zeitpunkt des Interviews innehatte. Die Anzahl der Mitarbeiter spielt nur in sofern eine Rolle, damit sich der Leser einen ungefähren Eindruck über die Größe der jeweiligen Unternehmung verschaffen kann. Es gibt die Einteilungen < 25, < 100, < 1000 und > 1000. Beim Gegenstand der Unternehmung wird der Hauptgegenstand, wie ihn der Interviewpartner angegeben hat, genannt. Bei dem Merkmal „Internet-Player" bedeutet die Ausprägung „ja", dass die Unternehmung nach Angaben des Interviewpartners ausschließlich im Internet tätig ist.

Die Auswahl der Interviewpartner bzw. der befragten Unternehmungen wurde so getroffen, dass Unternehmungen aus möglichst vielen verschiedenen Branchen und Größen vertreten sind. Darüber hinaus habe ich Personen bevorzugt, mit denen ich durch meine berufliche Tätigkeit einen engeren Kontakt pflegte, weil ich von diesen Personen eine größere Auskunftsfreudigkeit erwartet habe und besser beurteilen konnte, ob sie tatsächlich eine verantwortungsvolle Tätigkeit im Zusammenhang mit Kooperationen im Online-Vertrieb haben.

Akteure

Alpha 1

Funktion des interviewten Experten	Partnermanager
Anzahl der Mitarbeiter	< 25
Gegenstand der Unternehmung	Versicherungen
Internet-Player	Ja
Besonderheiten	Dienst eingestellt

Alpha 2

Funktion des interviewten Experten	Teamleiter Internet
Anzahl der Mitarbeiter	> 1000
Gegenstand der Unternehmung	Versicherung
Internet-Player	Nein
Besonderheiten	Beratungsprojekt des Autors

Alpha 3

Funktion des interviewten Experten	Partnermanager
Anzahl der Mitarbeiter	< 100
Gegenstand der Unternehmung	Dienstleistungen rund um die digitale Fotografie
Internet-Player	Ja
Besonderheiten	Beratungsprojekt des Autors

Alpha 4

Funktion des interviewten Experten	Partnermanager
Anzahl der Mitarbeiter	< 25
Gegenstand der Unternehmung	Vergleich von Finanzdienstleistungen
Internet-Player	Ja
Besonderheiten	Dienst eingestellt

Alpha 5

Funktion des interviewten Experten	Geschäftsführer
Anzahl der Mitarbeiter	< 1000
Gegenstand der Unternehmung	Keine Angabe
Internet-Player	Ja
Besonderheiten	

Alpha 6

Funktion des interviewten Experten	Director E-Commerce
Anzahl der Mitarbeiter	> 1000
Gegenstand der Unternehmung	Keine Angabe
Internet-Player	Nein
Besonderheiten	

Alpha 7

Funktion des interviewten Experten	Partnermanager
Anzahl der Mitarbeiter	> 1000
Gegenstand der Unternehmung	Keine Angabe
Internet-Player	ja
Besonderheiten	Nur Telefoninterview

Alpha 8

Funktion des interviewten Experten	Partnermanager
Anzahl der Mitarbeiter	< 100
Gegenstand der Unternehmung	
Internet-Player	ja
Besonderheiten	

Alpha 9

Funktion des interviewten Experten	Mangager Corporate Marketing
Anzahl der Mitarbeiter	< 1000
Gegenstand der Unternehmung	Keine Angabe
Internet-Player	ja
Besonderheiten	

Alpha 10

Funktion des interviewten Experten	Marketing Manager
Anzahl der Mitarbeiter	> 1000
Gegenstand der Unternehmung	Konsumgüteranbieter
Internet-Player	nein
Besonderheiten	Telefoninterview

Partner

Beta 1

Funktion des interviewten Experten	Geschäftsführer
Anzahl der Mitarbeiter	< 25
Gegenstand der Unternehmung	Auf Finanzen spezialisiertes Portal
Internet-Player	ja
Besonderheiten	

Beta 2

Funktion des interviewten Experten	Senior Manager Sales Marketing
Anzahl der Mitarbeiter	< 1000
Gegenstand der Unternehmung	Internetkomplettanbieter
Internet-Player	ja
Besonderheiten	

Beta 3

Funktion des interviewten Experten	Teamleiter Online
Anzahl der Mitarbeiter	< 1000
Gegenstand der Unternehmung	Bank
Internet-Player	nein
Besonderheiten	

Beta 4

Funktion des interviewten Experten	Teamleiter Online
Anzahl der Mitarbeiter	< 1000
Gegenstand der Unternehmung	Bank
Internet-Player	nein
Besonderheiten	

Beta 5

Funktion des interviewten Experten	Teamleiter Öffentlichkeitsarbeit, Internet
Anzahl der Mitarbeiter	< 100
Gegenstand der Unternehmung	Verband
Internet-Player	nein
Besonderheiten	

Beta 6

Funktion des interviewten Experten	Geschäftsführer
Anzahl der Mitarbeiter	< 25
Gegenstand der Unternehmung	E-Commerce-Anbieter
Internet-Player	ja
Besonderheiten	Nur Telefongespräch, vom Geschäftsfeld eigentlich der Gruppe der Akteuer zugehörig, wurde allerdings nur in Zusammenhang mit seiner Rolle als Partner von Alpha 1 befragt.

Beta 7

Funktion des interviewten Experten	Marketingleiter
Anzahl der Mitarbeiter	< 1000
Gegenstand der Unternehmung	Internetkomplettanbieter
Internet-Player	ja
Besonderheiten	

Beta 8

Funktion des interviewten Experten	Manager Kooperationen
Anzahl der Mitarbeiter	< 100
Gegenstand der Unternehmung	Portal
Internet-Player	ja
Besonderheiten	

Beta 9

Funktion des interviewten Experten	Keine Angabe
Anzahl der Mitarbeiter	< 25
Gegenstand der Unternehmung	Portal
Internet-Player	ja
Besonderheiten	Nur Telefongespräch

Beta 10

Funktion des interviewten Experten	Stellv. Teamleiter Internet
Anzahl der Mitarbeiter	< 1000
Gegenstand der Unternehmung	Warenhaus
Internet-Player	nein
Besonderheiten	

Gamma 1

Funktion des interviewten Experten	Marketingleiter
Anzahl der Mitarbeiter	< 100
Gegenstand der Unternehmung	Softwareanbieter, Netzwerkbetreiber
Internet-Player	
Besonderheiten	

Gamma 2

Funktion des interviewten Experten	Geschäftsführer
Anzahl der Mitarbeiter	< 100
Gegenstand der Unternehmung	Affilatenetzwerkbetreiber
Internet-Player	ja
Besonderheiten	

Gamma 3

Funktion des interviewten Experten	Senior Consultant
Anzahl der Mitarbeiter	< 100
Gegenstand der Unternehmung	Agentur und Beratungsunternehmung
Internet-Player	nein
Besonderheiten	

Gamma 4

Funktion des interviewten Experten	Marketing Leiter
Anzahl der Mitarbeiter	< 25
Gegenstand der Unternehmung	Netzwerkbetreiber
Internet-Player	ja
Besonderheiten	

Gamma 5

Funktion des interviewten Experten	Geschäftsführer
Anzahl der Mitarbeiter	< 25
Gegenstand der Unternehmung	Agentur, Netzwerkbetreiber
Internet-Player	ja
Besonderheiten	

Anhang B: Ablauf der Interviews und Interviewleitfaden

Insgesamt wurden 25 Leitfadeninterviews geführt: zehn mit der Gruppe der Akteure, zehn mit der Gruppe der Partner und 5 mit den Software- bzw. Netzwerkbetreibern. Die Interviewleitfäden der einzelnen Gesprächspartnergruppen unterscheiden sich. Zunächst stelle ich den Leitfaden für die Akteure dar, anschließend den der Partner. Die Interviews mit den Software- und Netzwerkbetreibern waren individuell.

Jedes Gespräch begann mit der Vorstellung und den folgenden Fragen:

Zunächst stelle ich Ihnen Fragen, mit denen ich die Unternehmung klassifizieren werde. Diese Informationen werde ich im Anhang unter Ihrem Pseudonym veröffentlichen (Dabei zeige ich den Interviewpartnern ein Beispiel wie aus Anhang A!)

Welche Funktion haben Sie inne?

Wie viele Mitarbeiter hat die Unternehmung, für die Sie arbeiten?

Was ist der Gegenstand der Unternehmung?

Ist die Unternehmung ausschließlich im Internet tätig?

Interviewleitfaden für Akteure

Beschreiben Sie bitte das Geschäftsmodell der Unternehmung!

Was sind die Hauptumsatzquellen der Unternehmung?

Welche Kooperationsformen betreiben Sie im Online-Vertrieb? Nennen Sie Beispiele!

Anhang B: Ablauf der Interviews und Interviewleitfaden   235

Ziele

Welche Ziele verfolgen Sie mit Ihren Kooperationen im Online Vertrieb?

Können Sie die Ziele etwa gewichten?

Wie wurden die Ziele bzw. der Gewichtung entwickelt/festgelegt? Wer gibt die Ziele vor?

Sind die Ziele formuliert/ dokumentiert?

Strategien

Welche Strategien gibt es bzw. sind zu verfolgen, um die Ziele zu erreichen (Geschäftsmodelle, Technologien)?

Werden Strategien explizit ausgearbeitet und formuliert?

Wie oft werden die Strategien überarbeitet? Können Sie ein Beispiel berichten?

Werden Strategien und Ziele von denselben Personen erarbeitet?

Gibt es gemeinsame Projekte/ Entwicklungen mit Kooperationspartnern?

Gibt es Strategien, Partner in eine Abhängigkeit zu bringen? Wie?

Zielgruppen

Ist die favorisierte Online-Zielgruppe definiert? Zielgruppe bekannt, festgelegt?

Ist sie segmentiert?

Welche Mittel werden angewendet, um sie zu erreichen?

Welche Rolle spielen Kooperationen? Werden damit identische Zielgruppe, Zielgruppenausschnitte oder andere Zielgruppen erreicht?

Wird die Zielgruppensegmentierung auf Partner ausgeweitet? Gibt es bestimmte Partner um gezielt bestimmte Zielgruppen zu erreichen?

Aus welchen Geschäftsfeldern entstammen Ihre Partner?

Erfolgsfaktoren

Schätzen Sie die Bedeutung der Online-Kooperationen für den Gesamterfolg der Unternehmung ein (wenn in Zahlen nicht möglich, dann in Kategorien, etwa „wenig wichtig" bis „sehr wichtig").

Beschreiben Sie Beispiele für Kooperationen für aus Sicht des Ziels XY (Ziel, das zuvor vom Interviewpartner genannt wurde) erfolgreiche Kooperationen!

Beschreiben Sie Beispiele für Kooperationen für aus Sicht des Ziels XY (Ziel, das zuvor vom Interviewpartner genannt wurde) gescheiterte Kooperationen!

Berichten Sie aus der Erfahrung mit Abweichungen bei der Zielerreichung! Wird die Abweichung überhaupt überprüft? Gibt es Konsequenzen?

Sind Ursachen für Erfolg und Nichterfolg bekannt (Welche Erfolgsfaktoren können abgeleitet werden?

Werden die Ursachen systematisch untersucht?

Ressourcen

Welche Beiträge erwarten Sie von den Partnern?

Welche Maßnahmen ergreifen Sie, um sich diese Beiträge dauerhaft zu sichern?

Welche Beiträge bieten Sie im Gegenzug an?

Welche nichtmonetären Beiträge können Sie den Partnern anbieten, um monetäre zu substituieren?

Mit welchen Beiträgen können Sie sich von Ihren Wettbewerbern differenzieren?

Mit welchen Beiträgen können Sie eine Abhängigkeit Ihrer Partner erreichen?

Haben Sie solche Beiträge speziell für Kooperationen aufgebaut bzw. entwickelt?

Wie erreichen Sie die Aufmerksamkeit und das Interesse Ihrer Kunden mit und ohne Kooperationen?

Wie entwickelt sich der Kaufwunsch der Kunden?

Welche Technologien setzen Sie für die Abwicklung von Partnerschaften und Transaktionen ein?

Was unternehmen Sie (gemeinsam mit Ihrem Partner) zur Analyse von Nutzer- und Nutzungsverhalten?

Organisation

Wie viele Partner haben Sie?

Werden alle Partner gleich behandelt?

Welche Ursachen hat eine unterschiedliche Behandlung?

Welche Unterschiede in Bezug auf die Organisation der Kooperation?

Welche Unterschiede gibt es im Ressourcenaustausch?

Realisation und Kontrolle von Kooperationen?

Wie gewinnen Sie neue Partner?

Welche Kriterien spielen dabei eine Rolle?

Wie werden potenzielle Partner gefunden und kontaktiert?

Ggf: Wie unterscheidet sich die Identifikation in Bezug auf die Gruppe?

Wie funktioniert die Kommunikation mit dem Partner (technisch, organisatorisch, Häufigkeit)?

Inwiefern spielen Vertrauen und Verträge eine Rolle?

Wird gegenseitiges Vertrauen gezielt aufgebaut?

Welche Kontrollinstrumente werden eingesetzt?

Wie kann eine wirksame Motivation zur Zusammenarbeit erreicht werden?

Werden Erfolge gezielt kommuniziert? Wie?

Gibt es einen kulturellen Fit, wird dieser angestrebt?

Gibt es eine aktive Unterstützung zur Entwicklung und Erhöhung der Lernbereitschaft der Mitarbeiter?

Berichten Sie von Konflikten und wie mit diesen umgegangen wurde?

Welche weiteren Problemfelder in Kooperationen können Sie benennen und erläutern?

Wurden bereits Partnerschaften beendet?

Wie hat sich der Bruch entwickelt? Was würden Sie heute anders machen?

Wie erfolgt die technische Umsetzung einer Partnerschaft?

Welchen interessanten Gesprächspartner können Sie empfehlen?

Die Gespräche mit den Akteuren dauerten in der Regel zwischen eineinhalb und zwei Stunden. Das längste Gespräch dauerte zweieinhalb Stunden. Nicht immer konnten aus Zeitgründen alle Bereiche mit jedem Gesprächspartner vollständig bearbeitet werden. In den meisten Fällen konnten fehlende Informationen bei späteren Telefonaten eingeholt werden. In zwei Fällen erfolgte ein zweites Gespräch.

Partner

Beschreiben Sie bitte das Geschäftsmodell der Unternehmung!

Was sind die Hauptumsatzquellen der Unternehmung?

Welche Kooperationsformen betreiben Sie im Internet? Nennen Sie Beispiele!

Ziele

Welche Ziele verfolgen Sie mit Ihren Online-Kooperationen?

Können Sie die Ziele etwa gewichten?

Wie wurden die Ziele bzw. der Gewichtung entwickelt/festgelegt? Wer gibt die Ziele vor?

Sind die Ziele formuliert?

Sind die Ziele formuliert/ dokumentiert?

Strategien

Welche Strategien gibt es bzw. sind zu verfolgen, um die Ziele zu erreichen (Geschäftsmodelle, Technologien)?

Werden Strategien explizit ausgearbeitet und formuliert?

Wie oft werden die Strategien überarbeitet? Können Sie ein Beispiel berichten?

Werden Strategien und Ziele von denselben Personen erarbeitet?

Gibt es gemeinsame Projekte/ Entwicklungen mit Kooperationspartnern?

Gibt es Strategien, Partner in eine Abhängigkeit zu bringen? Wie?

Erfolgsfaktoren

Schätzen Sie die Bedeutung der Online-Kooperationen für den Gesamterfolg der Unternehmung ein (wenn in Zahlen nicht möglich, dann in Kategorien, etwa „wenig wichtig" bis „sehr wichtig").

Wie wächst eine Partnerschaft über ein reines Kundenverhältnis heraus?

Beschreiben Sie Beispiele für Kooperationen für aus Sicht des Ziels XY (Ziel, das zuvor vom Interviewpartner genannt wurde) erfolgreiche Kooperationen!

Beschreiben Sie Beispiele für Kooperationen für aus Sicht des Ziels XY (Ziel, das zuvor vom Interviewpartner genannt wurde) gescheiterte Kooperationen!

Berichten Sie aus der Erfahrung mit Abweichungen bei der Zielerreichung! Wird die Abweichung überhaupt überprüft? Gibt es Konsequenzen?

Sind Ursachen für Erfolg und Nichterfolg bekannt (Welche Erfolgsfaktoren können abgeleitet werden?

Werden die Ursachen systematisch untersucht?

Ressourcen

Welche Beiträge erwarten Sie von den Partnern?

Welche Maßnahmen ergreifen Sie, um sich diese Beiträge dauerhaft zu sichern?

Welche Beiträge bieten Sie im Gegenzug an?

Welche nichtmonetären Beiträge akzeptieren Sie von den Partnern, um monetäre zu substituieren?

Mit welchen Beiträgen können sich Partner von Wettbewerbern differenzieren?

Welche Erfahrungen mit Technologien für die Abwicklung von Partnerschaften und Transaktionen können Sie berichten?

Was unternehmen Sie (gemeinsam mit Ihrem Partner) zur Analyse von Nutzer- und Nutzungsverhalten?

Welche Kosten kalkulieren Sie füe einen Nutzer, den sie Ihrem Partner weiterleiten?

Organisation

Wie viele Partner haben Sie?

Werden alle Partner gleich behandelt?

Welche Ursachen hat eine unterschiedliche Behandlung?

Welche Unterschiede in Bezug auf die Organisation der Kooperation?

Welche Unterschiede gibt es im Ressourcenaustausch?

Realisation und Kontrolle von Kooperationen?

Wie gewinnen Sie neue Partner?

Welche Kriterien spielen dabei eine Rolle?

Wie werden potenzielle Partner gefunden und kontaktiert?

Ggf: Wie unterscheidet sich die Identifikation in Bezug auf die Gruppe?

Wie funktioniert die Kommunikation mit dem Partner (technisch, organisatorisch, Häufigkeit)?

Inwiefern spielen Vertrauen und Verträge eine Rolle?

Wird gegenseitiges Vertrauen gezielt aufgebaut?

Welche Kontrollinstrumente werden eingesetzt?

Wie kann eine wirksame Motivation zur Zusammenarbeit erreicht werden?

Werden Erfolge gezielt kommuniziert? Wie?

Gibt es einen kulturellen Fit, wird dieser angestrebt?

Gibt es eine aktive Unterstützung zur Entwicklung und Erhöhung der Lernbereitschaft der Mitarbeiter?

Berichten Sie von Konflikten und wie mit diesen umgegangen wurde?

Welche weiteren Problemfelder in Kooperationen können Sie benennen und erläutern?

Wurden bereits Partnerschaften beendet?

Wie hat sich der Bruch entwickelt? Was würden Sie heute anders machen?

Wie erfolgt die technische Umsetzung einer Partnerschaft?

Welchen interessanten Gesprächspartner können Sie empfehlen?

Die Gespräche mit den Partnern dauerten in der Regel zwischen einer und eineinhalb Stunden. Auch hier konnten aus Zeitgründen nicht immer alle Bereiche mit jedem Gesprächspartner vollständig bearbeitet werden.

Anhang C: Übersicht des Entscheidungsprogramms

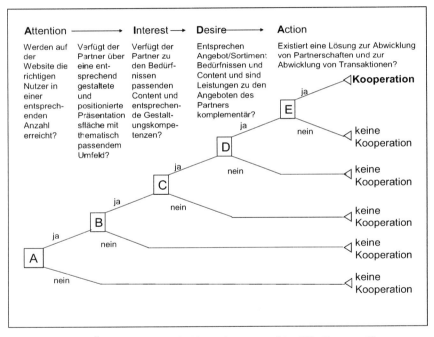

Abbildung 13: Übersicht: Entscheidungsbaum zur Identifikation von Ressourcen im Online-Vertrieb.

Anhang C: Übersicht des Entscheidungsprogramms 243

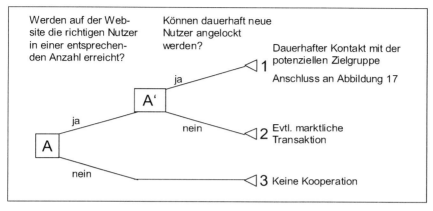

Abbildung 16: Entscheidung zur Identifikation potenzieller Nutzer.

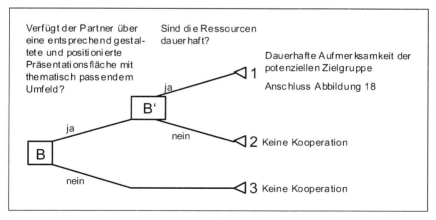

Abbildung 17: Entscheidung zur Identifikation von Ressourcen zur Erlangung der Aufmerksamkeit potenzieller Käufer.

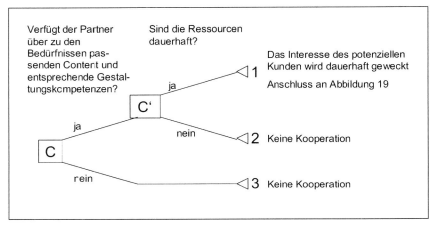

Abbildung 18: Entscheidung zur Identifikation von Ressourcen zur Weckung des Interesses von Konsumenten.

Anhang C: Übersicht des Entscheidungsprogramms

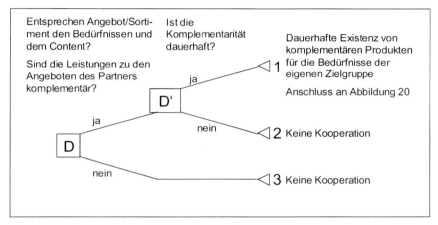

Abbildung 19: Entscheidung zur Identifikation von Ressourcen zur Steigerung des Kaufwunsches.

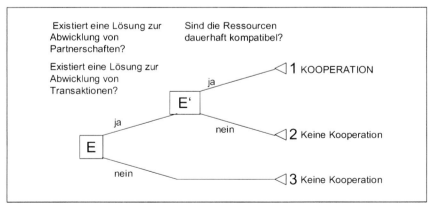

Abbildung 20: Ressourcen zur Steigerung des Kaufwunsches.

246 Geschäftsmodelle für Kooperationen im Online-Vertrieb

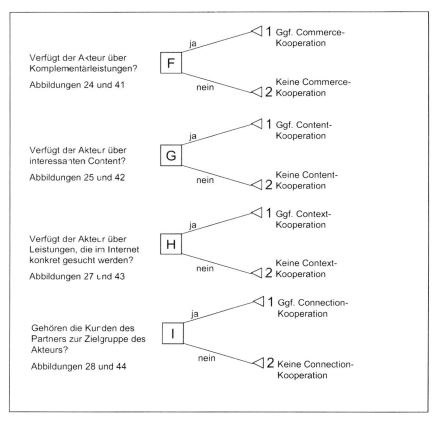

Abbildung 22: Übersicht: Entscheidungsbäume zur Ressourcenbeschaffung durch Kooperation im Online-Vertrieb.

Anhang C: Übersicht des Entscheidungsprogramms 247

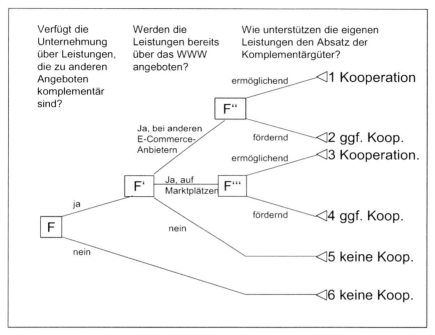

Abbildung 24: Entscheidungsbaum zur Commerce-Commerce-Partnerschaft.

248 Geschäftsmodelle für Kooperationen im Online-Vertrieb

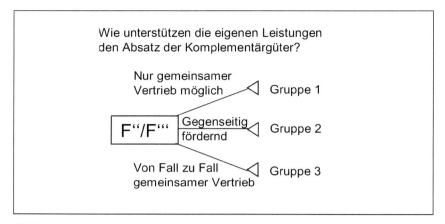

Abbildung 41: Entscheidung zur Einteilung von Commerce-Kooperationen
Erweiterung von Abbildung 24.

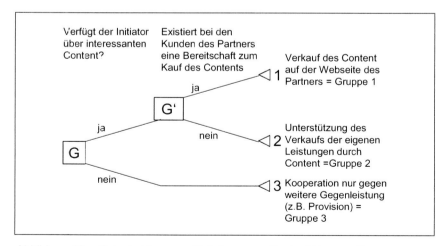

Abbildung 42: Entscheidung zur Einteilung von Content-Kooperationen
Erweiterung von 25.

Anhang C: Übersicht des Entscheidungsprogramms 249

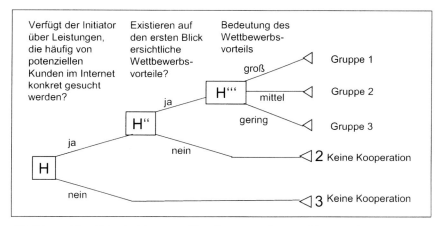

Abbildung 43: Entscheidung zur Einteilung von Context-Kooperationen Erweiterung von 27.

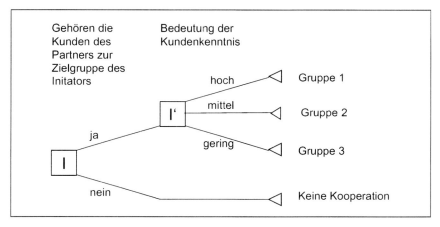

Abbildung 44: Entscheidung zur Einteilung von Connection-Kooperationen Erweiterung von 28.

250 Geschäftsmodelle für Kooperationen im Online-Vertrieb

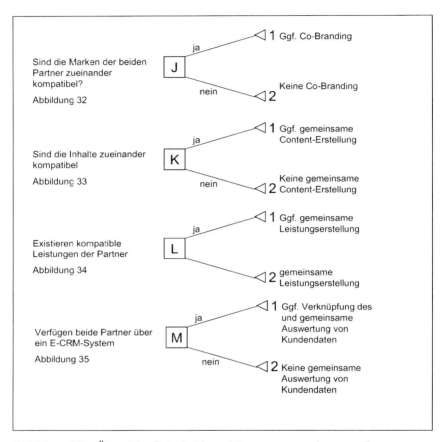

Abbildung 30: Übersicht: Entscheidungsbäume zur gemeinsamen Ressourcenentwicklung durch Kooperation im Online-Vertrieb.

Anhang C: Übersicht des Entscheidungsprogramms

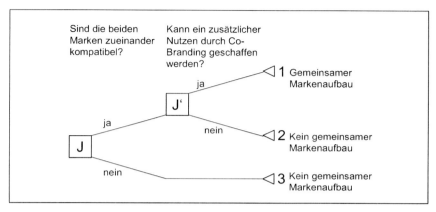

Abbildung 32: Entscheidungsbaum zum Co-Branding.

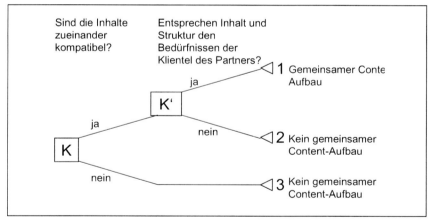

Abbildung 33: Entscheidungsbaum zum gemeinsamen Content-Aufbau.

Vorbild eines solchen Vertriebskonzeptes sind traditionelle Branchen, in denen Leistungsbündelung (Bundling) schon seit Jahren erfolgreich angewendet wird, wie z.B. in

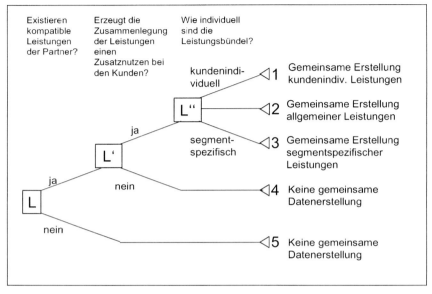

Abbildung 34: Entscheidungsbaum zur kooperativen Leistungserstellung und –nutzung.

Anhang C: Übersicht des Entscheidungsprogramms

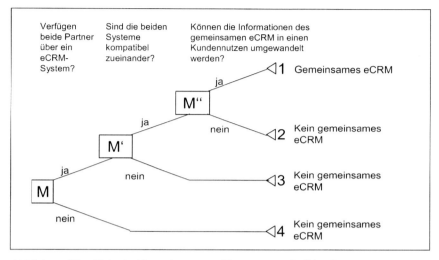

Abbildung 35: Entscheidungsbaum zur Zusammenarbeit im Customer Relationship Management.

Literaturverzeichnis

Aaker, D.A. (1992): Management des Markenwertes, Frankfurt a.M.

Abel, J. (1992): Kooperationen als Wettbewerbsstrategien für Software-Unternehmen, Frankfurt a.M. u.a.

Adenion GmbH (2001): Facts Facts, Facts & Figures zum Affiliate Marketing, http://www.adenion.de/central/pdf/Fakten.pdf, Zugriff 27.01.2003.

Adobor, H./McMullen, R.S. (2002): Strategic Partnering in E-Commerce: Guidelines for Managing Alliances, in: Business Horizons, March-April, S. 67-76.

Ahrweiler, E. (1991): Strategische Allianzen als Handlungsoption der strategischen Unternehmensführung, Köln

Albach, H. (1997): Gutenberg und die Zukunft der Betriebswirtschaftslehre, in: Zeitschrift für Betriebswirtschaftslehre, 67. Jg., S. 1257 - 1283.

Albers, S., Bisping, D., Teichmann, K., Wolf, J. (2003): Management Virtueller Unternehmen, in: Albers, S., Wolf, J. (Hrsg.): Management Virtueller Unternehmen, Wiesbaden

Albers, S./Jochims, H. (2003): Erscheinungsformen, strategische Bedeutung und Gestaltung von Online-Marketing-Kooperatinen, in: Büttgen, M./Lücke, F. (Hrsg.): Online-Kooperationen - Erfolg im E-Business durch strategische Partnerschaften, Wiesbaden, S. 15-37.

Albers, S./Panten, G./Schäfers, B. (2002a): Wer sind die eCommerce-Gewinner, in: Albers, S./Panten, G./Schäfers, B. (Hrsg.): Die eCommerce-Gewinner, Frankfurt a.M., S. 12-21.

Albers, S./Panten, G./Schäfers, B. (2002b): Marktumfeld für eCommerce-Gewinner – gestern und heute, in: Albers, S./Panten, G./Schäfers, B. (Hrsg.): Die eCommerce-Gewinner, Frankfurt a.M., S. 24-53.

Albers, S./Panten, G./Schäfers, B. (2002c): Botschaften der eCommerce-Gewinner, in: Albers, S./Panten, G./Schäfers, B. (Hrsg.): Die eCommerce-Gewinner, Frankfurt a.M., S. 214-232.

Arends, G. (2001): Marketing-Kooperationen – Damit der E-Shop zum Kunden kommt, in: Absatzwirtschaft, 44. Jg., Nr. 11, S. 104-105.

Ashby, W. R. (1968): Principles of the Self Organizing System, in: Buckley, W. (Hrsg.): Modern Systems Research for the Behavioral Scientist, Chicago.

Aust, E./Diener, W./Engelhardt, P./Lüth, O. (2000): ePurchasing: Im B2B eCommerce ist der Kunde wieder König, Mannheim.

Bachem, C. (2002): Wege zur Effizienz in der Online-Werbung, in: Schögel, M./Tomczak, T./Belz, C. (Hrsg.): Roadm@p to E-Business, St. Gallen, S. 926-939.

Backhaus, K. (1999): Industriegütermarketing, München.

Backhaus, K. und Piltz, K. (1990): Strategische Allianzen – eine neue Form kooperativen Wettbewerbs?, in: Backhaus, K./Piltz, K. (Hrsg.): ZfbF. 42. Jg. Sonderheft 27/1990. S. 1-10.

Backhaus, K./Meyer, M. (1993): Strategische Allianzen und strategische Netzwerke, in: Wirtschaftswissenschaftliches Studium, 22. Jg., Nr. 7, S. 330-334.

Backhaus, K./Plinke, W. (1977): Die Fallstudie im Kooperationsfeld von Hochschule und Praxis, in: DBW, Jg. 37, Nr. 4, S. 615-618.

Backhaus, K./Plinke, W. (1990): Strategische Allianzen als Antwort auf veränderte Wettbewerbsbedingungen, in: Backhaus, K./Piltz, K. (Hrsg.): ZfbF, 42. Jg. Sonderheft 27/1990. S. 21- 33.

Badaracco, J.L. (1991). Strategische Allianzen – Wie Unternehmen durch Know-how-Austausch Wettbewerbsvorteile erzielen. Wien

Baker, W./Marn, M./Zawada, C. (2001): Price Smarter on the Net, in: Harvard Business Review, 79. Jg., Nr. 2, S. 122-127.

Balling, R. (1997): Kooperation – Strategische Allianzen, Netzwerke, Joint Ventures und andere Organisationsformen zwischenbetrieblicher Zusammenarbeit in Theorie und Praxis, Frankfurt a.M. u.a.

Bamberg, G./Coenenberg, A. G. (2002): Betriebswirtschaftliche Entscheidungslehre, München.

Barney, J. B./Hansen, M. (1994): Trustworthiness as a source of competitive advantage, in: Strategic Management Journal, 15. Jg., Nr. 15, S. 175-190

Barney, J.B. (1991): Firm Resources and Sustained Competitive Advantage, in: Journal of Management, 17. Jg., Nr. 1, S. 99-120.

Basedow, J./Jung, C. (1993): Strategische Allianzen - Die Vernetzung der Weltwirtschaft durch projektbezogene Kooperation im deutschen und europäischen Wettbewerbsrecht, München.

Baumgarten, C. (1998): Unternehmenskooperation - Eine Betrachtung aus der Perspektive der Führung, München.

Beck, M./Dörje, N. (2002): Planung und Aufbau von Marketing-Kooperationen im Internet, in: Deutscher Multimedia Verband (dmmv) e. V./Hightext Verlag (Hrsg.): dmmv-Leitfaden: Marketing-Kooperationen im Internet, Düsseldorf u. a., S. 17 - 20.

Benkenstein, M./Beyer, T. (2003): Kooperation im Marketing, in: Zentes, J./Swoboda, B./Morschett, D. (Hrsg.): Kooperationen, Allianzen und Netzwerke - Grundlagen - Ansätze - Perspektiven, Wiesbaden, S. 705-726.

Berengeno, R. (2002): Haftung für "fremden Inhalt" bei Online-Marketing Kooperationen; in dmmv-Leitfaden: Marketing-Kooperationen im Internet - Ein Praxishandbuch zur gezielten Planung und erfolgreichen Durchführung von Marketing- und Vertriebskooperationen im Internet (Hrsg. Deutscher Multimedia Verband (dmmv) e.V., S. 42-45, Düsseldorf.

Berengeno, R. (2003): Online-Kooperationen rechtlich einwandfrei gestalten, in: Büttgen, M/Lücke,F. (Hrsg.): Online-Kooperationen - Erfolg im E-Business durch strategische Partnerschaften, Wiesbaden, S. 445-456.

Bergmann, U. (2002): Start frei zur Kooperation. Wie Sie die richtigen Geschäftspartner finden und erfolgreich zusammenarbeiten, München.

Berndt, R. (1995): Marketing 2. Marketing-Politik, 3. Aufl., Berlin u.a.

Blancke, W. (1994): Evolution und strategische Allinanzen: Der Einfluss von strategischen Allianzen auf den Wettbewerb, Bayreuth.

Bleeke, J./Bull-Larsen, T./Ernst, D. (1992): Wertsteigerung durch Allinanzen, in: Bronder, C:/Pritzl, R. (Hrsg.): Wegweiser für strategische Allianzen - Meilen- und Stolpersteine bei Kooperationen, Wiesbaden, S. 103-125.

Bleeke, J./Ernst, D. (1991): The Way to Win in Cross-Border Alliances, in: Harvard Business Review, 69. Jg., Nr. 6, S. 127-135.

Bleicher, K. (1981): Organisation. Formen und Modelle, Wiesbaden.

Bleicher, K. (1990a): Ganzheitliches Denken in arbeitsteiligen Organisationen, in: Bleicher, K./Gomez, P. (Hrsg.): Zukunftsperspektiven der Organisation, S. 11-27, Bern.

Bleicher, K. (1990b): Zum Management zwischenbetrieblicher Kooperation: Vom Joint Venture zur Strategischen Allianz, in: Bühner, R. (Hrsg.): Führungsorganisation und Technologiemanagement, Berlin, S. 77-83

Bleicher, K. (1991): Organisation, in: Bea, F. X./Dichtl, E./Schweitzer, M. (Hrsg.): Allgemeine Betriebswirtschaftslehre, Bd. 2: Führung, Stuttgart, S. 101 - 184.

Bleicher, K. (1992): Der Strategie-, Struktur- und Kulturfit Strategischer Allianzen als Erfolgsfaktor, in: Bronder, C./Pritzl, R. (Hrsg.): Wegweiser für Strategische Allianzen: Meilen- und Stolpersteine bei Kooperationen, Wiesbaden, S. 265-292.

Bleicher, K. (1994): Normatives Management: Politik, Verfassung und Philosophie des Unternehmens, Frankfurt a.M.

Bleicher, K. (1995): Das Konzept Integriertes Management. Frankfurt am Main

Bleicher, K./Hermann, R. (1991): Joint-Venture-Management - Erweiterung des eigenen strategischen Aktionsradius, Stuttgart u.a.

Blodgett, L. L. (1992): Factors in the instability of international joint ventures: An event history analysis, in: Strategic Management Journal, 13. Jg., Nr. 6, S. 475-481.

Bock; B./Spiller, D. (2001): Kassieren im Ecommerce: Eine Analyse relevanter Zahlungssysteme aus Händlersicht, Berlin.

Bogaert, I./Martens, R./van Cauwenbergh, A. (1994): Strategy as a Situational Puzzle: The Fit of Components, in: Hamel, G./Heene, A. (Hrsg.): Competence-Based Competition, Chichester u.a., S. 57-74.

Bogaschefsky, R. (1995): Vertikale Kooperation - Erklärungsansätze der Transaktionskostentheorie und des Beziehungsmarketing, in: zfbf Sonderheft Nr. 35, 1995, S. 159-177.

Bogner, W. C./Thomas, H. (1996): From Skills to Competences: The "Play-Out" of Resource Bundels across Firms, in: Sanchez, R./Heene, A./Thomas, H. (Hrsg.): Dynamics of Competence-Based Competition, Oxford u.a., S. 101-117.

Böhler, H. (1992): Marktforschung, 2.überarb. Aufl., Stuttgart, Berlin, Köln.

Böing, C. (2001): Erfolgsfaktoren im Business-to-Consumer-E-Commerce, Wiesbaden.

Borchert; M./Urspruch, T. (2003): Unternehmensnetzwerke, Duisburg.

Bouncken, R.B. (2003): Kontrolle von Kooperationen zwischen Internetunternehmen - Empirische Überprüfung eines transaktionskostentheoretischen Ansatzes, in: Büttgen, M./Lücke, F. (Hrsg.): Online-Kooperationen - Erfolg im E-Business durch strategische Partnerschaften, Wiesbaden, S.385-405.

Braun, W. (1990): Kooperationsmanagement, Wuppertal.

Braun, W. (1991): Kooperation im Unternehmen. Organisation und Steuerung von Innovationen, Wiesbaden.

Brettel, M./Heinemann, F. (2002): JustBooks – der Weg zur Profitabilität, in: Albers, S./Panten, G./Schäfers, B. (Hrsg.): Die eCommerce-Gewinner, Frankfurt a.M., S. 118-135.

Brettel, M./Heinemann, F. (2003): Die Bedeutung von Vertrauen und Kontrolle im Rahmen von Online-Kooperationen - Eine Analyse aus theoretischer und praktischer Sicht, in: Büttgen, M./Lücke, F. (Hrsg.): Online-Kooperationen - Erfolg im E-Business durch strategische Partnerschaften, Wiesbaden, S. 407-422.

Bronder, C. (1992): Unternehmensdynamisierung durch strategische Allianzen, St. Gallen.

Bronder, C. (1993): Kooperationsmanagement: Unternehmensdynamik durch strategische Allianzen, Frankfurt a.M. u.a.

Bronder, C./Pritzl, R. (1991). Leitfaden für strategische Allianzen. Harvard Business Manager mit dem Titel "Strategische Allianzen", keine Jahrgang, keine Nummer, S. 26-35.

Bühler, S./Jaeger, F. (2003): Kooperation: Erklärungsperspektive der Industrieökonomik, in: Zentes, J./Swoboda, B./Morschett, D. (Hrsg.): Kooperationen, Allianzen und Netzwerke - Grundlagen - Ansätze - Perspektiven, Wiesbaden, S. 93-120.

Bullinger, H. J./Ohlhausen, P./Hoffmann, M. (1997): Kooperationen mittelständischer Unternehmen, Stuttgart.

Burr, W. (2003): Motive und Voraussetzungen bei Lizenzkooperationen, in: Zentes, J./Swoboda, B./Morschett, D. (Hrsg.): Kooperationen, Allianzen und Netzwerke - Grundlagen - Ansätze - Perspektiven, Wiesbaden, S. 543-562.

Büschel, B. (2003): Kooperationsbeziehungen während des Joint-Venturer-Lebenszyklus: Auswirkungen auf den Erfolg von Joint-Ventures, in: Zentes, J./Swoboda, B./Morschett, D. (Hrsg.): Kooperationen, Allianzen und Netzwerke - Grundlagen - Ansätze - Perspektiven, Wiesbaden, S. 587-603.

Büttgen, M. (2003): Systematische Planung und Realisierung von Marketing- und Vertriebskooperationen im Internet, in: Büttgen, M./Lücke, F. (Hrsg.): Online-Kooperationen - Erfolg im E-Business durch strategische Partnerschaften, Wiesbaden, S. 197-221.

Büttgen, M./Lücke, F. (2003): Erfolg im E-Commerce durch innovative Kooperationslösungen im Online-Vertrieb, in: Dangelmaier, W./Gajewski, T./Kösters, C. (Hrsg.): Innovationen im E-Business, Paderborn, S. 89-98.

Büttgen, M./Lücke, F. (2001): Integratives Affiliate Marketing: Gemeinsam den Internet-User zum Kauf verführen, in: io Management, 70. Jg., Nr. 9, S. 33-40.

Büttgen, M./Stachel, K. (2001): Entwicklung eines Beurteilungsinstruments für gewerbliche Internet-Auftritte, Köln.

Cartellieri, C./Parsons, A. J./Rao, V./Zeisser, M. P. (1997), The Real Impact of Internet Advertising, in: The McKinsey Quarterly, Nr. 3, S. 45-63.

Clement, M./Litfin, T./Peters, K. (1998): Netzwerkeffekte und Kritische Masse, Frankfurt am Main , S. 81-108.

Clement, M./Peters, K./Preiß, F. J. (1998): Electronic Commerce, in: Albers, S./Clement, M./Peters, K. (Hrsg.): Marketing mit interaktiven Medien, Frankfurt am Main, S. 49-64.

Coase, R. H. (1937): The Nature of the Firm; in: Economica N. S., 4. Jg., S. 386-405.

Collis, D.J./Montgomery, C.A. (1995): Competing on Resources: Strategy in the 1990s, in Harvard Business Review, 73. Jg., Nr. 4, S. 118-128

Contractor, F. J./Lorange, P. L. (2002): The Growth of Alliances in the Knowledge-based Economy, in: Contractor, F.J./Lorange, P. (Hrsg.): Cooperative Strategies and Alliances. Amsterdam u.a., S. 4 - 22.

Contractor, F J./Lorange, P. (1988): Competition vs. Cooperation: A Benefit/Cost Framework for Choosing Between Fully-owned Investments and Cooperative Relationships, in: Management International Review, Special Issue 1988, S. 5-56

Dach, C. (2002): Internet Shopping versus stationärer Handel: Zum Einkaufsstättenwahlverhalten von Online-Shoppern, Stuttgart.

Das, T. und Teng, B. (2002): The dynamics of alliance conditions in the alliance development process, in: Journal of Management Studies, 39. Jg., Nr. 5, S. 725 - 746.

Dathe, J. (1998): Kooperationen: Leitfaden für Unternehmen, München u.a.

Desenzani, L./Larsen, G. (1994): Strategische Allianzen: einzeln erfolgreich, zusammen unschlagbar, Landsberg/Lech.

Deutscher Multimedia Verband (dmmv) e. V./Hightext Verlag (Hrsg.) (2002): dmmv-Leitfaden: Marketing-Kooperationen im Internet, Düsseldorf u. a.

DG Bank (Hrsg.) (2000): Kooperationen im Mittelstand, Frankfurt a.M.

DG Bank (Hrsg.) (DB Bank 2001): Kooperationen im Mittelstand, (DG Bank) Frankfurt a.M., 2001.

Diehl, S. (2002): Erlebnisorientiertes Internetmarketing: Analyse, Konzeption und Umsetzung von Internetshops aus verhaltenswissenschaftlicher Perspektive, Wiesbaden.

Diekmann, M. (2003): Strategische Allianzen in der Konsumgüterindustrie - die Integration von On- und Offline-Kooperationen bei Procter & Gamble, in: Büttgen, M./Lücke, F. (Hrsg.): Online-Kooperationen - Erfolg im E-Business durch strategische Partnerschaften, Wiesbaden, S. 363-382

Dierckx, I./Cool, K. (1989): Asset Stock Accumulation and Sustainability of Competitive Advantage, in: Management Science, 35. Jg., Nr. 12, S. 1504-1511.

Diller, H. (2006): Probleme bei der Handhabung von Strukturgleichungsmodellen in der betriebswirtschaftlichen Forschung, in: DBW, 66. Jg., Nr. 6, S. 611 - 617.

Diller, H./Spinting, S. (2003): Kooperationen in der Marktforschung, in: Zentes, J./Swoboda, B./Morschett, D. (Hrsg.): Kooperationen, Allianzen und Netzwerke - Grundlagen - Ansätze - Perspektiven, Wiesbaden, S. 727-750.

Döbler, T./Schenk, M./Schmitt-Walter, N./Wolf, M. (2002): Soziale Milieus in der Bundesrepublik Deutschland und E-Commerce-Nutzung, in: Schögel, M./Tomczak, T./Belz, C. (Hrsg.): Roadm@p to E-Business, St. Gallen, S. 152-167.

Doz, Y. (1992): Empirische Relevanz von Strategischen Allinanzen in Europa, in: Bronder, C:/Pritzl, R. (Hrsg.): Wegweiser für strategische Allianzen - Meilen- und Stolpersteine bei Kooperationen, Wiesbaden, S. 47-62.

Dunning, J. H. (2002): Relational Assets, Networks, and International Business Activity, in: Contractor, F.J./Lorange, P. (Hrsg.): Cooperative Strategies and Alliances. Amsterdam u.a., S. 569 - 593.

Duschek, S. (1998): Kooperative Kernkompetenzen - Zum Management einzigartiger Netzwerkressourcen, in: Zeitschrift für Führung und Organisation, 67. Jg., Nr. 4, S. 230-236.

Duschek, S. (2001): Kooperative Kernkompetenzen - Zum Management einzigartiger Netzwerkressourcen, in: Ortmann, G./Sydow, J. (Hrsg.): Strategie und Strukturation -

Strategisches Managment von Unternehmen, Netzwerken und Konzernen, Wiesbaden, S. 173 - 189.

Duschek, S./Sydow, J. (2002): Ressourcenorientierte Ansätze des strategischen Managements – Zwei Perspektiven auf Unternehmenskooperation, in: Wirtschaftswissenschaftliches Studium, 31. Jg., S. 426-431.

Ebers, M. (1997): Explaining Inter-Organizational Network Formation, in: Ebers, M. (Hrsg.): The Formation of Inter-Organizational Networks, Oxford u.a., S.3-40.

E-Commerce-Center Handel Hg. (Hrsg.) (2001): Die Begriffe des eCommerce, (E-Commerce-Center Handel Hg.) Frankfurt a.M.

Eder, S./Schmid-Schmidsfelden, W. (1991): Das Joint-Venture-Arbeitshandbuch, Wien u.a.

Efe, H. (2005): Erfolgsfaktoren der Zusammenarbeit, in: Hohensohn, H./Jahn, S. (Hrsg.): Collaboration für innovative Unternehmen, Lohmar, S. 106 - 142.

Eisele, J. (1995): Erfolgsfaktoren des Joint Venture-Management, Wiesbaden.

Eisenführ, F./Weber, M. (2003): Rationales Entscheiden, Berlin u.a.

Eisenhardt, K. M./Schoonhoven, C. B. (1996): Resource-based View of Strategic Alliance Formation: Strategic and Social Effects in Entrepreneurial Firms, in: Organization Science, 7. Jg., Nr. 2, S. 136-150.

Endress, R. (1991): Strategie und Taktik der Kooperation:Grundlagen der zwischen- und innerbetrieblichen Zusammenarbeit, Berlin.

Engelhardt, W.W. (1989): Zu theoretischen Analysen genossenschaftsspezifischer Vorteile und positive Effekte - Gruppenvorteile, Economies of Scale und Synergieeffekte bei Kooperationen und Kollektiven; in: Finanz-, Bank, und Kooperationsmanagement (Hrsg. Jokisch, J./Raettig, L./Ringle,G.), Frankfurt a.M.

Esch, F.-R./Wicke, A. (2001): Herausforderungen und Aufgaben des Markenmanagements, in: Esch. F.-R. (Hrsg.): Moderne Markenführung, 3. Aufl., Wiesbaden, S. 3-55.

Ethiraj, S. K./Kale, P./Singh, H. (2002): Alliances Value Creation in E-Businesses: An Empirical Analysis, in: Contractor, F.J./Lorange, P. (Hrsg.): Cooperative Strategies and Alliances. Amsterdam u.a., S. 595 - 622.

Evanschitzky, H. (2001): Auswirkungen des E-Commerce auf Franchisesysteme, in: Ahlert, D. (Hrsg.): Handbuch Franchising & Cooperation, Neuwied u.a., S. 297-310.

Faisst, W. (1998): Die Unterstützung Virtueller Unternehmen durch Informations- und Kommunikationssysteme - eine lebenszyklusorientierte Analyse, Erlangen – Nürnberg.

Faix, A./Kupp, M. (2002): Kriterien und Indikatoren zur Operationalisierung von Kernkompetenzen, in: Bellmann, K./Freiling, J./Hammann, P./Mildenberger, U.(Hrsg.): Aktionsfelder des Kompetenz-Managements, Wiesbaden, S. 59-83.

Fantapié Altobelli, C. (2003): Markenführung bei Online-Kooperationen - Kooperatives oder kompetitives Branding?, in: Büttgen, M./Lücke, F. (Hrsg.): Online-Kooperationen - Erfolg im E-Business durch strategische Partnerschaften, Wiesbaden, S. 341-362.

Fantapié Altobelli, C./Sander, M. (2001): Internet Branding. Marketing und Markenführung im Internet, Stuttgart.

Fink, D. H. (1998): Mass Customization, in: Albers, S./Clement, M./Peters, K. (Hrsg.): Marketing mit interaktiven Medien, Frankfurt am Main, S. 137-150.

Fleck, T./Pfleging, S. (2003): Unternehmensübergreifende Zusammenarbeit auf der Basis von Supply-Chain-Management-Initiativen am Beispiel der IBM Corporation, in: Büttgen, M./Lücke, F. (Hrsg.): Online-Kooperationen - Erfolg im E-Business durch strategische Partnerschaften, Wiesbaden, S.285-298.

Fleisch, E. (2001): Das Netzwerkunternehmen - Strategien und Prozesse zur Steigerung der Wettbewerbsfähigkeit in der "Networked Economy", Berlin u.a.

Freiling, J. (1998): Kompetenzorientierte Strategische Allianzen, in: io management, 67. Jg. Nr. 6, S. 23-29.

Freiling, J. (2002): Terminologische Grundlagen des Resource-based View, in: Bellmann, K./Freiling, J./Hammann, P./Mildenberger, U.(Hrsg.): Aktionsfelder des Kompetenz-Managements, Wiesbaden, S. 3-28.

Fried, A. (2003): Was erklärt der Resource-based view of the Firm? Anforderungen an einen ressourcenorientierten Ansatz aus Sicht des Strategischen Managements, Chemnitz.

Friedli, T./Schuh, G. (2003): Die operative Allianz, in: Zentes, J./Swoboda, B./Morschett, D. (Hrsg.): Kooperationen, Allianzen und Netzwerke - Grundlagen - Ansätze - Perspektiven, Wiesbaden, S. 487-514.

Friedrich, S. A./Matzler, K./Stahl, H. K. (2002): Quo vadis RBV? Stand und Entwicklungsmöglichkeiten des Ressourcenansatzes, in: Bellmann, K./Freiling, J./Hammann, P./Mildenberger, U.(Hrsg.): Aktionsfelder des Kompetenz-Managements, Wiesbaden, S. 29-58.

Friese, M. (1998). Kooperationen als Wettbewerbsstrategie für Dienstleistungsunternehmen. Wiesbaden

Fritz, W. (2000): Internet-Marketing und Electronic Commerce. Grundlagen - Rahmenbedingungen – Instrumente, Wiesbaden.

Fritz, W. (2002): Markteintrittstrategien im Electronic Business, in: Schögel, M./Tomczak, T./Belz, C. (Hrsg.): Roadm@p to E-Business, St. Gallen, S. 136-151.

Gahl, A. (1989): Strategische Allianzen, in: Arbeitspapiere des Betriebswirtschaftlichen Instituts für Anlagen und Systemtechnologien (Hrsg: Backhaus, K.), Münster.

Gahl, A. (1990): Die Konzeption der Strategischen Allianz im Spannungsfeld zwischen Flexibilität und Funktionalität, in: Backhaus, K./Piltz, K. (Hrsg.): ZfbF, 42. Jg. Sonderheft 27/1990. S. 35-48.

Gangwani et al. (1999): eCommerce Development: Business to Consumer, Redmond.

Garette, B./Dussauge, P. (2000): Alliances versus acquisitions - Choosing the right option, in: European Management Journal, 18. Jg., Nr. 2, S. 63-69.

Garrecht, M. (2002). Virtuelle Unternehmen – Entstehung, Struktur und Verbreitung in der Praxis. Frankfurt u.a.

Gaul, W./Geyer-Schulz, A./Hahsler, M./Schmidt-Thieme, L./ (2002): eMarketing mittels Recommendersystemen, in: Marketing ZFP, 24. Jg., Spezialausgabe „E-Marketing", S. 47-55.

Gehrke, N./Burghardt, M./Schumann, M. (2002): Strategien der Produktbündelung, in: WISU, 31. Jg., Nr. 3, S. 346-352.

Georges, K. E. (1988): Ausführliches Lateinisch-Deutsches Handwörterbuch, Darmstadt.

Gerhard, T. (2003): Partnering - Empfehlungen zur erfolgreichen Gestaltung von strategischen Partnerschaften, in: Büttgen, M./Lücke, F. (Hrsg.): Online-Kooperationen - Erfolg im E-Business durch strategische Partnerschaften, Wiesbaden, S. 59-72.

Geringer, M./Hebert, L. (1989): Control and Performance of International Joint Ventures, in: Journal of International Business Studies, 20. Jg., Nr. 3, S. 235-254.

Gersch, M. (2002): Kooperationen als Instrument des Kompetenz-Management zur Realisierung erfolgreicher E-Commerce-Geschäftssysteme, in: Bellmann, K./Freiling, J./Hammann, P./Mildenberger, U.(Hrsg.): Aktionsfelder des Kompetenz-Managements, Wiesbaden, S. 411-438.

Gerth, N. (1999): Online Absatz. Eine Analyse des Einsatzes von Online-Medien als Absatzkanal, Ettlingen.

Glaister, K./Buckley, P. (1996): Strategic Motives for International Alliance Formation, in: Journal of Management Studies, 3. Jg., Nr. 3, S. 301-332.

Glos; A./Mutschler, R./Schuppener, S. (2001): Affiliate Marketing:Tipps für den Finanzmittelstand, in: Forrster Research GmbH & Co. KG (Hrsg.): The Forrester Brief, Frankfurt a.M.

Goldschmidt, S., Junghagen, S., Harris, U. (2003): Strategic Affiliate Marketing, Cheltenham u. a.

Goshal, S. (1987): Global Strategy: An Organizing Framework, in: SMJ, 8. Jg., S. 425-440.

Götz, G. (1996): Strategische Allianzen - Die Beurteilung einer modernen Form der Unternehmenskooperation nach deutschem und europäischem Kartellrecht, Baden-Baden.

Graddick, M.M./Bassman, E./Giordano, J.M. (1990): The Changing Demographics: Are Corporations Prepared to Meet the Challenge? In: Journal of Organizational Change Management, 3. Jg., Nr. 2, S. 72–79.

Grant, R.M. (1991): The Resource-Based Theory of Competitive Advantage: Implications for Strategy Formulation, in: California Management Review, 33. Jg., Spring 1991, S. 114-135.

Grant, R.M./Baden-Fuller, C. (2002): Knowledge-based View of Strategic Alliance Formation. In: Contractor, F.J./Lorange, P. (Hrsg.): Cooperative Strategies and Alliances. Amsterdam u.a., S. 419–436.

Gratl, R. (2002): Management virtueller Unternehmensnetzwerke unter besonderer Berücksichtigung der Erfolgsevaluation von Internet-Strategien, St. Gallen.

Gretzinger, S./Matiaske, W./Weber, W. (2002): Kooperation und Konflikt in strategischen Netzwerken, in: Zeitschrift für Führung und Organisation, 71. Jg., Nr. 1, S. 22-25.

Griese, J. (2003): Entwicklungsstufen elektronischer Marktplätz, in: Kemper, H.-G./Mülder, W. (Hrsg.): Informationsmanagement, Lohmar, S. 89 - 103.

Gschwender, A. (2001): Erfahrungen des Franchisesystems >>Der Teeladen<< mit seinem E-Commerce-Auftritt, in: Ahlert, D. (Hrsg.): Handbuch Franchising & Cooperation, Neuwied u.a., S. 311-319

Habann, F. (1999): Kernressourcenmanagement in Medienunternehmen, Köln.

Habann, F. (2002): "Fit" zwischen Strategie und Kernressourcen - Zentraler Erfolgsfaktor der Unternehmung, in: Bellmann, K./Freiling, J./Hammann, P./Mildenberger, U.(Hrsg.): Aktionsfelder des Kompetenz-Managements, Wiesbaden, S. 145-167.

Hamel, G. (1994): The Concept of Core Competence, in: Hamel, G./Heene, A. (Hrsg.): Competence-Based Competition, Chichester u.a., S. 11-33.

Hamel, G./Doz, Y.L./Prahalad, C.K. (1989a+D120): Mit Marktrivalen zusammenarbeiten - und dabei gewinnen, in: Harvard Business Manager mit dem Titel "Strategische Allianzen", keine Jahrgang, keine Nummer, S. 7-14.

Hamel, G./Doz, Y.L./Prahalad, C.K. (1989b): Collaborate with your Competitors – and win, in: Harvard Business Review, 67. Jg., Nr. 1, S. 133-139.

Hamel, G./Prahalad, C. K. (1989): Strategic Intent, in: Harvard Business Review, 67. Jg., Nr. 3, S. 63-76.

Hamel, G./Prahalad, C. K. (1993): Strategy as Stretsh and Leverage, in: Harvard Business Review, 71. Jg., Nr. 2, S. 75-84.

Hammann, P./Freiling, J. (2000): Einführender Überblick zum Strategischen Kompetenz-Management, in: Hammann, P./Freiling, J. (Hrsg.): Die Ressourcen- und Kompetenzperspektive des Strategischen Managements, Wiesbaden, S. 3-11.

Hammes, W. (1994): Strategische Allianzen als Instrument der Unternehmensführung, Wiesbaden.

Hanson, W. (2000): Principles of Internet-Marketing, Cincinatti.

Harrigan, K. R. (1988): Strategic Alliances and Partner Asymmetries, in: Contractor, F. J./Lorange P. (Hrsg.): Cooperative Strategies in International Business, New York u.a., S. 205–226.

Harrigan, K. R. (2002): Virtual Firms and Cooperative Strategies in New Economy Industries, in: Contractor, F.J./Lorange, P. (Hrsg.): Cooperative Strategies and Alliances. Amsterdam u.a., S. 623 - 640.

Harrigan, K.R. (1985): Strategies for Joint Ventures, Lexington.

Hätty, H. (1989): Der Markentransfer, Heidelberg.

Hayek, F.A. (1975): Die Anmassung von Wissen, in: Böhm, Lutz, Neyer et al. (1975), S. 12-21.

Heck, A. (1999): Strategische Allianzen: Erfolg durch professionelle Umsetzung, Berlin u.a.

Heinemann, F. (2002): Erfolgsabhängige Marketing-Kooperationen – Eine Einführung, in: Deutscher Multimedia-Verband (Hrsg.): dmmv-Leitfaden. Marketing-Kooperationen im Internet, Düsseldorf - München, S. 7-9.

Hellfeier, M. (1999): Strategische Allianzen - Ein wertorientiertes Strategiekonzept zur Steigerung der Performance einer Unternehmung, Zürich.

Helmstetter, G./Metivier, P. (2000): Affiliate Selling. Building Revenue on the Web, New York u.a.

Hermann, A./Huber, F./Coulter, R. H. (1997): Product and Service Bundling Decisions and their Effects on Purchase Intention, in: Pricing Strategy & Practice, 5. Jg., Nr. 3, S. 99-107.

Herkner, W. (1992): Lehrbuch Sozialpsychologie, Bern u.a.

Hess, T. (2002): Netzwerkcontrolling: Instrumente und ihre Werkzeugunterstützung, Wiesbaden.

Hess, T./Anding, M. (2003): Betrieb von Internetportalen auf Basis von Kooperationen - untersucht am Fallbeispiel Sport1, in: Büttgen, M./Lücke, F. (Hrsg.): Online-Kooperationen - Erfolg im E-Business durch strategische Partnerschaften, Wiesbaden, S. 133-143.

Heßler, T. (2003): Vergütungsformen als Erfolgsfaktor für Online-Kooperationen, in: Büttgen, M./Lücke, F. (Hrsg.): Online-Kooperationen - Erfolg im E-Business durch strategische Partnerschaften, Wiesbaden, S. 327-338.

Hildebrandt, L. (1988): Store Image and the Prediction of Performance in Retailing, in: Journal of Business Research, 17. Jg., Nr. 1, S. 91-100.

Hillmann, R. (2002): Partner-Relation: Nur loyale Partner sind gute Partner, in: Deutscher Multimedia Verband (dmmv) e. V./Hightext Verlag (Hrsg.): dmmv-Leitfaden: Marketing-Kooperationen im Internet. Düsseldorf u. a., S. 21 - 24.

Hillmann, R. (2002): Partner-Relation: Nur Loyale Partner sind gute Partner, in: Deutscher Multimedia-Verband (Hrsg.): dmmv-Leitfaden. Marketing-Kooperationen im Internet, Düsseldorf - München, S. 21-24.

Hippner, H. (2004): CRM - Grundlagen, Ziele und Konzepte, in: Hippner, H./Wilde, K. D. (Hrsg.): Grundlagen des CRM, Wiesbaden, S. 13 - 41.

Höfer, S. (1996): Strategische Allianzen und Spieltheorie, Lohmar u.a.

Hoffman Linhard, A. (2001): Die erfolgreiche Umsetzung Strategischer Erfolgspotenziale - Der Ressourcenorientierte Ansatz im Marketing, Berlin.

Hoffman, D.L./Novak, T.H. (2000): How to Acquire Customers on the Web, in: Harvard Business Review, 78. Jg., Nr. 3, S. 179-188.

Hoffmann, F. (1986): Kritische Erfolgsfaktoren – Erfahrungen in großen und mittelständischen Unternehmen, in: Zeitschrift für betriebswirtschaftliche Forschung, 38. Jg., Nr. 1, S. 831-843.

Hofstetter, H. (1983): Organisationspsychologische Aspekte der Software Entwicklung, in: Schelle H./Molzberger P. (Hrsg.): Psychologische Aspekte der Software-Entwicklung, München - Wien, S. 25-62.

Höft, U. (2004): SWOT-Analyse, http://www.fh-brandenburg.de/~hoeft/toolbox/swot.htm, entnommen am 8.4.2004.

Holler, M./Illing, G. (1991): Einführung in die Spieltheorie, Berlin u.a.

Holtbrügge, D. (2003): Management internationaler strategischer Allianzen, in: Zentes, J./Swoboda, B./Morschett, D. (Hrsg.): Kooperationen, Allianzen und Netzwerke - Grundlagen - Ansätze - Perspektiven, Wiesbaden, S. 873 - 893.

Holtrop, T. (2003): Content-Kooperationen in der digitalen Medienwirtschaft: *T-Online* auf dem Weg zum Internet Media Network, in: Büttgen, M./Lücke, F. (Hrsg.): Online-Kooperationen - Erfolg im E-Business durch strategische Partnerschaften, Wiesbaden, S. 165-175.

Homans, G.C. (1961): Social behavior: Its elementary forms, New York.

Homburg, C./Klarmann, M. (2006): Die Kausalanalyse in der empirischen betriebswirtschaftlichen Forschung - Problemfelder und Anwendungsempfehlungen, in: DBW, 66. Jg., Nr. 6, S. 727 - 748.

Homburg, C./Krohmer, H. (2003): Marketingmanagement: Strategie - Instrumente - Umsetzung - Unternehmensführung, Wiesbaden.

Homp, C. (2000): Aufbau von Kernkompetenzen: Ablauf und Vorgehen, in: Hammann, P./Freiling, J. (Hrsg.): Die Ressourcen- und Kompetenzperspektive des Strategischen Managements, Wiesbaden, S. 167-190.

Houghton, J. (1994): Corning´s alliances: 70 years of joint ventures, in: Hart, M./Garone, S. (Hrsg.): Making International Strategic Alliances Work, Report No. 1086-94-CH, New York, S. 29 - 33.

Ihring, F. (1991): Strategische Allianzen, in: WiSt., 20. Jg., Nr. 1, S. 29-31.

Jarillo, C. (1993): Strategic Networks, Oxford.

Jensen, M.C./Meckling, W.H. (1976): Theory of the Firm. Managerial Behavior, Agency Costs and Ownership Structure, in: Journal of Financial Economics, 3. Jg., Nr. 4, S. 305-360.

Jochims, H. (2006): Erfolgsfaktoren von Online-Marketing-Kooperationen, Wiesbaden.

Johnston, R./Lawrence, P. R. (1989): Vertikale Integration II: Wertschöpfungspartnerschaften leisten mehr, in: HM, 11 (1), S. 81-88.

Jost, P.-J. (1998): Strategisches Konfliktmanagement in Organisationen, Wiesbaden.

Jost, P.-J. (2001): Die Prinzipal-Agenten-Theorie im Unternehmenskontext, in: Jost, P.-J. (Hrsg.): Die Prinzipal-Agenten-Theorie in der Betriebswirtschaftslehre, Stuttgart, S. 11-43.

Kaestner, T.A. (2002a): Onlinefilialen per Mausklick aufbauen – T-Mobile eröffnet virtuelle Shops im Netz, in: Computerwoche Extra, o. Jg., Nr. 5 vom 20. Mai 2002, S. 20-21.

Kaestner, T.A. (2002b): Vertriebsfilialen im Netz, in: Funkschau Handel, o. Jg., Nr. 20 vom 27. September 2002, S. h 23.

Kajüter, P. (1994): Internationale Strategische Allianzen im europäischen Finanzsektor, in: Die Bank, Nr. 4, S. 196-424.

Kasper, H./Holzmüller, H. H./Wilke, C. (2003): Unternehmenskulturelle Voraussetzungen der Kooperation, in: Zentes, J./Swoboda, B./Morschett, D. (Hrsg.): Kooperationen, Allianzen und Netzwerke - Grundlagen - Ansätze - Perspektiven, Wiesbaden, S. 849 - 871..

Kaufmann, F./Kokalj, L./May-Strobl, E. (1990): EG-Binnenmarkt – die grenzüberschreitende Kooperation mittelständischer Unternehmen – Empirische Analyse von Möglichkeiten, Voraussetzungen und Erfahrungen. Stuttgart

Keckeisen, A. (2002): Expedia.de - mit uns reisen heißt: Kunden dort abholen wo sie sind: im Web, in: Albers, S./Panten, G./Schäfers, B. (Hrsg.): Die eCommerce-Gewinner, Frankfurt a.M., S. 69-84.

Keller, K.L. (2001): Kundenorientierte Messung des Markenwertes, in: Esch, F.-R. (Hrsg.): Moderne Markenführung, 3. Aufl., Wiesbaden, S. 1059-1080.

Kemmner, G. A./Gillessen, A. (2000): Virtuelle Unternehmen, Heidelberg.

Keuper, F./Hans, R. (2003): Multimedia-Management, Wiesbaden

Kirsch, W. (1997): Wegweiser zur Konstruktion einer evolutionären Theorie der strategischen Führung, 2. Aufl., München.

Klaiber, U. (1993): Kooperationsmanagement im Investitionsgütermarketing - Ein netzwerkorientierter Ansatz, Berlin.

Klein, S. (1996): Interorganisationssysteme und Unternehmensnetzwerke. Wechselwirkungen zwischen organisatorischer und informationstechnologischer Entwicklung, Wiesbaden.

Klein, S. (2001): Heuristiken zum Verständnis und Management von Unternehmensnetzwerken, in: Klein, S., Loebbecke, C. (Hrsg.): Interdisziplinäre Managementforschung und -lehre, Wiesbaden, S. 259-283.

Knyphausen, D. zu (1993): "Why are Firms different?" Der "Ressourcenorientierte Ansatz" im Mittelpunkt einer aktuellen Kontroverse im Strategischen Management, in: DBW, 53. Jg., Nr. 6, S. 771-792.

Knyphausen-Aufseß, D. zu (1997): Auf dem Weg zu einem ressourcenorientierten Paradigma? Resource-Dependence-Theorie der Organisation und Resource-based View des Strategischen Managements im Vergleich, in: Ortmann, G./Sydow, J./Türk, K. (Hrsg.): Theorien der Organisation. Die Rückkehr der Gesellschaft, Opladen, S. 452-480.

Kogut, B./Zander, U. (1992): Knowledge of the firm, Combinative Capabilities and the Replication of Technology, in: Organization Science, 3. Jg., S. 383-397.

Köhler, R. (1993): Beiträge zum Marketing-Management - Planung, Organisation und Controlling, Stuttgart

Kollmann, T./Herr, C. (2003): Online-Kooperation als Markteintrittschance für Start-ups im E-Business, in: Büttgen, M./Lücke, F. (Hrsg.): Online-Kooperationen - Erfolg im E-Business durch strategische Partnerschaften, Wiesbaden, S. 97-112.

Koppelmann, U. (1996): Planung von Zulieferer-Abnehmerbeziehungen, in: Zeitschrift für Planung, 1996, Nr. 7, S. 61-72.

Koppelmann, U. (2000): Produktmarketing, Berlin u.a.

Kotler, P./Bliemel, F. (1992): Marketing-Management. Analyse, Planung, Umsetzung und Steuerung, Stuttgart.

Krafft, M./Liftin, T. (2002): E-Selling - Evolution Statt Revolution im Vertrieb, in: Schögel, M./Tomczak, T./Belz, C. (Hrsg.): Roadm@p to E-Business, St. Gallen, S. 286-301

Krober-Riel, W. (1988): Strategie und Technik der Werbung, Stuttgart u.a.

Kroeber-Riel, W. (1990): Konsumentenverhalten, München.

Kroeber-Riel, W./Weinberg, P. (1996): Konsumentenverhalten, München.

Kroeber-Riel, W./Weinberg, P. (1999): Konsumentenverhalten, 7. Aufl., München.

Krohn, F./ Lücke, F. (2001): Womit Internet-Portale Geld verdienen, in: CyBIZ, o. J., Nr. 7, S. 46-49.

Krohn, F./Tacke, G. (2003): Realisierung und Vermarktung von Paid Content aus Online-Kooperationen, in: Büttgen, M./Lücke, F. (Hrsg.): Online-Kooperationen - Erfolg im E-Business durch strategische Partnerschaften, Wiesbaden, S. 177-193.

Kronen, J. (1993): Computergestützte Unternehmungskooperation. Potentiale - Strategien - Planungsmodelle, Wiesbaden.

Kuß, A./Tomczak, T. (2000): Käuferverhalten, Stuttgart.

Kutschker, M. (1994): Strategische Kooperationen als Mittel der Internationalisierung, in: Schuster, L. (Hrsg.): Die Unternehmung im Internationalen Wettbewerb, Berlin, S. 121 - 157.

Kutschker, M. (2003):Prozessuale Aspekte der Kooperation, in: Zentes, J./Swoboda, B./Morschett, D. (Hrsg.): Kooperationen, Allianzen und Netzwerke - Grundlagen - Ansätze - Perspektiven, Wiesbaden, S. 1055 - 1084.

Lang, H. (2001): Business-to-Consumer (B-to-C) in Franchisesystemen, in: Ahlert, D. (Hrsg.): Handbuch Franchising & Cooperation, Neuwied u.a., S. 321-324.

Latzer, M./Schmitz, S. W. (2000): Business-to-Consumer eCommerce in Österreich: Eine empirische Untersuchung, in: Latzer, M. (Hrsg.): Mediamatikpolitik für die digitale Ökonomie: eCommerce, Qualifikation und Marktmacht in der Informationsgesellschaft, Innsbruck, S. 286-306.

Latzer, M./Schmitz, S. W. (2002): Die Ökonomie des eCommerce: New Economy, Digitale Ökonomie und realwirtschaftliche Auswirkungen, Marburg

Laurent, M. (1996): Vertikale Kooperationen zwischen Industrie und Handel: neue Typen und Strategien zur Effizienzsteigerung im Absatzkanal, Frankfurt a. M. 1996.

Leidecker, J.K./Bruno, A.V. (1984): Identifying and Using Critical Success Factors, in: Long Range Planning, 17. Jg, Nr. 1, S. 23-32.

Levine, R. (2000): Talk is chaep. Miteinander reden kostet nicht viel, in: Levine et al. (Hrsg.): Das Cluetrain Manifest, S. 95-131, München.

Lewis, J.D. (1991): Strategische Allianzen. Frankfurt.

Liebhart, U. E. (2002): Strategische Kooperationsnetzwerke, Wiesbaden.

Liebmann, H.-P./Zentes, J. (2001): Handelsmanagement, München.

Loevenich, P. (2002): Substitutionskonkurrenz durch E-Commerce: Messung - Determinanten – Auswirkungen, Wiesbaden.

Lorange, P./Roos, J. (1992): Stolpersteine beim Management Strategischer Allinanzen, in: Bronder, C:/Pritzl, R. (Hrsg.): Wegweiser für strategische Allianzen - Meilen- und Stolpersteine bei Kooperationen, Wiesbaden, S. 343-355.

Lücke, F. (2002): Co-Branding und Cross-Selling-Kooperationen, in: Deutscher Multimedia Verband (dmmv) e. V./Hightext Verlag (Hrsg.): dmmv-Leitfaden: Marketing-Kooperationen im Internet, Düsseldorf u. a., S. 25 - 27.

Lücke, F. (2002): Eins + eins = drei, in Horizont, 19. Jg., Nr. 41 vom 10. Oktober 2002, S. 104.

Lücke, F. /Büttgen, M. (2002): Das Netz vernetzt sich – Strategische Kooperationen im Internet, in: IM – Die Fachzeitschrift für Information Management & Consulting, 17. Jg., Nr. 4, S. 11 – 20.

Lücke, F./Webering, J. (2003): Gegenwart und Zukunft von Online-Kooperationen, in: Büttgen, M./Lücke, F. (Hrsg.): Online-Kooperationen - Erfolg im E-Business durch strategische Partnerschaften, Wiesbaden, S. 3-14.

Lutz, V. (1993): Horizontale strategische Allianzen, Hamburg

Magerl, S. (2003): Nimm zwei, in: Die Zeit, Nr. 38, S. 68.

Magin, V./Schunk, H./Heil, O. et al. (2003): Kooperation und Coopetition: Erklärungsperspektive der Spieltheorie, in: Zentes, J./Swoboda, B./Morschett, D. (Hrsg.): Kooperationen, Allianzen und Netzwerke - Grundlagen - Ansätze - Perspektiven, Wiesbaden, S. 121-140.

Mahoney, J. T. (1993): The Management of Resources and the Resource of Management, Champaign.

Mangstl, C./Dörje, N. (2003): Mit Online-Kooperationen zur Marktführerschaft am Beispiel der Scout24-Gruppe, in: Büttgen, M./Lücke, F. (Hrsg.): Online-Kooperationen - Erfolg im E-Business durch strategische Partnerschaften, Wiesbaden, S.73-93.

Männel, B. (1996). Netzwerke in der Zulieferindustrie – Konzepte, Gestaltungsmerkmale und betriebswirtschaftliche Wirkungen. Wiesbaden

March, J.G./Simon, H.A. (1958): Organizations, New York.

May, P. (2000). The Business of Ecommerce. From Corporate Strategy to Technology, Cambridge u.a.

Mayntz, R./Szyperski, N. (1984): Dokumentation und Organisation

Mayring, P. (1996): Einführung in die qualitative Sozialforschung – Eine Anleitung zu qualitativen Denken, Weinheim.

Meckl, R. (1993): Unternehmenskooperationen im EG-Binnenmarkt, Wiesbaden.

Meffert, H. (1991): Marketing: Grundlagen der Absatzpolitik, Wiesbaden.

Meffert, H./Twardawa, W./Wildner, R. (2001): Aktuelle Trends im Verbraucherverhalten: Chance oder Bedrohung für die Markenartikel, in: Köhler, R./Majer, W./Wiezorek, H. (Hrsg.): Erfolgsfaktor Marke. Neue Strategien des Markenmanagements, München, S. 1-21.

Mehler-Bicher, A. (2003): Preisgestaltungs- und Erlösmodelle in Online-Kooperationen: Status quo und zukünftige Entwicklungen, in: Büttgen, M./Lücke, F. (Hrsg.): Online-Kooperationen - Erfolg im E-Business durch strategische Partnerschaften, Wiesbaden, S.301-325.

Mertens, P. und Faisst, W. (1995). Virtuelle Unternehmen – eine Organisationsform für die Zukunft? Technologie & Management. 44. Jg. 2/1995 S. 61-68

Mertens, P., Griese, J. und Ehrenberg, D. (1998). Virtuelle Unternehmen und Informationsverarbeitung. Berlin

Mertens, P./Faisst, W. (1999): Virtuelle Unternehmungen – Einführung und Überblick, in: Hahn, D./Taylor, B. (Hrsg.): Strategische Unternehmensführung, Heidelberg, S. 928–943.

Meyer, A./Specht, M. (2002): Pioniervorteile für Anbieter von Informationsgütern im Electronic Commerces, in: Schögel, M./Tomczak, T./Belz, C. (Hrsg.): Roadm@p to E-Business, St. Gallen, S. 244-268.

Mildenberger, U. (2001): Systematische Kompetenzen und deren Einfluss auf das Kompetenzentwicklungspotenzial in Produktionsnetzwerken, Zeitschrift für betriebswirtschaftliche Forschung, 53. Jg., Nr. 11, S. 705-722.

Morasch, K. (1994): Strategische Allianzen - Anreize, Gestaltung, Wirkungen, Heidelberg.

Morschett, D. (2003): Formen von Kooperationen, Allianzen und Netzwerken, in: Zentes, J./Swoboda, B./Morschett, D. (Hrsg.): Kooperationen, Allianzen und Netzwerke - Grundlagen - Ansätze - Perspektiven, Wiesbaden, S. 387-413.

Mühlhäuser, H.M./Gerhard, T. (2001): Partnering - Challenges for the Old and New Economy, Wiesbaden.

Müller, M.W. (1999): Erfolgsfaktoren und Management Strategischer Allianzen und Netzwerke, München.

Müller-Hagedorn, L./Kaapke, A. (1999): Das Internet als strategische Herausforderung für Unternehmen aus dem Handel und dem Dienstleistungssektor, in: Mitteilungen des Instituts für Handelsforschung an der Universität zu Köln, 51. Jg., Nr. 10, S. 193-204.

Müller-Stewens, G./Hillig, A. (1992): Motive zur Bildung strategischer Allianzen, in: Bronder, C:/Pritzl, R. (Hrsg.): Wegweiser für strategische Allianzen - Meilen- und Stolpersteine bei Kooperationen, Wiesbaden, S. 65-101.

Nathusius, K. (1979):Technologie-Datenbanken als Know-How Vermittler, in: Werkstatt und Betrieb, 112. Jg., Heft 7, S. A62-A64.

Neef,P./Bloch, V. (2003): Outsourcing des Partnermanagements: Die Rolle von Multimedia-Agenturen, in: Büttgen, M./Lücke, F. (Hrsg.): Online-Kooperationen - Erfolg im E-Business durch strategische Partnerschaften, Wiesbaden, S. 425-443.

Nieschlag, R., Dichtl, E., Hörschgen, H. (1991): Marketing, Gauting u.a.

O.V. (1992): Gabler Wirtschaftslexikon, Wiesbaden.

O.V. (2004a): Die E-Commerce-Umsätze 2003 boomten nicht nur im Weihnachtsgeschäft, Januar 2004, Internet-Dokument (http://www.ecc-handel.de/aktuelles/cont_layout.php?id=1074761886&nrk=04-02), zuletzt geprüft am 22.01.2004.

O.V. (2004b), http://www.avanturo.de/index1.htm (Zugriff am 28.03.2004).

O.V. (2004c): Datenschützer besorgt: Googles Probleme mit dem Briefgeheimnis, Internet-Dokument (http://premium-link.net/$62535$819888047$/0,1518,1216_pkt_00200-294559,00.html), zuletzt geprüft am 20.05.2004.

O.V. 2004d): Quartalsbericht des Photoindustrie-Verbandes: Erfreulich positive Signale im
photokina-Jahr 2004 (http://www.photoindustrie-verband.de/indexIe.html), zuletzt geprüft am 28.05.2004.

Oechsler, W. (2003): Human Resource Management in strategischen Allianzen, in: Zentes, J./Swoboda, B./Morschett, D. (Hrsg.): Kooperationen, Allianzen und Netzwerke - Grundlagen - Ansätze - Perspektiven, Wiesbaden, S. 965 - 984.

Oelsnitz, D. von der (2003): Kooperation: Entwicklung und Verknüpfung von Kernkompetenzen, in: Zentes, J./Swoboda, B./Morschett, D. (Hrsg.): Kooperationen, Allianzen und Netzwerke - Grundlagen - Ansätze - Perspektiven, Wiesbaden, S. 183-210.

Ohmae, K. (1989): The global Logic of Strategic Alliances, in Harvard Business Review, 67. Jg., Nr. 2, S. 143-154.

Ohmae, K. (1990): Strategic Alliances in the Borderless World, in: Backhaus, K./Piltz, K. (Hrsg.): ZfbF, 42. Jg. Sonderheft 27/1990. S. 11-20.

Opdemom, P. (1998): Strategische Allianzen und Wettbewerb, Köln.

Ortmann, G./Sydow, J. (2003): Grenzmanagement in Unternehmungsnetzwerken: Theoretische Zugänge, in: Zentes, J./Swoboda, B./Morschett, D. (Hrsg.): Kooperationen, Allianzen und Netzwerke - Grundlagen - Ansätze - Perspektiven, Wiesbaden, S. 895-920.

Osterloh, M./Weibel, A. (2000): Ressourcensteuerung in Netzwerken: Eine Tragödie der Allmende?, in: Sydow, J./Windeler, A. (Hrsg.): Steuerung von Netzwerken, Wiesbaden, S. 88-106.

Parise, S./Sasson, L. (2002): Leveraging Knowledge management across strategic alliances, in: Ivey Business Journal, o. Jg., Nr. 2, S. 41-47.

Patalong, F. (2004a): Google greift an: G-Mail statt E-Mail, Internet-Dokument (http://premium-link.net/$62535$819888047$/0,1518,1216_pkt_00200-293502,00.html), zuletzt geprüft am 20.05.2004.

Paul, C./Runte, M. (1998): Virtuelle Communities, in: Albers, S./Clement, M./Peters, K. (Hrsg.): Marketing mit interaktiven Medien, Frankfurt am Main, S. 151-164.

Penrose, E. (1959): The Theory of the Growth of the Firm, Oxford.

Peters, K./Karck, N. (1998): Messung der Werbewirkung, in: Albers, S./Clement, M./Peters, K. (Hrsg.): Marketing mit interaktiven Medien, Frankfurt am Main, S. 237-253.

Pfaffmann, E./Stephan, M. (2002): Kompetenzbewertung in der zwischenbetrieblichen Produktentwicklung - Das Fallbeispiel Micro Compact Car -, in: Bellmann, K./Freiling, J./Hammann, P./Mildenberger, U.(Hrsg.): Aktionsfelder des Kompetenz-Managements, Wiesbaden, S. 386-409.

Pfeffer J. und Salancik, G.R: (1978). The External Control of Organizations. New York

Pfeffer, J. (1987): A resource dependece perspective on intercorporate relations, in: Mizruchi, M.S./Schwartz, M. (Hrsg.): Intercorporate Relations, Cambridge u.a., S. 25-55.

Pfleging, S. (2003): Unternehmensübergreifende Zusammenarbeit über internetbasierte Plattformen, Hamburg u.a.

Picot, A. (1982): Transaktionskostenansatz in der Organisationstheorie: Stand der Forschung und Aussagewert; in: Die Betriebswirtschaft. 42. Jg. Nr. 2, S. 267-284.

Picot, A./Neuburger, R. (2002): Prinzipien der Internet-Ökonomie, in: Schögel, M./Tomczak, T./Belz, C. (Hrsg.): Roadm@p to E-Business, St. Gallen, S. 92-107.

Picot, A./Reichwald, R./Wigand, R.T. (2001): Die grenzenlose Unternehmung. Information, Organisation und Management, 4. Aufl., Wiesbaden.

Pierer, H. von (1993): Die innovative Dynamik des Wettbewerbs als unternehmerische Führungschance, in: Schmalenbach-Gesellschaft/Deutsche Gesellschaft für Betriebswirtschaft (Hrsg.): Internationalisierung der Wirtschaft, Stuttgart, S. 3-16.

Plant, R. (2000): eCommerce: Formulation of Strategy, Upper Saddle River u.a.

Porter, M. E. (1995): Wettbewerbsstrategie: Methoden zur Analyse von Branchen und Konkurrenten, 8. Aufl., Frankfurt a.M. u.a.

Porter, M. E. (1996): Wettbewerbsvorteile: Spitzenleistungen erreichen und behaupten, 4. Aufl., Frankfurt a.M. u.a.

Porter, M.E. (2001): Strategy and the Internet, in: Harvard Business Review, 79. Jg., Nr. 3, S. 63-71.

Porter, M.E./ Fuller, M.B. (1989): Koalitionen und globale Strategie. In Porter, M.E. (Hrsg.): Globaler Wettbewerb. Wiesbaden, S. 363-399.

Pousttchi, P./Herrmann, A. (2001): Kompetenzorientiertes Strategisches Mangement, in: WiSt, 30. Jg., Nr. 6, S. 309-314.

Prahalad, C.K./Hamel, G. (1990): The Core Competence of the Corporation, in: Harvard Business Review, 68 Jg., Nr. 3, S. 79-91.

Priemer, V. (1999a): Bundling. Eine Marketingstrategie mit Durchschlagskraft, in: Absatzwirtschaft, 42. Jg., Nr. 7, S. 62-67.

Priemer, V. (1999b): Der Einsatz von Bundling als Marketingtrategie, in: Werbeforschung und Praxis, Nr. 2, S. 2-6.

Quack, H. (2000): Internationale Kooperationen, Frankfurt a.M.

Raab, M./Beckmann, C. (2000): eCommerce Facts 2.0, Bonn.

Raffée, H. (1984): Gegenstand, Methoden und Konzepte der Betriebswirtschaftslehre, in: Vahlens Kompendium der Betriebswirtschaftslehre Band 1, S. 1-46, München.

Raffée, H./Eisele, J. (1993): Erfolgsfaktoren des Join Venture Management - Grundlagen und erste Ergebnisse einer empirischen Untersuchung, Mannheim.

Rasche, C. (1994): Wettbewerbsvorteile durch Kernkompetenzen, Wiesbaden.

Rasche, C. (2000): Der Ressource Based View im Lichte des hybriden Wettbewerbs, in: Hammann, P./Freiling, J. (Hrsg.): Die Ressourcen- und Kompetenzperspektive des Strategischen Managements, Wiesbaden, S. 69-125.

Rasche, C./Wolfrum, B. (1993): Ressourcenorientierung im strategischen Management - ein Paradigmawechsel?, Bayreuth.

Rasche, C./Wolfrum, B. (1994): Ressourcenorientierte Unternehmensführung, in: Die Betriebswirtschaft, 54. Jg., Nr. 4, S. 501-517.

Rheinboldt, J./Guentert, J. M. (2002): eBay - vom Sammlertreff zum weltweit größten Online-Marktplatz, in: Albers, S./Panten, G./Schäfers, B. (Hrsg.): Die eCommerce-Gewinner, Frankfurt a.M., S. 56-68.

Riemer, O/Giesen, S. (2003): Online-Versicherungen - Mit Partnern zum Erfolg, in: Büttgen, M./Lücke, F. (Hrsg.): Online-Kooperationen - Erfolg im E-Business durch strategische Partnerschaften, Wiesbaden, S. 113-130.

Roland Berger & Partner (1999): Erfolgsfaktoren im E-Commerce, Frankfurt.

Rösger, J./Hartung, R. (2003): Interactive Marketing: Werbe- und Vertriebskooperationen mit AO, in: Büttgen, M./Lücke, F. (Hrsg.): Online-Kooperationen - Erfolg im E-Business durch strategische Partnerschaften, Wiesbaden, S. 249-262.

Rößl, D. (1993): Gestaltung komplexer Austauschbeziehungen - Analyse zwischenbetrieblicher Kooperation

Rößl, D. (1995): Die Gestaltung von Beziehungen als zentrale Marketingaufgabe im Klein- und Mittelbetrieb, Wien.

Rühle von Lilienstern, H. (1972): Planung und Organisation der Kooperation, in: Boettcher, E. (Hrsg.): Theorie und Praxis der Kooperation, Mohr, S. 19-33.

Rühle von Lilienstern, H. (1979): Kooperation, zwischenbetriebliche, in: Boettcher, E. (Hrsg.): Handwörterbuch der Produktion, Stuttgart, S. 928-938.

Rühle, E. (1994): Kooperationen, Allianzen und Networking; Unternehmungspolitische Chancen und Risiken, in: Staffelbach, B./Danell, P. (Hrsg.): 3. Zürcher Wirtschaftsforum: Kooperationen und strategische Allianzen - Erfolgsfaktoren im wirtschaftlichen Aufschwung, Zürich.

Rühli, E. (1994): Die Reseourced-based View of Strategy, in: Gomez, P./Hahn, D./Müller-Stewens, G./Wunderer, R. (Hrsg.): Unternehmerischer Wandel: Konzepte zur organsiatorischen Erneuerung, Wiesbaden, S. 31-57.

Sander, M. (1994): Die Bestimmung und Steuerung des Wertes von Marken, Heidelberg.

Sapre, V. (2002): mobile.de - mit kleinen Schritten ganz nach vorn, in: Albers, S./Panten, G./Schäfers, B. (Hrsg.): Die eCommerce-Gewinner, Frankfurt a.M., S. 154-168.

Sattler, H. (1998): Beurteilung der Erfolgschancen von Markentransfers, in: Zeitschrift für Betriebswirtschaft, 68. Jg., Nr. 5, S. 473-495.

Schaude, G. (1991): Kooperation, Joint Venture, Strategische Allianzen - Wie finde ich meinen Kooperationspartner, Eschborn.

Schlosser, A. (2001): Unternehmenswertsteigerung durch Strategische Allianzen - Ein Ansatz zum wertorientierten Kooperationsmanagement; St. Gallen.

Schmidt, Holger (Schmidt 2002): Zehn Millionen Deutsche kaufen ihre Weihnachtsgeschenke im Internet, in: FAZ, Nr. 292 vom 16. Dez. 2002, S. 20.

Schneider, U. (2003):Interorganisationales Lernen in strategischen Netzwerken, in: Zentes, J./Swoboda, B./Morschett, D. (Hrsg.): Kooperationen, Allianzen und Netzwerke - Grundlagen - Ansätze - Perspektiven, Wiesbaden, S. 985 - 1008.

Schobert, A./Bodendorf, F. (2003): Unternehmensübergreifende Bündelung von E-Services zur Kundenbindung - dargestellt am Beispiel der Versicherungsbranche , in: Büttgen, M./Lücke, F. (Hrsg.): Online-Kooperationen - Erfolg im E-Business durch strategische Partnerschaften, Wiesbaden, S. 145-164.

Schoder; D. /Müller, G. (1999): Disintermediation versus Intermediation auf elektronischen Märkten am Beispiel 'Trusted Third Parties', in: Engelhard, J./Sinz, E. J. (Hrsg.): Kooperation im Wettbewerb, Wiesbaden, S. 599 - 619.

Schögel, M./Birkhofer, B./Jazbec, M./Tomcak, T. (2002): Roadm@p to E-Business - Eine Methode für den erfolgreichen Umgang mit Technologien in der marktorientierten Unternehmensführung, in: Schögel, M./Tomczak, T./Belz, C. (Hrsg.): Roadm@p to E-Business, St. Gallen, S. 16-67.

Schrader, M. (2005): Erfolgsfaktoren im E-Commerce, Präsentation bei der DMMK-Konferenz am 28.6.2005, URL: http://www.fischmarkt.de/files/ dmmk2005_erfolgsfaktoren_im_ecommerce.pdf, (abgerufen am 17.05.2007), S. 1-27.

Schrader, S. (1993): Kooperation, in: Hauschildt,J. / Grün, O. (Hrsg.), Ergebnisse empirischer betriebswirtschaftlicher Forschung, Stuttgart, S. 221 - 254.

Schreyögg, G. (1996): Organisation: Grundlagen moderner Organisationsgestaltung, Wiesbaden.

Schreyögg, G./Papenheim, H. (1988): Kooperationsstrategien, Hagen.

Schwamborn, S. (1993): Strategische Allianzen im internationalen Marketing - Eine Konzeption zur Planung und portfolioanalytischen Beurteilung, Wiesbaden.

Schwartz, E. I. (1999): Digital Darwinism. 7 Breakthrough Business Strategies for Surviving in the Cutthroat Web Economy, New York 1999.

Schweiger, G. (1978): Ergebnisse einer Image-Transfer-Untersuchung, in: Österreichische Werbewissenschaftliche Gesellschaft (Hrsg.): Die Zukunft der Werbung: Bericht der 25. Werbewissenschaftlichen Tagung, Wien, S. 129-138.

Searls, D./Weinberger, D. (2000): Märkte sind Gesprächsforen, in: Levine et al. (Hrsg.): Das Cluetrain Manifest, S. 133-186, München.

Semlinger, K. (1999): Effizienz und Autonomie in Zulieferungsnetzwerken - Zum strategischen Gehalt von Kooperation, in: Sydow, J. (Hrsg.): Management von Netzwerkorganisationen, Wiesbaden, S. 29-74.

Semlinger, K. (2000): Kooperation und Konkurrenz in japanischen Netzwerkbeziehungen, in: Sydow, J./Windeler, A. (Hrsg.): Steuerung von Netzwerken, Wiesbaden, S. 126–155.

Sevenval AG (Hrsg.) (2002): Studie zu E-Commerce-Aktivitäten von Portalen in Deutschland, (Sevenval AG) Köln.

Sevenval AG (Hrsg.) (2002): Studie zu E-Commerce-Aktivitäten von Portalen in Deutschland, (Sevenval AG) Köln.

Shapiro, C./Varian, H.R. (1999): Online zum Erfolg: Strategien für das Internet-Business, München.

Siebert, H. (1999): Ökonomische Analyse von Unternehmensnetzwerken, in: Sydow, J. (Hrsg.): Management von Netzwerkorganisationen, Wiesbaden, S. 7-27.

Simon, H. (1986): Herausforderungen an die Marketingwissenschaft, in: Marketing ZFP, 3/1986, S. 205 – 213.

Skiera, B. (1998): Preisdifferenzierung, in: Albers, S./Clement, M./Peters, K. (Hrsg.): Marketing mit interaktiven Medien, Frankfurt am Main, S. 283-296.

Skiera, B. (2000): Wie teuer sollen die Produkte sein?, in: Albers, S./Clement, M./Peters, K./Skiera, B. (Hrsg.), eCommerce, Einstieg, Strategie und Umsetzung in Unternehmen, 2. Aufl., Frankfurt a.M., S. 97-110.

Skiera, B./Albers, S. (1998): Tarifabhängige Nutzung, in: Albers, S./Clement, M./Peters, K. (Hrsg.): Marketing mit interaktiven Medien, Frankfurt am Main, S. 223-236.

Skiera, B./Spann, M. (2002): Preisdifferenzierung im Internet, in: Schögel, M./Tomczak, T./Belz, C. (Hrsg.): Roadm@p to E-Business, St. Gallen, S. 270-284.

Song, J./Park, N. K./Mezias, J. M. (2002): Do Strategic Alliances Matter in the Electronic Marketplace, in: Contractor, F.J./Lorange, P. (Hrsg.): Cooperative Strategies and Alliances. Amsterdam u.a., S. 689 - 703.

Staehle, W.H./Gaulhofer, M./Sydow, J. (1991): Probleme bei der Kooperation von Ost- und Westdeutschen Unternehmungen - Ergebnisse einer Befragung von Managern in Kooperationen der "Ersten Stunde", Eschborn.

Stampfl, C./Schneeberger, A. (2002): Kooperationen Unternehmen - Bildung, Wien.

Staudt, E. (1993): "Die lernende Unternehmung": Innovation zwischen Wunschvorstellung und Wirklichkeit, in: Staudt, E. (Hrsg.): Berichte aus der angewandten Innovationsforschung, Bochum.

Staudt, E./Kriegesmann, B./Thielemann, F. (1994): Joint Ventures, in: Staudt, E. (Hrsg.): Berichte aus der angewandten Innovationsforschung, Bochum.

Staudt, E./Kriegesmann, B./Thielemann, F./Behrendt, S. (1996): Kooperationsleitfaden. Planungshilfen und Checklisten zum Management zwischenbetrieblicher Kooperation, Stuttgart u.a.

Staudt, E./Kriegesmann, B./Thielemann, F./Behrendt, S./Chalupsky, J. (1994): Kooperationen als Erfolgsfaktor ostdeutscher Unternehmen - Ergebnisse einer Empirischen Untersuchung zur Kooperationslandschaft in Ostdeutschland, in: Staudt, E. (Hrsg.): Berichte aus der angewandten Innovationsforschung, Bochum.

Staudt, E./Kröll, M./von Hören, M. (1993): Potential-oriented Strategic Planning: Business Development and Human Resource Development as an Iterative Process, in: Berichte aus der angewandten Innovationsforschung (Hrsg. Staudt, E.), Bochum.

Staudt, E./Toberg, M./Linné, H./Bock, J./Thielmann, F. (1992): Kooperationshandbuch: Ein Leitfaden für die Unternehmenspraxis, Düsseldorf.

Stein, V. (2003): Kooperation: Erklärungsperspektive der strategischen managmeentforschung, in: Zentes, J./Swoboda, B./Morschett, D. (Hrsg.): Kooperationen, Allianzen und Netzwerke - Grundlagen - Ansätze - Perspektiven, Wiesbaden, S. 167-182.

Stern, T./Jaberg, H. (2003): Erfolgreiches Innovationsmanagement: Erfolgsfaktoren - Grundmuster - Fallbeispiele, Wiesbaden.

Steven, M. (1998): Produktionstheorie, Wiesbaden.

Strauß, R./E./Schoder, D. (2000): Wie werden die Produkte den Kunden angepaßt? - Massenhafte Individualiersierung?, in: Albers, S./Clement, M./Peters, K./Skiera, B. (Hrsg.), eCommerce, Einstieg, Strategie und Umsetzung in Unternehmen, 2. Aufl., Frankfurt a.M., S. 111 - 121.

Susen, S. (1995): Innovationsmarketing, Frankfurt a.M.

Swoboda, B. (1997): Kooperative Wertschöpfungspartnerschaften - Barrieren und Erfolgsfaktoren des Efficient Consumer Response Managements, in: Information Management, 2. Jg., Nr. 2, S. 36-42.

Swoboda, B. (2000): Bedeutung internationaler strategischer Allianzen im Mittelstand - Eine dynamische Perspektive, in: Meyer, J. A. (Hrsg.): Jahrbuch der KMU-Forschung, München , S. 107-129.

Sydow, J./Windeler, A. (2001): Strategisches Management fon Unternehmungnetzwerken - Komplexität und Reflexitivität, in: Ortmann, G./Sydow, J. (Hrsg.): Strategie und Strukturation - Strategisches Managment von Unternehmen, Netzwerken und Konzernen, Wiesbaden, S. 129 - 143.

Sydow, J./Windeler, A./Krebs, M./Loose, A./ van Well, B. (1995): Organisation von Netzwerken, Opladen.

Sydow, J./Windeler, A./Wirth, C. (2003): Markteintritt als Netzwerkeintritt? - Internationalisierung von Unternehmungsaktivitäten aus relationaler Perspektive, in: Die Unternehmung, 57. Jg., Nr. 3, S. 237-261.

Sydow, J.: (1992): Strategische Netzwerke: Evolution und Organisation, Wiesbaden.

Szyperski N. (1990): Innovative Gründer forcieren Technologietransfer, in: Szyperski, N./Roth, P. (Hrsg.): Entrepreneurship - Innovative Unternehmensgründung als Aufgabe, Stuttgart.

Szyperski N./Nathusius, K. (1999): Probleme der Unternehmensgründung, Lohmar - Köln 1999.

Szyperski, N. (1996): Planung, in: Schulte, C. (Hrsg.): Lexikon des Controlling, München u.a., S. 574-581.

Szyperski, N. (1997a): Entwicklung zukunftsträchtiger Mediendienste, in: Universität zu Köln - Der Rektor (Hrsg.): Forschungsbericht "Multimedia", Köln, S. 64-70.

Szyperski, N. (1997b): Mediendienste: Plattform für neue Dienstleistungen, in: Bullinger, H.-J. (Hrsg.): Dienstleistungen für das 21. Jahrhundert, Stuttgart, S. 377-381.

Szyperski, N./Gagsch, S./Trilling, S. (1996): Strukturdynamik der Medienmärkte - Zukunftsperspektiven für neue Mediendienste, Köln.

Szyperski, N./Klaile, B. (1982): Dimensionen der Unternehmensberatung - Hilfen zur Strukturierung und Einordnung von Beratungsleistungen, Köln.

Szyperski, N./Klein, S. (1993): Informationslogistik und virtuelle Organisationen, in: Die Betriebswirtschaft, 53. Jg., Nr. 2., S. 187-209.

Szyperski, N./Mußhoff, H. J. (1989): Planung und Plan, in: (Szyperski, N./Winand, U.): Handwörterbuch der Planung, Stuttgart, S. 1426-1438.

Szyperski, N./von Kortzfleisch, H. F. O. (2001): The >> Bio4C<< Life Science Portal: Collaboration and Partnership Engineering as a Support Tool for Entrepreneurial Start-Ups in the Biotechnology Industry, Konferenzbeitrag veröffentlicht auf der CD-ROM der IntEnt 2001 Conference, July 2nd to 4th, 2001, Kruger National Park, South Africa.

Szyperski, N./von Kortzfleisch, H. F. O. (2002): Kooperationen als Erfolgsfaktor wissensintensiver Unternehmensgründungen: Ein Beitrag zum Kooperations-Engineering, in: Ringlstetter, M. J./Henzler, H. A./Mirow, M. (Hrsg.): Perspektiven der Strategischen Unternehmensführung: Theorien, Konzepte, Anwendungen, Wiesbaden 2002, S. 371-401.

Szyperski, N./von Kortzfleisch, H. F. O. (2003): Kooperationen als Erfolgsfaktor wissensintensiver Unternehmensgründungen: Ein Beitrag zum Kooperations-Engineering, in: Ringlstetter, M. J./Henzler, H. A./Mirow, M. (Hrsg.): Perspektiven der Strategischen Unternehmensführung: Theorien, Konzepte, Anwendungen, Wiesbaden, S. 371-401.

Szyperski, N./Winand, U. (1974): Entscheidungstheorie. Stuttgart.

Szyperski, N./Winand, U. (1980): Grundbegriffe der Unternehmensplanung, Stuttgart.

Tamblé, M. (2002): Erfolgsfaktoren bei Online-Kooperationen, in: Deutscher Multimedia-Verband (Hrsg.): dmmv-Leitfaden. Marketing-Kooperationen im Internet, Düsseldorf - München, S. 14-16.

The Boston Consulting Group/Gruner&Jahr AG (2000) (Hrsg.): eBRANDING. Kernfusion in der Markenführung. Eine Studie über erfolgreiches Markenmanagement im Internet-Zeitalter, o.O.

Thibeaut, J.W./Kelley, H.H. (1986): The social Psychology of groups. New York

Thies. S. (2005): Content-Interaktionsbeziehungen im Internet, Wiesbaden.

Thomé, U. (2006a): Kooperations-Engineering. Ein lernorientierter Gestaltungsansatz, Lohmar u.a.

Thomé, U. (2006b): Kooperations-Engineering. Zur lernorientierten Gestaltung von Kooperationen innovativer Biotechnologieunternehmungen, in: Oppelland, H. (Hrsg.): Deutschland und seine Zukunft. Innovation und Veränderung in Bildung, Forschung und Wirtschaft. Festschrift zum 75. Geburtstag von Prof. Dr. Dr. h. c. Norbert Szyperski, Lohmar u.a., S 611 - 651.

Thomé, U./von Kortzfleisch, H./Szyperski, N. (2003): Kooperations-Engineering - Prinzipien, Methoden und Werkzeuge, in: Büttgen, M./Lücke, F. (Hrsg.): Online-Kooperationen - Erfolg im E-Business durch strategische Partnerschaften, Wiesbaden, S. 41-58.

Thomé, U./von Kortzfleisch, H.F.O./Szyperski, N. (2005a): Perspektiven und Anforderungen bei Interaktions- und Kommunikationsprozessen in virtuellen Unternehmungen, in: Von Kortzfleisch, H.F.O. (Hrsg.): Wissensorientierte Prozessvirtualisierung in der Biotechnologiebranche, Lohmar, S. 157 - 191.

Thomé, U./von Kortzfleisch, H.F.O./Szyperski, N. (2005b): Bezugsrahmen für die Identifikation zentraler Geschäftsprozesse in Kooperationen, in: Von Kortzfleisch, H.F.O. (Hrsg.): Wissensorientierte Prozessvirtualisierung in der Biotechnologiebranche, Lohmar, S. 193 - 211.

Thomé, U./von Kortzfleisch/H.F.O.; Szyperski, N. (2005): Perspektiven und Anforderungen bei Interaktions- und Kommunikationsprozessen in virtuellen Unternehmungen. In: Von Kortzfleisch, H.F.O. (Hrsg.): Wissensorientierte Prozessvirtualisierung in der Biotechnologiebranche, Köln.

Thomé, U./von Kortzfleisch/H.F.O.; Szyperski, N. (2005): Virtuelle kooperative Organisationsformen für wissensbasierte Biotechnologieprozesse (VirtOweB), in: Von Kortzfleisch, H.F.O. (Hrsg.): Wissensorientierte Prozessvirtualisierung in der Biotechnologiebranche, Lohmar, S. 1 - 31.

Thompson, J.D. (1967): Organizations in Action, New York.

Tietz, B. (1993): Der Handelsbetrieb, München.

Tomczak, T. (1992). Forschungsmethoden in der Marketingwissenschaft. Marketing ZFP. II. Quartal. S. 77-87

Tomczak, T. (1992): Forschungsmethoden in der Marketingwissenschaft, Marketing ZFP, 2/1992, S.77-87.

Trommsdorf, V./Kube, C. (1990): Erfolgsfaktorenforschung, Produktinnovation und Schnittstelle Marketing-F&E: Diskussionspapier, Berlin.

Trommsdorff, V. (1993): Konsumentverhalten, Stuttgart u.a.

Tröndle, D. (1987): Kooperationsmanagement: Steuerung interaktionaler Prozesse bei Unternehmenskooperationen, Bergisch Gladbach, Köln.

Ulrich, H. (1984). Management. Dyllick, T., Gilbert, J. und Probst, B.(Hrsg.). Bern

Ulrich, H. (1984): Management, Bern.

Ulrich, H. (1994). Von der Betriebswirtschaftslehre zur systemorientierten Managementlehre. Wunderer, R. (Hrsg.). Betriebswirtschaftslehre als Management und Führungslehre. 3. Auflage. Stuttgart

Van Gils, M.R. (1984): Interorganizational relations and networks. In: Drenth, P.J.D./Thierry, H./Willems, P.J./de Wolf, C.J. (Hrsg.): Handbook of work and organizational psychology. Wiley, Chichester etc., S. 1073-1100.

VDI-Gesellschaft (1991): Projektkooperation beim internationalen Vertrieb von Maschinen und Anlagen (Hrsg. VDI-Gesellschaft Entwicklung, Konstruktion und Vertreib), Düsseldorf.

Vellido, A./Lisboa, P./Meehan, K. (2000): Quantitative Characterization and Prediction of Online-Purchasing Behavior: A Latent Variable Approach, in: International Journal of Electronic Commerce, 4. Jg., Nr. 4, S. 83-104.

Verdin, P. J./Williamson, P. J. (1992): Core Competence, Competitive Advantage and Industry Structure, Fontainebleau.

Verdin, P.J./Williamson, P.J. (1994): Core Competences, Competitive Advantage and Market Analysis: Forging the Links, in: Hamel, G./Heene, A. (Hrsg.): Competence-Based Competition, Chichester u.a., S. 77-110.

Von Kortzfleisch, H. F. O. (2004): Organisatorische Balancierung von Informations- und Kommunikationstechnologien, Lohmar.

Von Kortzfleisch, H. F. O. (2005): Wissensorientierte Prozessvirtualisierung in der Biotechnologiebranche. Lohmar, Köln.

Von Kortzfleisch, H. F. O./Szyperski, N. (2001): Cooperation Engineering in the Biotechnology Industry, in: Mehdi Khosrowpour (Hrsg.): Managing Information Technology in a Global Environment: 2001 Information Resources Management Association International Conference, Toronto, Ontario, Canada, May 20-23, S. 408-410.

Von Kortzfleisch, H. F. O./Szyperski, N. (2003): e-Collaboration Engineering: Notwendigkeit und Dimensionen eines neuen Gestaltungskonzepts. In: Kemper, H.-G./Mülder, W. (Hrsg.): Informationsmanagement. Lohmar, S. 159 - 202.

Von Kortzfleisch, H.F.O./Szyperski, N./ Thomé, U. (2005): Strategien und Anwendungsszenarien der Virtualisierung für Unternehmungen der Biotechnologiebranche. In: von Kortzfleisch, H.F.O. (Hrsg.): Wissensorientierte Prozessvirtualisierung in der Biotechnologiebranche. Lohmar, S. 51 - 74.

Vroom, V. H./Deci, E. L. (1992). Management and Motivation, London u.a.

Vroom, V. H./Jago, A. G. (1988): The New Leadership: Managing Participation in Organizations, Englewood Cliffs, New Jersey.

Vroom, V. H./Jago, A. G. (1992): Managing Participation: A Critical Dimension of Leadership, in: Vroom, V. H./Deci, E. L. (Hrsg.): Management und Motivation, London u.a., S. 420-431.

Vroom, V. H./Jetton, P. W. (1973): Leadership and Decision-Making, Pittsburgh.

Wamser, C. (2000): Electronic Commerce – theoretische Grundlagen und praktische Relevanz, in: Wamser, C. (Hrsg.): Electronic Commerce – Grundlagen und Perspektiven, München, S. 3-27.

Warnecke, H.-J. (1999): Komplexität und Dynamik - zentrale Bestimmungsgrößen der industriellen Produktion, in: Warnecke, H.-J./Braun, J. (Hrsg.): Vom Fraktal zum Produktionsnetzwerk: Unternehmenskooperationen erfolgreich gestalten, Heidelberg, S. 3-14.

Weber, A./Rösger, J. (2002): Interactive Marketing. Unternehmen im Dialog mit Ihren Kunden, Frankfurt a.M.

Webering, J. (2003): Online-Kooperationen – Auf Partnerwebsites neue Kunden gewinnen, in: Versicherungsmagazin, 50. Jg., Nr. 1, S. 56.

Webster, F.E. (1992): The Changing Role of Marketing in the Corporation, in: Journal of Marketing, 56. Jg., Nr. 10, S. 1-17.

Weder, R. (1989): Joint Venture, St. Gallen.

Wernerfelt, B. (1984): A Resource-based View of the Firm, in: Strategic Management Journal, 5. Jg., Nr. 2, S. 171-180.

Williamson, O.E. (1975): Markets and Hierarchies - Analysis and Antitrust Implications, New York.

Wippermann, P. (2003): Warum die New Economy gewinnen wird, www.spiegel.de/wirtschaft/0,1518,269679,00html, entnommen am 14.10.2003.

Wirtz, B./Kleineicken, A. (2000): Geschäftsmodelltypologien im Internet, in: WiSt, 29. Jg., Nr. 11, S. 628-635.

Wirtz, B.W. (2001): Electronic Business, 2. Aufl. Wiesbaden.

Wirtz, B.W. (2001): Medien- und Internetmanagement, Wiesbaden.

Wirtz, B.W./Vogt, P. (2003): E-Collaboration im B2B-Bereich: Strategien, Strukturen und Erfolgsfaktoren, in: Büttgen, M./Lücke, F. (Hrsg.): Online-Kooperationen - Erfolg im E-Business durch strategische Partnerschaften, Wiesbaden, S. 265-284.

Wirtz, Bernd W.; Kleineicken, Andreas (Wirtz/Kleineicken 2000): Geschäftsmodelltypologien im Internet, in: WiSt, 29(2000), Nr. 11, S. 628-635.

Wirtz, R. (2003): Geschäftsmodelle in der Net-Economy, in: Kollmann, T. (Hrsg.): E-Venture-Management. Neue Perspektiven der Unternehmensgründung in der Net Economy, Wiesbaden, S. 101-130.

Wiswede, G. (1995): Einführung in die Wirtschaftspsychologie, München u.a.

Wolf, J. (2005): Organisation, Management, Unternehmensführung – Theorien und Kritik, Wiesbaden.

Woratschek, H./Roth, S. (2003): Kooperation: Erklärungsperspektive der Neuen Institutionenökonomik, in: Zentes, J./Swoboda, B./Morschett, D. (Hrsg.): Kooperationen, Allianzen und Netzwerke - Grundlagen - Ansätze - Perspektiven, Wiesbaden, S. 141-166.

Wübcker, G./Hardock, P. (2001): Bundling im Bankensektor – eine viel versprechende Mehrwertstrategie, in: Die Bank, Nr. 9, S. 614-620.

Zentes, J. (1993): Eintritts- und Bearbeitungsstrategien für osteuropäische Konsumgütermärkte, in: Tietz, B., Zentes, J. (Hrsg.): Ostmarketing, Düsseldorf u.a., S. 63 - 101.

Zentes, J./Janz, M./Kabuth, P./Swoboda, B. (2002): Best Practice-Prozesse im Handel, Frankfurt a.M.

Zentes, J./Morschett, D. (2003): Horizontale und vertikale Online-Kooperationen im Vertrieb, in: Büttgen, M./Lücke, F. (Hrsg.): Online-Kooperationen - Erfolg im E-Business durch strategische Partnerschaften, Wiesbaden, S. 223-248.

Zentes, J./Swoboda, B./Morschett, D. (2003a): Kooperationen, Allianzen und Netzwerke - Grundlagen, "Metaanalyse" und Kurzabriss, in: Zentes, J./Swoboda, B./Morschett, D. (Hrsg.): Kooperationen, Allianzen und Netzwerke - Grundlagen - Ansätze - Perspektiven, Wiesbaden, S. 3-32.

Zentes, J./Swoboda, B./Morschett, D. (2003b): Perspektiven der Führung kooperativer Systeme, in: Zentes, J./Swoboda, B./Morschett, D. (Hrsg.): Kooperationen, Allianzen und Netzwerke - Grundlagen - Ansätze - Perspektiven, Wiesbaden, S. 821-847.

Zentes, Joachim (Zentes 1992): Kooperative Wettbewerbsstrategien im internationalen Konsumgütermarketing, in: Zentes, J. (Hrsg.): Strategische Partnerschaften im Handel, Stuttgart, 1992, S. 3-31.

Zielke, A.E. (1992): Erfolgsfaktoren internationaler Joint Ventures. Eine empirische Untersuchung der Erfahrungen deutscher und amerikanischer Industrieunternehmen, Frankfurt a. M. u.a..